Das große Anime Lösungsbuch

Die Autoren

Martin Clauß, Jahrgang 1967, begann 1989 mit dem Studium der Japanologie an der Uni Tübingen und ging 1992 für anderthalb Jahre nach Japan, wo er an einer Sprachschule in Kyôto und an der Rikkyô-Universität in Tôkyô studierte. Später eignete er sich Grundkenntnisse in Chinesisch und Koreanisch an und vertiefte seine Japanisch-Studien, teils in Deutschland, teils bei weiteren kürzeren Japan-Aufenthalten. Seit 1998 unterrichtet er die Sprache an der Volkshochschule Esslingen und in der Wirtschaft, und seit 2000 hat er mit Ehefrau Maho ein wichtiges Stück Japan bei sich zu Hause ... Neben dem Unterrichten fasziniert ihn die Schreiberei, und er träumt davon, eines Tages als Romanschriftsteller zu glänzen. Er ist eine Leseratte und schätzt neben gut geschriebener Unterhaltungsliteratur auch japanische, amerikanische und europäische Comics.

Maho Watanabe-Clauß, Jahrgang 1974, wuchs in der Präfektur Ehime in Südjapan auf und studierte später an der Ritsumeikan-Universität in Kyôto internationale Beziehungen. Sie erstellte nicht nur die Zeichnungen und viele der Beispielsätze, sondern half auch bei der Suche nach Fehlern oder Unklarheiten und war die ganze Zeit über wichtige Rat- und Ideengeberin bei der Planung dieses Buches. Natürlich lässt auch sie sich immer wieder gerne von einem guten Manga oder Anime begeistern.

Martin Clauß
Maho Watanabe-Clauß

Das große Anime Lösungsbuch

Bibliographische Information der Deutschen Bibliothek:

Die Deutsche Bibliothek verzeichnet diese Publikation in der Deutschen Nationalbibliographie; detaillierte bibliographische Daten sind im Internet über http://dnb.ddb.de abrufbar.

www.hohoemi.de www.gruselstories.de

Umschlaggestaltung, Layout und Illustrationen: Maho Watanabe-Clauß und Martin Clauß

Herstellung und Verlag: Books on Demand GmbH, Norderstedt

Printed in Germany 2005

ISBN 3-8334-3579-8

Inhaltsverzeichnis

1. Vorwort

Seit ein paar Jahren ist uns die japanische Sprache nicht mehr so fern, wie sie es einmal war. Man kann sich heute nur schwer vorstellen, dass es noch Anfang der Neunziger Jahre fast unmöglich war, in Europa an japanischsprachige Bücher oder Filme zu kommen.

Zwar laufen im Fernsehen Anime-Serien in synchronisierter Form, aber Filme auf DVD oder Video werden manchmal im Originalton mit deutschen oder englischen Untertiteln angeboten. Oder es gibt zumindest eine japanische Tonspur neben der deutschen. Bei Filmen, die nicht oder *noch* nicht in deutscher Sprache erscheinen, bleibt oft nur die Möglichkeit, sich die Originalversionen zu besorgen.

Richtige Fans haben ein paar Dutzend Videos oder DVDs in ihren Regalen stehen ... und jede Episode darin schon mehrere Male gesehen, vielleicht auch auf Japanisch. Wenn man davon ausgeht, dass kaum jemand den Ton abdrehen dürfte, bedeutet das: als Anime-Fan hat man vielleicht schon ein paar hundert Stunden lang der japanischen Sprache gelauscht - eigentlich recht beachtlich! Man hat schon ein erstes Gefühl dafür entwickelt, wie Japanisch klingt, welchen Sprachrhythmus und welche Laute es hat. Möglicherweise hat sich schon die eine oder andere Formulierung eingeprägt. Man hat mitbekommen, dass die Leute **Gomen** oder **Gomen nasai** sagen, wenn sie sich mit hängendem Kopf und niedergeschlagenen Augenlidern für einen Fehler entschuldigen, dass sie **Yatta!** ausrufen, wenn sie sich freuen, dass etwas geklappt hat, oder dass die Mädchen **Iya da!** kreischen, wenn sie sich vor etwas ekeln oder möchten, dass der zudringliche Kerl endlich seine Flossen von ihren Knien nimmt ...

Und doch - möchte ich wetten - hat man unter dem Strich nicht wirklich viel verstanden.

Klar, es handelt sich schließlich um eine fremde Sprache, eine außereuropäische noch dazu, und sowas lernt man nicht nebenbei mit ein bisschen Zuhören. Zumal man schon genug damit zu tun hat, den deutschen Untertiteln nachzujagen und trotzdem nichts von der Handlung zu verpassen.

Andererseits - wäre es nicht reizvoll, einen Teil von der Originalsprache verstehen zu können? Vielleicht nicht jede Nuance und jedes einzelne Wort herauszuhören, aber doch den groben Sinn zu erschließen? Einfach, um mehr von dem Anime zu haben? Viele Synchronisationen oder Untertitel sind hervorragend gelungen, manche aber schlicht miserabel. Manche Formulierungen kann man nur schwer ins Deutsche herüberretten, da hätte man mehr davon, wenn man die Originalsprache verstehen könnte. Und wäre es nicht interessant, das Nützliche mit dem Angenehmen zu verbinden und eine Fremdsprache zu erlernen, während man sich mit lustigen und spannenden Animes vergnügt?

Wer so etwas ähnliches schon einmal gedacht hat, für den ist dieses Buch geschrieben worden. Es will helfen, mehr von der Originalsprache der Animes zu verstehen. Wer Japanisch kann, dem erschließt sich nicht nur eine hochinteressante Kultur, die den meisten Menschen ein Leben lang fremd bleibt, sondern dem können sich auch beruflich ganz neue Möglichkeiten eröffnen. Vor allem aber macht es Spaß. Und freilich kann man das, was in diesem Buch steht, auch auf Bereiche außerhalb von Animes anwenden. Wer zum Beispiel ab und zu japanische Konsolenspiele im Original spielt, mal ein Manga in der Urfassung lesen möchte, gerne Originalfassungen von Spielfilmen sieht, mal in die Texte japanischer Pop-Songs hineinschnuppern oder einfach ein bisschen von der japanischen Umgangssprache verstehen möchte, dem wird dieses Buch bestimmt von Nutzen sein.

Eines vorweg, damit erst gar keine Missverständnisse aufkommen: Natürlich kann ein einzelnes Buch nicht die Fähigkeit vermitteln, *alles* zu verstehen, was in Animes gesprochen wird. So vielfältig die Themen der Animes sind, so vielfältig ist auch ihr Wortschatz. In einem Science Fiction-Anime mag ein überlichtschneller Raumschiffantrieb beschrieben werden, in einem Fantasy-Anime geht es um magische Bannsprüche und Zauberwesen. Um den gesamten Wortschatz aufzunehmen, der auftauchen kann, sind dicke Wörterbücher nötig. Es gibt auch keine feste, auf wenige Wörter und Formulierungen beschränkte „Comic-Sprache" (wie manche Leute behaupten, um Comics und Zeichentrickfilme schlecht zu machen). Die Figuren in den Filmen sprechen eben so, wie gewöhnliche Menschen es in den jeweiligen Situationen auch tun würden: mal umgangssprachlich, mal formell, mal vulgär, mal salbungsvoll. Junge Leute reden Jugendsprache, Gauner reden Gossensprache, ältere Leute oder mächtige Zauberer reden manchmal eben auch sehr altmodisch und geschraubt. Es wird befohlen, gebeten, erläutert, doziert, gesäuselt, gelogen, wild geflucht oder höflich-reserviert Konversation gemacht. Um das alles in allen Einzelheiten zu erklären, müsste dieses Buch viele Bände haben.

Doch das ist kein Grund, die Flinte ins Korn zu werfen. Es gibt Grundbegriffe, die man immer wieder hört, bestimmte Satzstrukturen und Endungen, feste Floskeln und Formulierungen, die nahezu in jedem Anime auftauchen. Wenn man mit diesen beginnt, hat man eine echte Chance, einen Zugang zum Japanisch der Animes zu finden.

Leider sind diese häufigen Redewendungen nicht immer jene, die man in den Lehrbüchern für Japanisch findet. Aus einem Lehrbuch kann man zum Beispiel lernen, wie man sagt: „Mein Name ist Lisa Schmidt. Ich komme aus Deutschland und bin Azubi. Ich bin zum ersten Mal in Japan." Sehr hilfreich, wenn man nach Japan geht und ein paar Worte mit den dortigen Leuten wechseln möchte. Nur: In den Animes kommen solche Sätze sehr selten vor. Da hört es sich zum Beispiel eher so an:

„Vorsicht! Aus dem Weg!" - „Hä? Warum denn? Ich sehe nichts!" - „Blödmann! Mach schon! Das ist deine letzte Chance, der Macht des violetten Sternenamuletts zu entkommen!"

Und *das* lernt man in den Lernbüchern meist nicht ...

Dieses Buch kann und will Japanischlehrbücher oder Japanischkurse nicht *ersetzen*, sondern sie lediglich *ergänzen* bzw. eine andere Art von Einstieg ermöglichen. Wer sich intensiver mit Japanisch beschäftigen will, kann im Selbststudium oder an der Volkshochschule oder anderen Instituten von der Pike auf Japanisch lernen. Das vorliegende Buch lehrt nicht, wie man sich in Japan verständlich macht, wie man nach dem Weg fragt oder im Restaurant eine Nudelsuppe bestellt, sondern wie man möglichst viel von dem versteht, was in Animes und anderen japanischen Filmen, in Comics oder Computerspielen geredet wird. Es geht also nicht um die aktive Sprachbeherrschung, sondern um die passive: möglichst viele Sätze verstehen, auch wenn man diese Sätze nicht selbst bilden könnte.

2. Wie benutzt man dieses Buch?

Dieser Schmöker enthält eine Menge Informationen und Erklärungen, einen Überblick über viele Dutzende feststehender Redewendungen und die japanische Grammatik, einen Grundwortschatz und vieles andere. Aber eines enthält dieses Buch nur wenige, und das sind ... Übungen.

Dahinter steckt keine Faulheit. Übungen wurden ganz bewusst sparsam verwendet – nämlich, um die Leser dieses Buches hinterrücks dazu zu zwingen, sich ihre Übungsmöglichkeiten selbst zu suchen! Schriftliche Übungen in einem Lehrbuch sind eine tolle Sache, aber man klebt oft zu sehr an den Buchstaben, werkelt und fitzelt an den Antworten der Fragen und schafft dabei den Sprung zum Japanisch-*Hören* nur schwer. Wenn man sich erst einmal an die geschriebenen Übungen gewöhnt hat, die geduldig im Buch warten, bis man sie gelesen, verstanden und beantwortet hat, dann kann einen gesprochenes Japanisch an den Rand der Verzweiflung bringen, weil es so schnell vorüberzischt, dass man es kaum im Kopf festhalten und in Ruhe betrachten kann.

Deshalb kann es ein guter Ansatz sein, sich von Anfang an auf die Jagd nach diesen vorbeihuschenden Satzfetzen zu machen. Am sinnvollsten dürfte es sein, sich jeweils ein kurzes Kapitel in diesem Buch vorzunehmen, sich dann vor Glotze oder PC zu lümmeln und sich eine japanischsprachige Anime-Folge anzusehen bzw. anzuhören. So geht man schließlich auch mit einem Lösungsbuch bei Computerspielen vor. Wenn man sich auf einige wenige Begriffe, Redewendungen oder Grammatik-Endungen konzentriert, wird man diese auch heraushören können, ganz gleich, wie schnell die Leute im Film sprechen. Wenn man sich vornimmt, die beiden Verneinungsendungen **-nai** und **-masen** zu finden, wird man sie auch hören. Man darf nur nicht alles auf einmal wollen.

Wer unbedingt einen Gesamtüberblick haben will und eine Überhitzungssicherung im Kopf eingebaut hat, kann das Buch gerne am Stück lesen. Aber viel mehr wird hängen bleiben, wenn man es sich Stück für Stück vornimmt, sozusagen kleine Brocken von dem Buch abbeißt und sie sofort mit viel Flüssigkeit, also mit viel gehörter japanischer Sprache hinunterspült. Freilich sollte man sich Animes aussuchen, bei denen viel gesprochen wird. Aber die zu finden, dürfte kein Problem sein.

Vorsicht: Es gibt eine Handvoll Animes, die auch den zähsten Japanischinteressierten zur Verzweiflung bringen können. Zum Beispiel würde ich niemandem raten, mit „Mononoke Hime“ Japanisch zu lernen – so genial dieser Film sein mag, Sprache und Wortwahl sind so sehr an das frühgeschichtliche Japan angelehnt, dass auch fortgeschrittene Lerner Schwierigkeiten haben, etwas zu verstehen. Gerade bei ernsthaften historischen Geschichten in altertümlicher Sprache sollte man sich nicht wundern, wenn auch dieses „Lösungsbuch“ kaum weiterhilft.

Auch die Stimmen der Synchronsprecher können ein Problem darstellen. Vor allem in Kinder-Animes und Animes mit wilder, chaotischer Handlung sprechen die Charaktere meist atemberaubend schnell und mit verzerrten Phantasiestimmen, was es sehr schwierig macht, sie zu verstehen. Am besten geeignet sind ruhige Geschichten, in denen mit realistischer Stimme gesprochen wird. In Spielfilmen sind Frauen oft besser zu verstehen als Männer. Während Frauen eher korrekt und deutlich sprechen, reden Männer mehr Slang und praktizieren eine unklare, bellende Aussprache (weil das angeblich maskuliner klingt).

Deutsche Untertitel zum japanischen Text einzublenden, kann Vorteile und Nachteile haben. Einerseits wird man davon unterstützt und kann vielleicht mehr vom Japanischen verstehen, andererseits nimmt die Konzentration aufs Japanische ab, und die vielen sehr freien Übersetzungen können einen ganz schön auf den Holzweg bringen.

Wen es nicht zu sehr nervt, der sollte versuchen, wortreiche Gespräche immer wieder zurückzuspulen und kurze Passagen von wenigen Minuten drei, vier, fünf Mal hintereinander anzuhören. Wichtig ist nicht, alles zu verstehen, sondern typische, immer wiederkehrende Floskeln herauszuhören. Bei den anderen Sachen, die man nicht versteht, wird man im Laufe der Zeit wenigstens die Endungen erkennen. Damit ordnet man ein, ob es sich um Feststellungen, Fragen, Vorschläge, Bitten, Befehle oder Verbote handelt. Von da aus kann man sehr schnell auf den ungefähren Sinn des ganzen Satzes schließen.

Im Prinzip lernt man damit wie ein Kleinkind, das auch zuerst feststehende Redewendungen und gewisse Signalwörter versteht und nicht den ganzen Satz. Wenn sich das Baby dem Kaktus nähert, und die Mutter ruft: „Nicht anfassen!", dann ist es für den kleinen Schatzi wichtiger, das „nicht" herauszuhören und zu begreifen, dass es sich um ein Verbot bzw. eine Warnung handelt, als genau zu verstehen, was „anfassen" bedeutet. Das gilt auch für Erwachsene. Wenn man die grobe Richtung eines Satzes erfasst hat, kann man sich die konkreten Einzelheiten schnell zusammenreimen.

Wer es lieber weniger intuitiv angehen möchte und systematischeres Lernen bevorzugt, kann dieses Buch natürlich auch parallel zu einem Kurs verwenden oder als Ergänzung zu einem anderen Lehrbuch einsetzen. Wenn man richtig gut Japanisch sprechen lernen will, dann muss man das sogar tun, denn dieses Buch alleine reicht dafür nicht aus.

Damit man sich zwischendurch mal kurz prüfen kann, habe ich doch ein paar Übungen untergebracht. Sie stehen am Ende des jeweiligen Kapitels, beginnen mit dem Satz **Sate, mondai desu!** („Also, hier ist die Aufgabe!") und sind einfache Verständnisfragen. Viel Spaß und viel Erfolg!

An dieser Stelle kurz ein Wort zur Schrift: Das Japanische setzt sich aus drei verschiedenen Schriftsystemen zusammen, den **Kanji** (chinesische Symbolzeichen) und den beiden Silbenschriften **Hiragana** und **Katakana**. Mit den **Kanji** werden bedeutungstragende Wörter geschrieben, mit **Hiragana** hauptsächlich Endungen, Strukturwörter und Wörter, deren **Kanji** aus der Mode gekommen sind oder einem gerade nicht einfallen ... **Katakana** verwendet man, um Fremdwörter und Namen aus westlichen Sprachen zu schreiben.

Da es uns in diesem Buch um das Hörverständnis von Animes geht, können wir uns leider nicht intensiver mit der Schrift beschäftigen. Das Japanische wird überall im Buch in lateinischer Umschrift wiedergegeben. Ich setze nach Lust und Laune Bindestriche ein, um zu zeigen, wie die Wörter zusammengesetzt sind. Zum Beispiel schreibe ich **o-cha** (Tee) mit Bindestrich, weil **o** eine Vorsilbe ist. Sollte in einem anderen Buch **ocha** stehen, so ist das auch richtig, denn in der wirklichen japanischen Schrift gibt es keine Bindestriche.

3. Hör mal, wie die sprechen!

Die Aussprache des Japanischen ist nicht schwierig - im Vergleich zu anderen asiatischen Sprachen geradezu ein Kinderspiel. Kein kompliziertes Melodiesystem wie im Chinesischen oder Thailändischen, keine dumpfen Grunzlaute wie im Mongolischen. Dementsprechend würde es auch leicht fallen, gesprochenes Japanisch in den Animes zu verstehen, wenn ... ja, wenn die Leute nicht so atemberaubend schnell reden würden, und wenn man immer wüsste, wo das eine Wort aufhört und das nächste anfängt.

Japanisch ist eine klangvolle Sprache, reich an Vokalen (Selbstlauten). Es gibt kaum ähnlich klingende Laute, die zu Verwechslungen führen könnten.

Die Betonungen sind nicht sehr ausgeprägt, was Japanisch manchmal etwas monoton klingen lässt. Die wichtigen Wörter im Satz werden nicht so stark hervorgehoben wie im Deutschen. Das Japanische ist eher ein gleichförmiger Fluss von Wörtern als ein kraftvolles Auf und Ab. Eine japanische Bekannte von mir hatte früher das Problem, dass ihr Deutsch, obwohl es sehr gut war, von Deutschen oft nicht verstanden wurde. Bis ihr auffiel, dass sie beim Sprechen viel zu wenige Betonungen setzte und in derselben gleichförmigen Strömung redete, wie sie auch ihre Muttersprache Japanisch sprach. Erst, als sie anfing, die deutschen Sätze förmlich zu kneten, wie man einen zähen Teig knetet (so nannte sie es selbst), also Kraft hineinzulegen, zuzupacken und wieder loszulassen, wurde ihr Deutsch überall verstanden. Inzwischen ist sie am Telefon von einer Deutschen nicht mehr zu unterscheiden und beherrscht sogar den schwäbischen Dialekt perfekt. Japanisch hat keinen Rhythmus wie eine Eisenbahn, sondern schwebt dahin wie ein Boot auf dem Meer. Aber natürlich kann man auch auf Japanisch flüstern, stottern oder schreien.

Die Silben

Vorweg: Die japanische Sprache setzt sich aus Silben zusammen.

Eine Silbe besteht in den meisten Fällen aus einem Konsonanten (Mitlaut) und einem Vokal (Selbstlaut). **Ka** wäre zum Beispiel eine solche Silbe, oder

no. Wenn Silben wie **shi** oder **cha** aussehen, als hätten sie zwei Konsonanten, dann ist das eine Täuschung. In Wirklichkeit ist es nur ein einziger konsonantischer Anlaut. Er wird eben zufällig mit zwei Buchstaben geschrieben - und das auch nur in der lateinischen Umschrift. Dass wir keinen einzelnen Buchstaben für den Laut **sh** (sch) oder **ch** (tsch) haben, dafür können die Japaner nichts.

Aber auch ein einzelner Vokal reicht schon als Silbe aus - **e** oder **a** zum Beispiel sind ebenfalls Silben. Konsonanten können jedoch nicht alleine stehen. Es gibt in der japanischen Sprache und Schrift kein einzelnes **t** oder **p** oder ähnliches. Jeder Mitlaut hat einen Selbstlaut hinter sich. Die Japaner können ein einzelnes **t** weder schreiben noch aussprechen, erst in Verbindungen wie **ta** oder **to** kann der Laut ausgesprochen und geschrieben werden. Allerdings - nicht böse sein - gibt es dafür eine winzige Ausnahme: Den Laut **n**. Das **n** kann alleine stehen und bildet dann ganz für sich eine Silbe.

Testen wir kurz, ob ihr mein theoretisches Gefasel verstanden habt: Aus wie vielen Silben besteht beispielsweise das bekannte Wort **bonsai**?

Nach deutscher Denkweise aus zwei, nämlich „bon" und „sai". Ich erinnere mich mit Schaudern an endlose, ohrenbetäubende Klatsch-Übungen in der Grundschule, mit denen uns die Lehrerin das Gefühl für Silben beizubringen, ja geradezu einzuhämmern versuchte. Schade um die Mühe, möchte man sagen, denn in Japan hilft uns das ganze Geklatsche nicht weiter. Da sind es mehr als zwei Silben. Wie war das noch? Insgesamt habe ich drei Arten von Silben aufgezählt: 1. Solche, die aus einem Konsonanten und einem Vokal bestehen, 2. solche, die nur aus einem Vokal bestehen, und 3. die Ausnahme, das einzelne **n**. In dem Wort **bonsai** sind alle drei Arten versammelt. Silben aus Konsonant und Vokal haben wir zwei, nämlich **bo** und **sa**. Silben aus Einzelvokalen gibt es hier nur eine, nämlich das

i am Schluss. Und das einsame **n** ist auch vertreten. Damit sind wir bei **bo-n-sa-i**, also bei vier Silben angelangt.

Warum ich so ausführlich darauf eingehe? Als späte Rache an meiner eigentlich ganz netten Deutschlehrerin? Nein. Es ist wichtig, diese Grundstruktur durchschaut zu haben, um die Aussprache und Schrift des Japanischen besser zu verstehen.

Sate, mondai desu:

1. Aus wie vielen Silben besteht das Wort **chikai** („nahe")?

a. aus zwei b. aus drei c. aus vier

Vokale (Selbstlaute)

Das Japanische kennt nur fünf Vokale. In der in Japan üblichen Reihenfolge sind das **a**, **i**, **u**, **e** und **o**. Die Aussprache ist ungefähr so wie im Deutschen, auf klitzekleine Unterschiede komme ich weiter unten zu sprechen.

Wichtig ist, dass jeder Vokal entweder kurz oder lang gesprochen wird, und zwar immer so, wie es dasteht. Wenn also eine Frau den Vornamen **Maki** trägt, dann spricht man diesen auch so, mit einem kurzen **a** und einem kurzen **i**. Wenn man Deutsch als Muttersprache hat, macht man bei fremden Namen immer den Fehler, bestimmte Laute zu dehnen. Das fällt uns gar nicht auf, wir tun es unbewusst. Instinktiv würden wir **Maki** wie **Mahki** aussprechen, mit einem langen und betonten **a**, aber das ist falsch. Auch die beliebten **Pokemon** heißen nicht „Pohkemon", sondern werden so gelesen, wie sie geschrieben werden - mit einem kurzen **o**, etwa wie „Pockemon".

Lange Vokale wie bei uns gibt es auch, die werden aber ausdrücklich als lang markiert. In der lateinischen Umschrift macht man das entweder mit einem Strich oder einem Dach (Accent circonflexe) über dem Buchstaben, oder einfach, indem man ihn doppelt schreibt. Das Wort **kuuki** (Luft) zum Beispiel hat ein langes **u** und kann in unserer Schrift entweder **kūki**, **kûki** oder **kuuki** geschrieben werden. Je nach Gewohnheit. Auf keinen Fall aber sollte man es **kuki** schreiben, denn dann würde das **u** kurz gesprochen, und es würde ein völlig anderes Wort daraus - **kuki** bedeutet „Stängel".

Viele Leute schütteln den Kopf, wenn sie solche Erklärungen hören, und sagen: „Wie soll ich eine Sprache lernen, bei der so ähnlich klingende Wörter so unterschiedliche Bedeutungen haben?" Aber im Deutschen ist das keinen Deut besser. Bei uns gibt es zum Beispiel die Wörter „Wahl", „Wal" und „Wall". Dass man „Wahl" lang sprechen soll, sieht man an dem „h", aber wie ist das bei „Wal"?. Beide Wörter haben die gleiche Aussprache, leicht unterschiedliche Schreibweise und völlig unterschiedliche Bedeutung. Und dass man das **a** von „Wall" kurz sprechen soll, erkennt man nicht an dem Vokal selber, sondern an den Buchstaben, die nachfolgen - ein hochkompliziertes System. Jedem Ausländer, der dahinter steigt, sollte man einen Orden verleihen.

Allerdings gibt es bei den Längungen auch im Japanischen noch etwas Wichtiges zu beachten. Nicht alle langen Vokale werden einfach durch eine Verdoppelung wiedergegeben. Manche werden auch etwas abweichend geschrieben.

â →	**aa**
î →	**ii**
û →	**uu**
ê →	**ei** (in manchen Wörtern **ee**)
ô →	**ou** (in manchen Wörtern **oo**)

Mit anderen Worten: Das Wort **bushidô** („Weg des Kriegers") besteht aus den Silben **bu-shi-do-u**. Auch das Längungs-U ist eine eigene Silbe. Trotzdem wird das Wort *nicht* „bushido-u" ausgesprochen. Dasselbe gilt für die bekannten Wörter **sensei** und **geisha**. In beiden Fällen ist das, was man **ei** schreibt, nur ein langes **ê**. Aussprachen wie „sensai" und „gaisha" hört man nur aus dem Mund von Leuten, die kein Japanisch können. Die korrekte Aussprache ist „sensê" und „gêsha".

Immer, wenn man Japanisch mit lateinischen Buchstaben schreibt, darf man nicht vergessen, dass man sich damit nur einer Umschrift bedient. Die heute international gebräuchliche Umschrift (Transkription) des Japanischen geht auf den amerikanischen Augenarzt und Missionar J. C. Hepburn zurück, der im 19. Jahrhundert ein frühes Japanisch-Englisches Wörterbuch herausgab. Das Grundprinzip seiner Umschrift ist schnell erklärt: Die Vokale werden nach dem Vorbild der lateinischen Sprache geschrieben, die Konsonanten nach der englischen Sprache.

Schauen wir uns die Laute der Reihe nach an. Das ist etwas mühsam, verhilft uns aber zu besserem Hörverständnis und bewahrt uns - falls wir doch einmal selbst etwas sagen - vor peinlichen Fehlern.

a ist ein kurzes a wie im deutschen „Bann"

â ist die lange Variante wie im deutschen „Bahn“

i ist ein normales, kurzes i wie im deutschen „Wind“

î ist die lange Variante wie im deutschen „Spîl“, äh, „Spiel“

u ist kurz und wird mit weniger Lippenrundung ausgesprochen als im Deutschen, ähnelt etwas dem **u** im sächsischen „nu“

û ist die lange Variante davon

e ist ein kurzes, offenes e wie im deutschen „Herr“

ê ist die lange Variante wie im deutschen „mehr“

o ist ein kurzes, offenes o wie im deutschen „oft“

ô ist die lange Variante wie im deutschen „Ohr“

Bei manchen Wörtern kommt es vor, dass kurze Vokale verschluckt werden und kaum hörbar sind. Besonders häufig geschieht es bei **i** und **u**, den beiden schwächsten Vokalen der japanischen Sprache, vor allem in bestimmten Endungen. Zum Beispiel wird die Endung **-masu** eher „mas“ gesprochen. Das Verb **wakarimasu** („verstehen, ich verstehe“) klingt wie „wakarimas“. In der Vergangenheitsform auf **-mashita** wird das **i** verschluckt, und **wakarimashita** („ich habe verstanden“) spricht sich daher wie „wakarimashta“. Wenn man die Wörter zwei, drei Mal gehört hat, hat man sich schnell daran gewöhnt.

Sate, mondai desu:

2. Wie kann man das Wort **doubutsu** („Tier“) noch schreiben?

a. dobutsu　　b. dûbutsu　　c. dôbutsu

Konsonanten (Mitlaute)

k ist ein normales deutsches k wie in „Kasten“

g ist ein normales deutsches g wie in „Geld“, wird aber in der Mitte eines Wortes leicht nasaliert. Das Wort **nagai** („lang“) wird daher etwa wie „nangai“ ausgesprochen.

s ist immer stimmlos, auch vor einem Vokal, wie das deutsche ß in „Straße“ (nicht stimmhaft wie in „Hase“!). Die kleinen Bäumchen werden also wie „bonßai“ ausgesprochen.

sh ist ähnlich wie das deutsche sch in „Schirm" oder das englische sh in „shelf", klingt aber etwas leichter, dünner, weil die Zunge dabei näher am Gaumen ist.

z ist kein deutsches z, sondern ein stimmhaftes s wie in „Sonne". Süddeutsche (wie ich) haben mit diesem Laut am Anfang große Schwierigkeiten, weil es in Süddeutschland und auch in Österreich kein stimmhaftes s gibt – aber für den Anfang reicht es ja, es zu verstehen ...

j ist völlig identisch mit dem weichen englischen j in „job" oder „Jack". In der deutschen Sprache gibt es diesen Laut nicht. Bitte nicht wie ein deutsches j aussprechen! Die Wörter **ninja** oder **jûdô** werden auf Deutsch regelmäßig falsch ausgesprochen.

t ist ein normales deutsches t wie in „Tasse"

d ist ein normales deutsches d wie in „Dach"

ch ist ein deutsches tsch wie in dem deutschen Wörtchen „tschüss" oder einfach ein englisches ch wie in „children"

ts ist wie ein deutsches z in „Maschendrahtzaun"

n ist in den meisten Wörtern ein ganz normales deutsches n wie in „Nacht". In bestimmten Fällen aber verhält es sich seltsam. Vor b, p und m wird es wie m ausgesprochen, so dass der Zuruf **kanpai** („Prost!") wie „kampai" klingt und der Anime-Titel **Ranma** wie „Ramma". Das ist eine sogenannte Lauterleichterung – beim schnellen Sprechen lässt sich „mp" besser aussprechen als „np", weil die Lippen bei m und p in der gleichen Stellung sind. Auch eine Möglichkeit, Energie zu sparen ... Vor g und k wird n zu ng, wieder eine leicht nachvollziehbare Folge der Lauterleichterung. Damit spricht sich das bekannte Wort **Manga** eben nicht „Man-ga", sondern „Mang-ga". Verwirrt? Gut. Es kommt nämlich noch besser: Manchmal wird n sogar wie ein y ausgesprochen. Wer sich noch an die Ausführungen zum japanischen Silbensystem erinnert, weiß, dass es auch die einzelne Silbe **n** gibt. Wenn nun diese einzelne Silbe **n** vor einem Vokal steht, dann wird sie zu einem Schleiflaut, der fast wie ein Ypsilon klingt. Man hebt das auch im Schriftbild hervor, indem man nach dem einzelnen **n** einen Apostroph setzt und es damit abgrenzt. Das Wort **ten'in** bedeutet „Verkäufer(in)" und ist ein ausgezeichnetes Beispiel. Hieße das Wort „tenin", dann wären es drei Silben, nämlich te-ni-n. So aber sind es vier, und zwar te-n-i-n. Und das macht einen deutlichen Unterschied in der Aussprache. Das einzelne **n** vor einem Vokal wird, wie gesagt, zu einer Art Ypsilon verschliffen, und das Wort spricht sich damit ungefähr „tengyin" mit einem ganz leichten ng-Laut dazwischen. So ist es auch zu erklären, warum die japanische Währung in der ganzen Welt als „Yen“ bekannt ist, obwohl sie in Japan eigentlich nur **en** heißt. In bestimmten Verbindungen wie **sen’en** („tausend Yen“) klingt plötzlich ein y-Laut an. Die Aussprache lautet etwa „sengyen“, und daher kommt die Annahme außerhalb Japans, die Währung hieße „Yen“.

m macht keine Probleme und ist das deutsche m wie in „Männer“ oder „Memmen“.

h wird immer als h gesprochen, nie zur Dehnung verwendet. Der Frauenname **Miho** zum Beispiel heißt „Mi-ho“, nicht etwa „Mii-o“. Vor **i** klingt **h** eher wie ein helles deutsches ch, etwa wie in „China“.

f ist ein Mittelding zwischen dem deutschen h und dem f, ein Luftstrom zwischen den flach aufeinandergelegten Lippen.

b ist identisch mit dem deutschen b wie in „Bär“.

p ist ein normales deutsches p wie in „Panda“.

y entspricht dem deutschen y oder j in „Yacht“ oder „Jahr“.

r hat mit dem deutschen r nichts zu tun und mit dem deutschen l nur wenig. Am ehesten gleicht der Laut dem d. Überrascht? Ein d entsteht ja, wenn man mit der Zungenspitze die Stelle gleich hinter den oberen Zähnen leicht anschlägt. Geht man mit der Zunge noch weiter zurück an den Gaumen (nicht verschlucken!) und schlägt etwas heftiger, bekommt man den japanischen r-Laut – eine Art schnappendes l. Anfangs ist es daher nicht leicht, beim Hören zum Beispiel ein **da** von einem **ra** zu unterscheiden.

w entspricht dem schönen englischen w, wie etwa in „woman“. Bitte nicht wie ein deutsches „w“ mit den oberen Schneidezähnen auf der Unterlippe aussprechen!

Die letzte wichtige Besonderheit der japanischen Aussprache sind die langen Konsonanten oder Doppelkonsonanten. So nennt man Konsonanten, bei denen man bei der Aussprache kurz stockt und erst dann weiterspricht. Die nördlichste der vier Hauptinseln Japans heißt **Hokkaidô**, und wird „Ho-(Pause)-kaidoo“ ausgesprochen. Zwei Konsonanten in der Umschrift zu haben, bedeutet also etwas anderes als im Deutschen. Es zeigt an, dass eine winzige Pause eingefügt wird, während der man den Laut in der Schwebe hält, ehe man ihn ausspricht. Etwas ähnliches gibt es auch in europäischen Sprachen. Wer in der Pizzeria die italienische Bedienung beim Aussprechen von „Spaghetti“ belauscht, hört dasselbe Phänomen wie im Japanischen. Die Italiener sagen nicht einfach „Spageti“, sondern sie bringen Rhythmus ins Spiel mit „Spage-(Pause)-ti". Auch in der deutschen Sprache gibt es dieses Phänomen, sofern sie von Schweizern gesprochen wird.

Man sieht: Obwohl **r** der einzige Laut ist, der uns echte Schwierigkeiten bereitet, kann man am Anfang bei der Aussprache des Japanischen einiges falsch machen. Ein gutes Beispiel ist der berühmte „Zen-Buddhismus", der von deutschen Esoterik-Freaks gerne mit geheimnisvoll rollenden Augen „Tsehn" ausgesprochen wird, in Wirklichkeit aber eher wie „Senn" klingt, mit einem stimmhaften s am Anfang und einem kurzen e in der Mitte.

Übrigens: Leider ist in Japan neben der Hepburn-Umschrift noch eine andere Transkriptionsform gebräuchlich. Man stolpert also manchmal über Abweichungen. Wenn an einem Film zum Beispiel eine Frau „Takashima Natsuko" mitgewirkt hat, könnte ihr Name irgendwo als „Takasima Natuko" wiedergegeben werden - von solchen Kleinigkeiten sollte man sich nicht irritieren lassen.

Über Aussprache zu lesen, ist wie Trockenschwimmen. Wenn man eine Weile aufmerksam den japanischen Stimmen der Animes gelauscht und sich dabei meine unwürdigen Ausführungen ins Gedächtnis gerufen hat, gewöhnt man sich sehr schnell an die kleinen Besonderheiten.

Sate, mondai desu:

3. Wie spricht man das Wort **senpai** („Schüler einer höheren Klasse") aus?

a. sengpai b. sempai c. senpai

4. Feststehende Wendungen

Ich und du, Müllers Kuh

In den europäischen Sprachen gibt es normalerweise genau ein Wort für „ich“, ein Wort für „du“, eines für „Sie“ und so weiter. Die Japaner aber erlauben sich den Luxus, eine ganze Menge Begriffe dafür zu haben. Man kann beispielsweise von sich selbst sprechen und dabei bescheiden, höflich, neutral, vertraut oder ruppig wirken – und ob der Sprecher ein Mann oder eine Frau ist, schimmert bisweilen ebenfalls durch. Werfen wir einen Blick auf die gebräuchlichsten Bezeichnungen für „ich“:

watashi atashi watakushi boku ore washi

Watashi ist das neutralste Wort. Darin schweben keine besonderen Bedeutungen mit. Laut Lehrbuch sagen sowohl Männer als auch Frauen gerne **watashi**. Das ist richtig, aber in der Realität wird es viel häufiger von Frauen verwendet. Für Männer bieten sich zahlreiche Alternativen an. Dazu weiter unten mehr.

Atashi ist eine Variante von **watashi**, ausschließlich für Frauen. **Atashi** wirkt ganz besonders naiv, niedlich oder auch erotisch, je nachdem, was der Anime-Autor unter Weiblichkeit versteht ...

Watakushi ist ein sehr bescheidenes Wort und passt gut zu formellen Anlässen. Immer dann, wenn die Japaner jemandem besonders höflich, reserviert oder unterwürfig gegenübertreten, verwenden sie **watakushi**.

Boku wird normalerweise von Männern verwendet, auch schon von kleinen Jungen. Eigentlich gehört **boku** eher in den Familien- und Freundeskreis, aber viele Männer verwenden es in allen Lebenslagen. In seltenen Fällen hört man auch mal kleine Mädchen **boku** sagen, was dann darauf hindeutet, dass die Betreffende sich selbst eher als Junge fühlt (oder noch zu jung ist, um den Unterschied zu kapieren).

Ore ist viel ruppiger als **boku**. Männer demonstrieren damit eine gewisse Coolness und ein starkes Selbstvertrauen. Während **boku** noch etwas Kindliches anhaften kann, ist **ore** ganz und gar auf den erwachsenen Mann gemünzt. Für raue Burschen, einsame Streiter oder finstere Gangster kommt natürlich nur **ore** in Frage.

Wenn jemand **washi** benutzt, diese veraltete Form von **watashi**, ist es meist ein weißhaariger Greis. Diese schon bei den Samurai übliche Bezeichnung symbolisiert heute meist hohes Alter und wird nur von Männern gebraucht.

All diese Konventionen sind ein gefundenes Fressen für scharfsinnige Anime-Texter und erlauben viele interessante Nuancen, die in der deutschen Übersetzung zwangsläufig verloren gehen: Der schwächliche Grünschnabel, der sich **ore** nennt, versucht damit verzweifelt, erwachsen zu wirken, und der Bandit, der **boku** verwendet, würde sich vielleicht lieber zu Hause von der Mutter bekochen lassen als mit der Knarre in der Hand unschuldige Menschen zu bedrohen ...

Bezieht der Sprecher noch andere Leute mit ein, steht ihm wiederum ein ganzes Arsenal an Ausdrucksmöglichkeiten zur Verfügung. Für die Mehrzahlform von Personen verwendet man gewöhnlich die Endung **-tachi**. Dadurch entstehen die Wörter:

watashi-tachi atashi-tachi watakushi-tachi

boku-tachi ore-tachi

Alle diese Begriffe bedeuten „wir". Die oben genannten Unterschiede bleiben natürlich bestehen.

Nehmen wir an, die brävsten Schüler einer Klasse würden dem Lehrer ein gemeinsames Weihnachtsgeschenk übergeben – falls der Sprecher ein Junge ist, würde er mit stolzgeschwellter Brust verkünden, dass **boku-tachi** ihre Spardosen geknackt haben, um dem verehrten **sensei** eine Freude zu machen. Ein Mädchen würde stattdessen von **watashi-tachi** oder **atashi-tachi** reden – und den Blick beschämt gen Boden senken. Der Streber der Klasse wird seine Ehrerbietung dem Lehrer gegenüber verdeutlichen, indem er von sich und den anderen artig als **watakushi-tachi** spricht. Die aufmüpfigen Kerle aus der letzten Reihe werden sich damit herauszureden versuchen, dass **ore-tachi** viel zu wenig Taschengeld bekommen, um davon auch noch etwas für den ohnehin viel zu gut bezahlten Pauker abzuzwacken.

Neben der Endung **-tachi** gibt es noch die ältere Endung **-ra**, die heute noch oft in der Umgangssprache zu hören ist. **Watashi-ra**, **boku-ra** und **ore-ra** sind in Gebrauch, doch für das formelle und bescheidene **watakushi** verwendet man in der Mehrzahl lieber die wohlklingende Endung -**domo** und spricht von **watakushi-domo**, was dann wunderbar gespreizt anmutet.

Aber damit noch nicht genug. Die feinfühligen Japaner kennen noch andere Wörter für „wir“, für ganz besondere Fälle:

uchi **wareware** **ware-ra**

Wenn die Rede von „wir zu Hause“, „unsere Familie“ ist, verwendet man den Begriff **uchi**. Das bedeutet ursprünglich „Haus“. Ein erfreulicher Satz wie „Bei uns in der Familie sind alle Manga-Fans“ würde das Wort **uchi** enthalten: **Uchi wa minna manga-fan desu.**

Die Wörter **wareware** oder **ware-ra** bezeichnen meist eine größere, allgemeinere Gruppe von Menschen, der man sich zugehörig fühlt, zum Beispiel „wir Österreicher“ oder „wir Frauen“. Denken wir uns den Angehörigen einer Organisation, der in der Kneipe beim Bier einem Kumpel von den Aktivitäten dieser Organisation erzählt. Verwendet er **watashi-tachi**, **boku-tachi** oder **ore-tachi**, so meint er eher die beiden Anwesenden, sich und den Freund; spricht er dagegen von **wareware**, weist er damit auf seine Gruppe, seine Organisation hin.

Auch für die Anrede des Gesprächspartners gibt es viel mehr Möglichkeiten als nur „du“ und „Sie“:

anata **anta** **kimi** **o-mae** **temee** **kisama** **onore**

Anata wird heute allgemein im Sinne von „du“ oder „Sie“ verwendet. Allerdings wird man nur selten hören, dass ein Untergebener seinen Vorgesetzten mit **anata** anredet. Auch wenn jüngere Leute ältere Menschen so ansprechen, gilt es als unhöflich. **Anata** setzt eine gewisse Vertrautheit oder Vertraulichkeit voraus. Kein Wunder: Ursprünglich war **anata** mal ein Kosewort, mit dem sich Liebende ansprachen ...

Am höflichsten ist es witzigerweise, wenn man gar keine dieser Anredeformen verwendet, sondern statt dessen den Namen des Angesprochenen ins Spiel bringt. Herrn oder Frau Suzuki würde man auch mitten im Satz einfach mit **Suzuki-san** anreden, im Stile von „Möchte Suzuki-san etwas essen?“, anstatt zu sagen: „Möchten Sie etwas essen?“ Die älteren unter uns kennen das aus Karl May-Filmen: „Reitet Winnetous Bruder mit seinem roten Bruder zusammen?“

Eine etwas barsche Variante von **anata** ist **anta**, was unter anderem meckernde, zeternde Ehefrauen allzu oft benutzen ...

Kimi entspricht eher dem deutschen „du“ und setzt eine besondere Vertrautheit voraus, wie etwa bei Freunden. Doch auch Höhergestellte verwenden es Niedrigergestellten gegenüber. Erwachsene sprechen Kinder gerne mit **kimi** an, und auch die Lehrer an der Schule oder die Professoren an der Uni reden so ihre Schüler und Studenten an. Mit anderen Worten: **kimi** wird immer dann gebraucht, wenn Höflichkeit nicht vonnöten ist. Unter Verliebten kann **kimi** sehr zärtlich und intim klingen.

O-mae wirkt dagegen ziemlich unfreundlich und heftig. Man könnte es mit „du da" übersetzen. Dieses Wort verwendet man eher, wenn man Streit sucht oder jemanden herabsetzen möchte. Unter Männern, die einen rauen Umgangston schätzen, kann **o-mae** natürlich auch freundlich-verschmitzt gemeint sein, und oft wird es auch neckisch gebraucht und ist nicht wirklich böse gemeint. „**O-mae** wakatte nai ne" – „du Döskopf hast echt keinen blassen Schimmer".

Bei **kisama** und **temee** kann man allerdings davon ausgehen, dass es meistens so gemeint ist, wie es für japanische Ohren klingt, nämlich beleidigend und zornig. Vorwiegend Männer werfen sich diese Worte an den Kopf, bevor sie aufeinander losgehen und sich verkloppen. Wer solche Begriffe benutzen will, sollte sich vorher genau überlegen, was er tut. Die japanische Sprache kennt viel weniger Schimpfwörter als die deutsche, und **kisama** und **temee** enthalten daher die geballte Schlagkraft der zärtlichen deutschen Ausdrücke „du Vollidiot" oder „du Trottel".

Onore ist ein altes, seltener gewordenes Wort für **kisama**, aber deswegen nicht weniger heftig.

Natürlich gibt es auch von all diesen eigene Mehrzahlformen. Am gebräuchlichsten sind **anata-tachi**, **anta-tachi**, **kimi-tachi** und **o-mae-tachi**, und auch **o-mae-ra** kann man häufig hören. Wer sich gleich mit einer ganzen Clique anlegen will, sollte sich schon mal das Wort **temee-ra** zurecht legen ...

Sate, mondai desu:

4. Welches dieser Wörter für „ich" verwenden nur Frauen?

a. **ore** b. **boku** c. **atashi**

5. Welches dieser Wörter bedeutet „wir zu Hause" oder „unsere Familie"?

a. **uchi** b. **ware-ra** c. **boku-tachi**

6. Welches dieser Wörter für „du/Sie" ist am wenigsten höflich?

a. **o-mae** b. **kimi** c. **anata**

Entschuldigen Sie, mein Herr, sind Sie eine Dame?

Den japanischen Begriffen für „Herr" X und „Frau" Y sieht man meist nicht an, ob sich hinter den Angesprochenen Männlein oder Weiblein verbergen. Für beide Geschlechter verwendet man oft dieselben Anredeformen - sehr praktisch bei Personen, denen man das Geschlecht nicht auf den ersten Blick ansieht ...

-san **-sama** **-kun** **-chan** **-dono**

Immer richtig und deshalb auch sehr häufig zu hören, ist das Anhängsel **-san** am Namen des Betreffenden. Ob Herr oder Frau Tanaka gemeint ist, wenn jemand von **Tanaka-san** spricht, entzieht sich, wie gesagt, unserer Kenntnis. Außerdem dürfen wir nicht voreilig schließen, dass der Sprecher auch auf Deutsch von „Herr" oder „Frau" Tanaka reden würde. Es wäre gut möglich, dass der Sprecher mit Tanaka befreundet ist.

Nehmen wir an, Tanaka ist ein Mann und heißt mit Vornamen Keisuke. In Deutschland würde man unter Freunden eher von „Keisuke" sprechen („lange nicht gesehen, Keisuke, altes Haus!"). In Japan dagegen wird der Vorname unter erwachsenen Menschen kaum verwendet, und **Tanaka-san** ist die übliche Bezeichnung („immer noch der alte Fettwanst, Herr Tanaka!"). Auch Schüler werden in Japan mit ihren Nachnamen aufgerufen, sogar in den niedrigeren Klassen. Nur im Kindergarten herrschen die Vornamen vor.

Will man ganz besonders höflich und ehrerbietig sein, verwendet man das Wörtchen **-sama** anstatt **-san**. Im Brief macht sich das sehr gut, und da Kunden in Japan wirklich Könige sind, wird Herr Tanaka in Geschäften auch hübsch mit **Tanaka-sama** angesprochen. Auch der Gott der Bibel wird von japanischen Christen konsequent mit **kami-sama** angeredet (Herr Gott), und Japaner finden die Vorstellung recht befremdlich, dass dieses hohe Wesen in Deutschland nicht mit „Sie", sondern mit „du" angesprochen wird. Man sollte sich für das Gericht am Jüngsten Tag sicherheitshalber vielleicht ein paar Brocken Japanisch zurechtlegen ...

Die richtige Anrede gegenüber niedrigergestellten Leuten ist **-kun**, vor allem dann, wenn es sich um Männer handelt. Wenn Tanaka Keisuke, eben noch König, also aus dem Restaurant in seine Firma stolpert und auf dem Flur seinem Vorgesetzten begegnet, könnte er dort mit **Tanaka-kun** angesprochen werden. Dasselbe gilt für seinen Sohn Tanaka Daisuke, den der Lehrer in der Schule ebenfalls **Tanaka-kun** nennt. Schülerinnen und weiblichen Angestellten gegenüber behalten Lehrer und Chefs oft das **-san** bei (was aber nicht auf eine Bevorteilung der Frauen schließen lässt).

Der Papi selbst wird seinen Sohnemann entweder schlicht nur Daisuke rufen, oder ihn mit der Koseform **-chan** bedenken. Hauptsächlich Kinder werden mit **-chan** verhätschelt. Mädchen wird die Ehre dabei länger zuteil als Jungen. Einen 12jährigen Knaben mit **-chan** anzureden, wäre unter Umständen unpassend, während sich Frauen das noch jenseits der Zwanzig gefallen lassen dürfen/müssen. Innerhalb der Familie spielt das Alter jedoch keine große Rolle – auch erwachsene Geschwister reden sich manchmal mit **-chan** an. Eine Besonderheit: Während alle anderen Anredeformen normalerweise mit dem Familiennamen stehen, wird **-chan** mit dem Vornamen und oft sogar mit Abkürzungen verwendet. Aus dem guten Daisuke würde **Dai-chan** werden, aus einem Mädchen namens Keiko je nach Belieben entweder **Kei-chan** oder **Keiko-chan**.

Im heutigen Japan nicht mehr anzutreffen ist die Anrede **-dono**, mit der man Fürsten und allgemein Höhergestellte ehrte. In historischen oder Fantasy-Animes kann sie einem durchaus begegnen.

Namen sind Schall und Rauch – Titel sind Ruhm und Ehre. So oder ähnlich könnte ein japanisches Sprichwort lauten. Viele Anreden funktionieren in Japan ganz einfach über den Titel. Wenn dieser aussagekräftig genug ist, spart man sich den Namen. Hier sind einige der wichtigsten Titel:

sensei | senpai | shachô | kachô | gichô

Aus unzähligen Kung Fu-Filmen bekannt ist die Anrede **sensei**, die für Lehrer und vorbildliche Meister gebraucht wird. Ob ein Meister der Kampfkunst, ein vollendeter Kalligraph oder ein ganz ordinärer Schullehrer (sorry!) – alle haben sie die Anrede **sensei** verdient. Auch Ärzte gelten im weitesten Sinne als Lehrer/Gelehrte und werden bis heute mit **sensei** angesprochen. Der Begriff bedeutet ursprünglich „der früher Geborene“ und weist auf eine Zeit zurück, in der der Ältere automatisch eine Art Lehrerfunktion für die Jüngeren hatte.

In der Schule wird sehr großer Wert auf die Altersunterschiede der Schüler gelegt. Ganz gleich, ob Grundschule oder Universität: Die Schüler der niedrigeren Klassen reden jene der höheren Klassen ehrfurchtsvoll mit dem Titel **senpai** an. Die armen Übersetzer von Mangas oder Animes – ihnen bleibt nichts übrig, als den Namen des betreffenden Schülers einzusetzen. Falls dieser überhaupt bekannt ist.

Eine lange Liste bilden die Titel auf **-chô**, mit denen immer eine Art Boss oder Vorsteher gemeint ist. **Shachô** ist der Präsident einer Firma, **kachô** ein Abteilungsleiter, **gichô** ein Vorsitzender einer Versammlung, usw. All diese schönen Titel werden gerne und häufig verwendet, und keiner käme auf die Idee, seinen Chef mit **Tanaka-san** anzureden.

Auch englische Begriffe wie **bosu** (boss) oder **rîdâ** (leader) kann man manchmal als Anrede aus dem Mund von Anime-Figuren hören - sie sind aber selten und beschränken sich eher auf zwielichtige Organisationen. Achtung: Das aus dem Französischen stammende Wort **shefu** (chef) wird *nicht* für Vorgesetzte verwendet, sondern bedeutet „Koch" - vor allem „Koch der französischen Küche".

Sate, mondai desu:

7. Welche dieser Anredeformen ist besonders höflich?

a. **-chan** b. **-kun** c. **-sama**

8. Welche Berufsgruppe wird außer den Lehrern mit **sensei** angesprochen?

a. Polizisten b. Ärzte c. Firmenbosse

Werter Herr Vater, liebes Muttchen

Für die Anreden im Familienkreis steht eine große Zahl von Wörtern zur Auswahl, die sehr genau Auskunft geben, welches Verhältnis die Sprecher zu ihren Verwandten haben. Besonders für Mutter und Vater sind die Variationen reichhaltig:

o-kâ-san	o-kâ-sama	kâ-chan	mama	haha-ue
o-tô-san	o-tô-sama	tô-chan	papa	chichi-ue

Nehmen wir uns zuerst die Mutter vor. Ganz allgemein wird sie von ihren Kindern **o-kâ-san** gerufen. Dabei spielt es keine Rolle, ob hier ein Kind oder ein Erwachsener spricht. Besondere Höflichkeit kann dadurch ausgedrückt werden, dass die höfliche Endung **-sama** verwendet wird. **O-kâ-sama** wäre zum Beispiel eine gute Anrede in einem Brief an die Mutter, findet jedoch heutzutage immer seltener Verwendung. Die eigene Mutter mit **o-kâ-sama** anzusprechen, empfindet man heute als zu förmlich und veraltet. Redet man aber von der Mutter einer anderen Person, kann es durchaus angebracht sein.

Eher Liebe und Vertrautheit drückt das zärtliche **kâ-chan** aus, das nicht nur kleine Kinder benutzen. In modernen Familien rufen Kinder ihre Mutter gerne **mama**, doch oft tun sie es im Wechsel mit **o-kâ-san** oder **kâ-chan**.

Ein ganz anderes Wort für dieselbe Person ist **haha-ue** oder sogar **haha-ue-sama**. So hat man schon im Mittelalter die eigene Mutter angesprochen. Freilich wird diese veraltete und zutiefst ehrfurchtsvolle Form im heutigen Japan nur noch im Spaß verwendet, doch in Animes kann sie einem noch begegnen – als Zeichen tiefer Verbundenheit mit den Traditionen, bei Figuren, die aus der Vergangenheit kommen oder eng mit dem historischen Japan verbunden sind. Auch in Fantasy-Animes finden solche alten Begriffe gerne Verwendung, da **o-kâ-san** oder gar **mama** vor dem geheimnisvollen, magischen Hintergrund dieser Filme zu modern und umgangssprachlich klingen würden.

Für den Vater gelten exakt dieselben Regeln. Die allgemeinste Form heißt hier **o-tô-san**, die besonders höfliche Variante **o-tô-sama**, und wer seinen Daddy ganz doll liebhat, ruft ihn doch glatt **tô-chan**. Auch das europäische **papa** ist mittlerweile in Gebrauch, und der Samurai redet seinen Vater ehrerbietig mit **chichi-ue** oder **chichi-ue-sama** an. Letzteres ist nun wirklich das Ende der Fahnenstange, höflicher geht es nicht mehr.

Mitunter hört man auch das Wort **oyaji**. Man spricht damit von dem eigenen Vater oder von Leuten, die im gleichen Alter sind wie der eigene Vater. Das Wort ist nicht sehr höflich. „Wie sah der Täter aus?“ – „Das war so ein komischer **oyaji** mit Schnurrbart.“

o-bâ-san **o-bâ-sama** **bâ-chan**

o-jî-san **o-jî-sama** **jî-chan**

Omas und Opas heißen **o-bâ-san** und **o-jî-san**. Auch hier gilt: seine Großmutter mit **o-bâ-sama** anzusprechen, ist besonders höflich, **bâ-chan** klingt liebevoll und innig.

Der wichtigste Unterschied zum Deutschen ist, dass in Japan auch fremde Leute häufig mit den obigen Wörtern angesprochen werden. Wir hatten das ja gerade schon bei **oyaji** (Vater = Mann mittleren Alters). Während es bei uns eher verpönt ist, fremde ältere Leute mit „Oma“ und „Opa“ anzureden, gilt es in Japan als völlig normal. Nicht etwa nur Kinder, auch erwachsene Leute tun das manchmal. Auch in diesem Fall kann man Unterschiede machen und der alten Dame etwa mit **o-bâ-sama** besondere Hochachtung aussprechen oder ihr mit einem zärtlichen **bâ-chan, daijôbu desu ka?** (Alles in Ordnung, liebe Oma?) auf die Beine helfen, wenn sie gestolpert und hingefallen ist.

Ältere Leute genießen in den vom Konfuzianismus beeinflussten Ländern des Fernen Ostens von jeher größere Hochachtung als im Westen, auch wenn in den japanischen Großstädten des 21. Jahrhunderts davon oft nicht mehr viel zu spüren ist und den Alten des Landes mitunter ein eiskalter Wind entgegenbläst. Und weil in Animes nicht nur wohlerzogene, herzensgute Menschen auftreten, soll am Rande erwähnt werden, dass es auch die Begriffe **babâ** und **jijî** gibt – zwei Wörter, mit denen alte Leute beschimpft werden. **Kono jijî** lässt sich ungefähr mit „dieser alte Knacker" übersetzen.

oba-san **oba-sama** **oba-chan**

oji-san **oji-sama** **oji-chan**

Sehr leicht zu verwechseln mit den Wörtern für Oma und Opa sind die Anredeformen für Tanten und Onkel. Ein kleiner Schnitzer bei der Aussprache kann ausreichen, um einen Menschen zu beleidigen, denn das arme Tantchen **oba-san** wäre durch ein leichtes Dehnen des a im Nu zur **o-bâsan**, zur Oma, mutiert. Da die japanischen Stimmen der Animecharaktere aber nicht von tollpatschigen Ausländern, sondern glücklicherweise von Muttersprachlern gesprochen werden, darf man sicher sein, dass keine Tante zur Oma und kein Onkel zum Opa gemacht wird. Aber Hinhören muss man schon ganz genau.

o-nê-san **nê-chan** **aneki**

o-nî-san **nî-chan** **aniki**

Wenn bei den deutschen Untertiteln plötzlich das Wort „Bruder" oder „Schwester" auftaucht, und das nicht etwa im Sinne einer Geheimgesellschaft oder einer Krankenschwester, dann kommt uns das eigenartig vor. Schließlich reden sich Geschwister bei uns normalerweise nicht mit „Bruder" und „Schwester" an, sondern mit dem Namen. In Japan ist das etwas anders.

Während ältere Geschwister die jüngeren beim Namen nennen (wie bei uns auch), sprechen die jüngeren die älteren mit einem speziellen Wort an, das „ältere Schwester" bzw. „älterer Bruder" bedeutet. So wie man die eigene Mutter oder Oma gewöhnlich nicht mit dem Namen anspricht, so erhält auch die ältere Schwester ihren eigenen Titel. Sie wird **o-nê-san** oder **nê-chan** gerufen, der ältere Bruder **o-nî-san** oder **nî-chan**. In vielen Situationen gilt in Japan, dass die älteren Geschwister das Sagen haben, nicht nur in unschuldigen Kindertagen, oft auch im erwachsenen Leben.

Aber auch fremde Leute können mit diesen Begriffen angeredet werden. Da es die Japaner nicht mögen, Leute mit „Hey, Sie da!“ anzusprechen, verwenden sie je nach Alter und Geschlecht die Verwandschaftsbezeichnungen auch für wildfremde Menschen. Wir haben ja schon gehört, dass man alte Menschen mit **o-bâ-san** oder **o-jî-san** anreden darf. Ebenso werden Leute mittleren Alters (nicht nur von Kindern) gerne als **oba-san** oder **oji-san** bezeichnet, und junge Leute ruft man **o-nê-san** oder **o-nî-san**. Sehr oft, wenn man diese Verwandtschaftsbezeichnungen hört, sind die Betreffenden also gar nicht miteinander verwandt.

Die Wörter **aneki** und **aniki** gehören der Männersprache an und werden meist von einfachen, raubeinigen Kerlen verwendet, die Angst davor haben, ihr männliches Flair zu verlieren, wenn sie höfliche oder zärtliche Endungen wie **-san** oder **-chan** benutzen. Im Anime begegnen einem solche Leute oft als zwielichtige Gaunergestalten. Das Neumitglied einer Gang wird seine erfahreneren und älteren männlichen Kollegen mit **aniki** anreden.

o-jô-san o-jô-sama jô-chan

botchan boku

Selbst Kinder und Jugendliche haben ein Recht auf eigene Anredeformen. **O-jô-san** oder **o-jô-sama** bedeutet eigentlich „Ihr wertes Fräulein Tochter“, kann aber auch für Mädchen allgemein verwendet werden. **Jô-chan** klingt so niedlich, dass man sich die Erwachsenen bildlich vorstellen kann, die sich entzückt zu dem kleinen Püppchen hinabbeugen und versuchen, ihm den Kopf zu tätscheln, ohne dabei von dem reizenden Fratz gebissen zu werden ...

Kleine Jungs nennt man gerne **botchan** oder **boku**. Was? Ruft da jemand „Halt“? Stimmt, **boku** heißt eigentlich „ich“. Wie kann man für „ich“ und „du“ das gleiche Wort verwenden? Die Japaner können es. Weil es gar so niedlich ist, wenn kleine Jungs **boku** sagen, kann man der Versuchung nicht widerstehen, sie selbst so zu nennen – „du süßer, so putzig **boku** sagender Knirps, du".

Nur am Rande: Wenn Männer Frauen anmachen wollen, sprechen sie das Objekt der Begierde gerne mit **o-nê-chan** oder **o-jô-san** an. Aber auch das Wort **kanojo**, das eigentlich „sie (die Frau)" bedeutet, wird für die Anrede zweckentfremdet. **„Ooi, kanojo, o-cha shinai?"** – „Hey, Kleine, sollen wir nicht ein Tässchen Tee trinken?"

Sate, mondai desu:

9. Wer wird in altertümlichem Japanisch mit **chichi-ue-sama** angesprochen?

a. der Großvater　b. der Onkel　c. der Vater

10. Wen sprechen raue Männer mit **aneki** an?

a. die Mutter　b. die ältere Schwester　c. die jüngere Schwester

11. Welches dieser Wörter ist <u>keine</u> Anrede für junge Frauen?

a. **o-jô-san**　b. **o-nê-san**　c. **botchan**

Sein's so gut!

Wenn Menschen andere nicht so gerne um einen Gefallen bitten würden, hätten sie vermutlich gar keine Sprache entwickelt. In diesem Sinne ...

kudasai **chôdai** **kure**

Bitten und Befehle werden meistens mit der sogenannten Te-Form gebildet. Sie lässt Verben auf **te** oder **de** enden. Die Form wird im Grammatikkapitel auf Seite 129 näher erklärt. Aber selbst wenn man sie nicht kennt oder das kurze, unscheinbare **te** im Satz nicht heraushört, hat man gute Karten, eine Bitte zu erkennen. Oft steht nach dieser Te-Form nämlich **kudasai**, **chôdai** oder **kure**.

Kudasai ist am häufigsten und am höflichsten. „Meister, zeigt mir den geheimen Weg in das Tal der linksgewickelten Mumien **kudasai**." – „Aber gerne. Läutere dein Herz und folge mir sogleich." Bemerkt? Der Meister schenkt sich das **kudasai**. Er ist 105 Jahre alt und braucht solchen Firlefanz nicht.

Chôdai ist umgangssprachlicher und lässiger. Es ist in der Familie oder unter Freunden angebracht. „Hey, **nî-chan**, leih mir mal dieses coole Game **chôdai**!" - „Das spiele ich gerade. Lass mir meine Ruhe **chôdai**!"

Auf jede Höflichkeit verzichtet **kure**. Es ist ein sehr ungeduldiges, barsches Wort und passt am besten zu den typischen Macho-Sprüchen. „Wirf die Waffe weg **kure**, sonst mache ich deinen Zahnarzt zu einem reichen Mann." - „Pah, erspar mir die hohlen Phrasen **kure**! Ich - au! - auaa! ... Äh, kannst du meinen Arzt kurz für mich rufen **ku-**, **ku-**, **kudasai**!"

o-negai tanomu

Die oben erklärten **kudasai**, **chôdai** und **kure** werden immer an Sätze angehängt. Möchte man einfach nur „Bitte!" sagen, verwendet man **o-negai**. Die höfliche Form lautet **o-negai shimasu**. Meistens benutzt man das als Antwort auf eine Frage. „Soll ich dir noch mal erklären, was der Unterschied zwischen **watashi** und **boku** ist?" - „**O-negai**!"

Tanomu ist einfach das Verb „bitten". Es klingt oft stärker als **o-negai**, und man kann damit ausdrücken, dass man sich fest auf jemanden verlässt oder angewiesen ist. „Ich brauche unbedingt deine Zeugenaussage, damit ich diesen Gangster hinter Gitter bringen kann. Kawaguchi, **tanomu**!" Die höfliche Form heißt **tanomimasu** und kann genauso gebraucht werden.

yoroshiku

Yoroshiku ist eine schwammige Bitte. Man verwendet das Wort immer dann, wenn man nicht genau sagt, was man von jemandem möchte, aber trotzdem erwartet, dass der andere etwas für einen tut. Die Japaner lieben dieses Wort und bedauern sehr, dass es im Deutschen oder Englischen keine Entsprechung gibt. Wenn sich zwei Japaner zum ersten Mal sehen, sagen sie „**yoroshiku**". Sie bitten einander, aber worum? Um nichts Konkretes, sondern einfach um Sympathie. „Bitte seien Sie mir gewogen", wie man früher sagte. Oder der Chef übergibt dem Angestellten eine Akte und sagt „**yoroshiku**". Der arme Teufel, der sich mit den Papieren beschäftigen muss, wird schon wissen, um was es geht. Der Chef braucht es nicht extra auszuformulieren. Oder in der Schule werden Teams gebildet, um eine Gruppenarbeit zu erledigen. Die Schüler, die in einer Gruppe gelandet sind, sagen als erstes zueinander „**yoroshiku**"- „auf gute Zusammenarbeit". Erst dann geht's an die Details.

Übrigens: Eine Bitte kann auch mit der Endung **-nasai** gebildet werden. Näheres dazu im Grammatikkapitel auf Seite 129.

Und noch ein „übrigens“: Alle Redewendungen in diesem Kapitel sind echte Bitten. Man verwendet sie also nur dann, wenn man wirklich etwas möchte. Im Deutschen sagt man zum Beispiel auch „bitte“, wenn man jemandem etwas anbietet – auf Japanisch heißt das **dôzo**. Und auch als Antwort auf einen Dank kann man auf Deutsch „bitte“ sagen – im Japanischen sagt man **iie** oder **dô itashimashite**.

Sate, mondai desu:

12. Wenn jemand **kure** für eine Bitte benutzt, ist er dann besonders ...

a. höflich   b. ruppig   c. ungenau

Servus, hallo und bis bald mal wieder

Wenn man hört, wie sich Leute begrüßen oder verabschieden, erfährt man einiges über ihr Verhältnis zueinander. Das ist im Japanischen noch deutlicher als in vielen anderen Sprachen. Könige, Götter oder Yakuza-Bosse geruhen meist auf so ermüdende Dinge wie Grußformeln zu verzichten, nicken nur selbstzufrieden, ziehen eine Augenbraue hoch oder zünden sich eine teure Zigarre an, wenn eine niedere Kreatur ihren Audienzsaal betritt. Alle anderen befleißigen sich diverser Floskeln:

konnichi-wa   konchi-wa   o-hayô (gozaimasu)   ossu

konban-wa   harô

Japaner grüßen sich in den meisten Lebenslagen mit **konnichi-wa**. Vor allem fremde Leute tun das, oder Leute, die sich nicht besonders nahe stehen. Dieser Gruß hat eher etwas Förmliches an sich. Trotzdem kann er auch im Freundeskreis manchmal angemessen sein, wenn man höflich und sachlich sein möchte. Die verkürzte, lässige Form lautet **konchi-wa** und kann ein wenig lustlos wirken: „Tag!“

Die Japaner wünschen sich zwar keinen „guten Nachmittag“, wie die Briten das tun, aber für den Morgen und den Abend haben sie die passenden Grußformeln anzubieten.

O-hayô gozaimasu bedeutet so viel wie „es ist früh“ und meint „Guten Morgen“. Wie jeder Satz, der auf **gozaimasu** endet, ist auch dieser Gruß ausgesprochen höflich. In den meisten Situationen hört man ein einfaches **o-hayô**. Vor allem unter männlichen Schülern und Studenten gibt es noch eine andere Kurzform, nämlich **osu** oder **ossu**. Alles, was bei **o-hayô go-**

zaimasu zwischen der ersten und der letzten Silbe steht, verpufft ungehört zur Bedeutungslosigkeit. Und das vielleicht mit gutem Recht - denn „hayô gozaima“ bedeutet tatsächlich überhaupt nichts ...

Abends grüßt man sich höflich mit **konban-wa**. Hierfür gibt es keine Verkürzung. Das liegt vermutlich daran, dass Schüler und Studenten abends in der Regel munterer sind als morgens und infolgedessen ihre Mund- und Kehlkopfmuskulatur besser bewegen können ...

Harô rufen japanische Kinder ohne Unterlass ausländischen Besuchern in Japan nach. Sie meinen damit „hello“ oder „hallo“. Antwortet man mit **konnichi-wa** oder ganzen japanischen Sätzen, laufen sie enttäuscht weg, sichtlich verwirrt von dem Ausländer, der kein Englisch kann. Aber auch untereinander benutzen japanische Kinder und Jugendliche gelegentlich den westlichen Gruß. Das amerikanische „hi“ hat sich nie durchgesetzt - sicher deshalb, weil es genau so ausgesprochen wird wie das japanische **hai** („ja“) und es wenig sinnvoll ist, Leuten ein „Ja“ an den Kopf zu werfen, ehe sie etwas gefragt haben.

hisashiburi **genki datta?** **tadaima** **o-kaeri(-nasai)**

„Lange nicht gesehen“ - auch das taugt als Begrüßung. Auf Japanisch sagt man **hisashiburi** oder, höflich bis zum Anschlag, **o-hisashiburi desu ne**. Auch die Frage **genki datta?** („ist es dir gut gegangen?“) ist eher eine Begrüßung als eine echte Frage.

Eine Besonderheit des Japanischen ist ein zweiteiliges Set aus Begrüßungen, die innerhalb der Familie Anwendung finden. Wenn die Tochter des Hauses mit Einkaufstaschen voller Klamotten nach Hause kommt, die in zwei Wochen bereits wieder out sein werden, meldet sie sich nicht mit **konnichi-wa** oder ähnlichem, sondern verwendet den speziellen Gruß **tadaima**. Der ist für alle Leute gemacht, die nach Hause zurückkehren - auch Vater wird auf **tadaima** zurückgreifen, wenn er gegen Zehn aus der Firma zurückkehrt, wo er erfolglos versucht, auch nur annähernd so viel zu verdienen, wie seine Tochter ausgibt. Sollte sich jemand zu Hause befinden (in unserem Klischee ist das natürlich die Frau Mama, die fleißig Zwiebeln für das Abendessen schneidet - oder stammen die Tränen in ihren Augen etwa von der Daily Soap, die sie in dem kleinen Fernseher auf dem Kühlschrank verfolgt?) - wenn also jemand im Haus weilt, dann wird diese Person die Heimkehrer mit **o-kaeri-nasai** oder kürzer **o-kaeri** in den heimischen vier Wänden willkommen heißen.

yaa! **ooi!**

Gute Bekannte, die geschäftig an einem vorüberhasten und so tun, als würden sie einen nicht sehen, kann man mit **yaa!** oder **ooi!** stoppen. Als Schiffbrüchiger auf einer einsamen Insel sollte man unbedingt diese Wörter kennen, für den Fall, dass ein Schiff mit japanischer Flagge in Hörweite vorbeizieht. **Ooi! Ooi! Oooooi!**

irasshaimase! **irasshai!**

Noch lauter als Schiffbrüchige brüllen manchmal die Leute in den Geschäften oder Gaststätten ihren Kunden entgegen. **Irasshaimase!** bedeutet so viel wie „Kommen Sie bitte!“. Als Kunde in japanischen Läden wird man meist von einer wahren Stimmenflut auf diese Weise begrüßt, sobald man einen Laden betritt. Hinter den Regalen, aus den Nebenzimmern, von überall her tönt es: **irasshaimase!** Auch die Fahrkartenautomaten auf den Bahnhöfen beherrschen diesen Gruß. Der Kunde grüßt normalerweise nicht, außer es handelt sich um einen kleinen, familiären Laden, in dem er gut bekannt ist. Dann kann er **konnichi-wa** oder ähnliches sagen. Auf keinen Fall aber wiederholt er **irasshaimase!**

Die etwas direktere Form heißt **irasshai!** und wird gern von Händlern der etwas herzlicheren Sorte benutzt. Auf dem Markt zum Beispiel, oder in kleinen, billigen Geschäften und einfachen Restaurants. Der Bär auf dem Titelbild dieses Buches ruft übrigens **saa, irasshai!** „Los, hereinspaziert!“

sayônara **o-genki de** **ki o tsukete**

Das Wort **sayônara** kennt fast jeder, und viele Leute wissen auch, dass es „Auf Wiedersehen“ bedeutet (auch wenn unlängst ein italienischer Kellner in Stuttgart versuchte, meine Frau mit **sayônara, sayônara, signorina!** in sein Restaurant zu locken, was natürlich böse ins Auge ging). Allerdings sind viele Leute überrascht, dass man das Wort in Japan dann doch relativ selten hört, wo es hierzulande sogar in einer Handvoll kitschiger Schlager verbraten wurde. **Sayônara** bedeutet „wenn es denn so ist“ und ist eine etwas steife Form der Verabschiedung.

Beinahe feierlich klingt **o-genki de** „bleib gesund“, eine Floskel, die man bestimmt nicht benutzt, wenn man sich am nächsten Morgen wieder in der Schule oder am Arbeitsplatz sieht.

Die vielleicht angenehmste und häufigste Form der Verabschiedung heißt **ki o tsukete** („sei vorsichtig“). Wenn man bei jemandem zu Besuch war, wird man garantiert damit auf den Heimweg verabschiedet, und auch sonst hört man das sanfte, herzliche **ki o tsukete** oft.

dewa **jaa** **jaa ne** **jaa mata**

mata ashita **mata kondo** **baibai**

Meistens hat man mit Menschen zu tun, die man in absehbarer Zeit wieder trifft. Diesen muss man nicht jedes Mal die besten Wünsche für das weitere Leben mit auf den Weg geben. Wenn wir uns schnell mit „Tschüss“ oder „Ciao“ verabschieden, verwenden die Japaner gerne eine der folgenden Formulierungen.

Dewa bedeutet „also“, und das verwenden wir ja auch zur lässigen, kurzen Verabschiedung. **Jaa** oder **ja** ist die verschliffene Form von **dewa** und hat dieselbe Bedeutung. Auch **jaa ne** ist eine Variante davon. Das Wörtchen **mata** bedeutet „wieder“, und damit heißt **jaa mata** wörtlich übersetzt „also wieder“, **mata ashita** bedeutet „wieder morgen“, und **mata kondo** lässt sich mit „wieder demnächst“ übersetzen. Alles sind Möglichkeiten, sich zu verabschieden.

Vor allem unter Mädchen erfreut sich das englische **baibai** einer gewissen Beliebtheit. Dazu wird meist die flache, steil aufgerichtete Hand schnell hin und her gedreht – eine Art des Winkens, die uns Europäern einige Übung abnötigt ...

itte kimasu **itte kuru** **itte rasshai**

Oben habe ich erklärt, wie Personen, die nach Hause zurückkehren, die dort Verbliebenen grüßen, und umgekehrt. Auch für die Verabschiedung gibt es ein Paar entsprechender Grüße: Wer aus dem Haus geht, empfiehlt sich mit **itte kimasu** oder **itte kuru**. Das heißt interessanterweise „ich gehe und komme“ – ein Versprechen, oder gar eine Drohung? Wer im Haus zurückbleibt, verabschiedet den Nestflüchtigen mit einem liebevollen **itte rasshai**, das heißt „geh und komm“.

abayo

Wer **abayo** sagt, ist ziemlich cool. Ein Desperado im Wilden Westen könnte es sagen (ach nein, die konnten ja nicht mal richtig Englisch, geschweige denn Japanisch). **Abayo** ist jedenfalls ein gutes Wort, wenn man jemanden über den Haufen schießt: „Auf Nimmerwiedersehen“. Raubeine, Rüpel und Rowdys verwenden es gerne. Auch wenn sie gerade nicht schießen.

Sate, mondai desu:

13. Was bedeutet das Wort **ossu** der Studentensprache?

a. Guten Morgen! b. Guten Abend! c. Guten Tag!

14. Wie begrüßt man Leute, die man lange nicht gesehen hat?

a. **konban-wa** b. **tadaima** c. **hisashiburi**

15. Welches dieser Wörter ist keine Abschiedsfloskel?

a. **dewa** b. **o-kaeri** c. **jaa mata**

16. Wie werden Kunden in Japan begrüßt?

a. **irasshaimase** b. **konnichi-wa** c. **yaa**

Sei bedankt!

„Undank ist der Welten Lohn." Vielleicht war der Mensch, der zu diesem deprimierenden Schluss kam, ja gerade in Japan unterwegs und verstand kein Wort Japanisch. Kein Wunder, dass ihm all die vielen Dankesbezeugungen entgangen sind, die auf ihn eingeprasselt sein müssen. Damit uns das nicht ähnlich ergeht, behandelt dieser Abschnitt die vielfältigen Formen des Sich-Bedankens.

arigatô **dômo** **kansha shimasu**

Arigatô und **dômo** tauchen in unterschiedlicher Gestalt auf. Alleine sind sie eher ein kurzes „Danke" - in den Kombinationen **dômo arigatô**, **arigatô gozaimasu** oder **dômo arigatô gozaimasu** werden sie höflicher und höflicher. All diese Varianten gehören fest zum täglichen Leben. Auch die Vergangenheitsform **arigatô gozaimashita** („es war dankenswert") kann man oft hören.

Eine ganz besonders steife Art, sich zu bedanken, ist **kansha shimasu**, oder vertrauter: **kansha suru**. „Ich bedanke mich." Im Alltag ist diese

Formulierung eher selten, aber in theatralischen Szenen in Animes kann man sie öfters hören.

o-tsukare-sama (deshita) **go-kurô-sama (deshita)**

Möchte man sich für die Mühe bedanken, die ein anderer sich gemacht hat, sagt man normalerweise nicht **arigatô**, sondern verwendet einen dieser beiden Spezialausdrücke: **o-tsukare-sama deshita** oder **go-kurô-sama deshita**. Beide Formulierungen werden eher Untergebenen gegenüber verwendet. Vor allem die letztere darf man Höhergestellten nicht an den Kopf werfen. Häufig hört man auch Abkürzungen wie **o-tsukare-sama** oder **o-tsukare-san** respektive **go-kurô-sama** oder **go-kurô-san**.

tasukatta **ureshii** **sankyû**

Eine indirekte Form, sich zu bedanken, wäre zum Beispiel, zu sagen, dass die Hilfe einem sehr viel gebracht hat oder dass man sich darüber gefreut hat. Genau das tun die Wörter **tasukatta** („ich wurde gerettet" oder „mir wurde geholfen") und **ureshii** („ich bin glücklich"). Kombinationen wie **arigatô, tasukatta** sind sehr häufig. „Hier hast du die Prüfungsaufgaben von morgen." - „**Tasukatta**!" Gerade als Dank für ein Kompliment passt **ureshii** gut. „Du bist das schönste Mädchen in dieser Transvestiten-Disco!" - „**Ureshii**!"

Eher im Spaß, aber doch recht oft, verwenden Japaner das Wörtchen **sankyû**. Wie bitte? Was das bedeutet? Ja, könnt ihr denn kein Englisch?

Sate, mondai desu:

17. Jemand, der **o-tsukare-sama** sagt, bedankt sich für ...?

a. Liebenswürdigkeit b. Zeit c. Mühe

Verzeihen Sie, dürfte ich mich bitte entschuldigen?

Japaner entschuldigen sich gerne und häufig. Das ist kein stereotypes Vorurteil, sondern eine Tatsache, und dafür gibt es Gründe. In Japan steht nicht das Individuum im Vordergrund, sondern die Gruppe. Jeder, der Mangas und Animes kennt, hat schon bemerkt: Auch dort treten selten faszinierende Einzelpersonen in den Mittelpunkt der Geschichte (wie es bei amerikanischen Comics und Filmen eher der Fall ist) - viel interessanter findet man es in Japan, sich mit dem Innenleben von Gruppen zu beschäftigen. Es macht wesentlich mehr Spaß, das Verhältnis zwischen Personen zu beobachten, mitzuverfolgen, wie sich Streitigkeiten und Missverständnisse entwickeln und wieder auflösen, als einem muskelbepackten Superhelden dabei zuzusehen, wie er die Erde rettet. Was das mit der Liebe der Japaner zur Entschuldigung zu tun hat? Ganz einfach:

Solange ICH als Einzelperson wichtiger bin als die Gruppe, muss ich mir zweimal überlegen, ob ich mich entschuldige. Mit der Bitte um Verzeihung nehme ich eine Schuld auf mich und stufe mich damit gegenüber den anderen herunter, die keine Schuld auf sich geladen haben und nicht um Verzeihung zu bitten brauchen. Ich *ent*-schuldige mich zwar, brandmarke mich damit aber als den Menschen, der einen Fehler gemacht hat. Deshalb ist es in unseren individualistisch ausgerichteten westlichen Gesellschaften nicht einfach, „sorry" zu sagen. Eine Insider-Info: Japaner hassen Menschen, die sich nicht entschuldigen, und wenn diese friedliebenden Menschen in Deutschland irgendetwas auf die Palme bringt, dann, dass sich in manchen deutschen Firmen plötzlich niemand mehr zuständig fühlt, wenn ein Fehler passiert ist.

In Gesellschaften, die auf die Gruppe ausgerichtet sind, heißt „Entschuldigung" nicht „Ich bin der Kerl, der den Fehler gemacht hat – vierteilt mich", sondern „Ich nehme die Schuld auf mich, damit die Gruppe weiter funktionieren kann und sich nicht mit Streitereien aufhalten muss". Ein europäischer oder amerikanischer Held läuft Gefahr, seinen Heldenstatus zu verlieren, sobald er seine Schuld zugibt – ein japanischer Held beweist dadurch gerade seine Heldenhaftigkeit. Deshalb sind oft die schönsten und ergreifendsten Szenen in den Animes jene, in denen die Personen sich entschuldigen.

sumanai gomen môshiwake nai yurushite warukatta

Sumimasen ist wahrscheinlich das erste Wort, das einem bei einem Japanaufenthalt im Ohr bleibt. Ein leichtes, höfliches „Pardon" für jede Lebenslage. Schon im Flugzeug fängt es an: **Sumimasen**, könnten Sie mich bitte durchlassen? **Sumimasen**, darf ich Ihnen etwas zum Trinken anbieten? **Sumimasen**, danke, dass Sie mir den leeren Becher zurückgeben. Man verwendet es, um Leute anzusprechen, um sich zu bedanken, oder einfach, um irgendetwas zu sagen. **Sumimasen** ist eine Art Lächeln in gesprochener Form, ein Stück Zuwendung an das Gegenüber, ohne tiefe Bedeutung, etwas, um den gesellschaftlichen Umgang angenehmer, weicher zu gestalten. Man könnte fast sagen, **sumimasen** ölt die Kommunikation zwischen den Menschen.

Wie im Grammatik-Teil dieses Buches näher ausgeführt wird, gibt es in der japanischen Sprache (mindestens) zwei Höflichkeitsebenen, und was zwischen fremden Menschen **sumimasen** heißt, wird zwischen Freunden oder Bekannten rasch zu **sumanai**. Davon gibt es eine noch kürzere Form **suman**, wie überhaupt in lässiger Sprache die Endung **-nai** oft zu einem **-n** gekürzt wird. Auch Vergangenheitsformen wie **sumimasen deshita** oder lockerer **sumanakatta** hört man ab und zu, wenn man sich im Nachhinein für etwas entschuldigen möchte.

All diese Wörter haben keinen besonders starken Klang, weil sie ständig und bei jeder Gelegenheit verwendet werden. Wer sich wirklich für einen Fehler entschuldigen möchte, benutzt lieber **gomen nasai**, oder kürzer und freundschaftlicher **gomen**. Durch Zugabe der kleinen Wörter, die man Partikeln nennt, erreicht man verschiedene Nuancen: **gomen ne** macht es weicher („du, das tut mir jetzt aber echt Leid"), **gomen yo** bekommt mehr Nachdruck („Mann, tut mir das Leid").

Ganz und gar untröstlich wirkt **môshiwake nai** („Ich kann nicht sagen, wie Leid es mir tut") oder in der höflicheren Form **môshiwake arimasen**.

Fast schon verzweifelt klingt **yurushite** oder **yurushite kudasai**, meist flehend vorgetragen. Es bedeutet „bitte vergib mir".

Interessant auch das Wort **warukatta**. Eigentlich ist es nur die Vergangenheitsform des Wortes für „schlecht" **warui** und könnte übersetzt werden mit „es war schlecht". **Warukatta** bedeutet aber auch „ich war schlecht", „ich habe einen Fehler gemacht". Dieses Wort klingt sehr aufrichtig. Man entschuldigt sich nicht einfach nach aussen hin, sondern bereut tatsächlich, was man getan hat.

shitsurei

Ein häufiges Wort der Entschuldigung ist **shitsurei**, in der höflicheren Form **shitsurei shimasu**. Wörtlich übersetzt bedeutet **shitsurei** eine „Taktlosigkeit", damit heißt **shitsurei shimasu** „ich begehe eine Taktlosigkeit". Allerdings erklärt das noch nicht viel, denn die Anwendungen sind mannigfaltig.

Oft ähnelt die Verwendung **sumimasen**. Man bittet darum, durchgelassen zu werden, entschuldigt sich, dass man im Weg steht. Sehr häufig benutzt man **shitsurei shimasu** aber auch für Verabschiedungen. Wann ist eine Verabschiedung im japanischen Sinne taktlos? Nun, immer dann, wenn es eine einseitige Sache ist. Ein Telefongespräch beispielsweise endet nicht auf natürliche Weise (außer, der Akku gibt den Geist auf), sondern dadurch, dass einer der beiden Gesprächspartner das Gespräch beendet. Diese Person sagt **shitsurei shimasu** und entschuldigt sich damit bei der anderen, während diese mit **sayônara** oder einer anderen Abschiedsformel antwortet. Oder stellen wir uns eine Party vor, bei der ein Teilnehmer früher geht. Vor dem Hintergrund des japanischen Gruppendenkens ist es eine Störung, die Gruppe zu verlassen, also entschuldigt man sich für diese Störung, anstatt einfach „Tschüssi, ich kratz jetzt die Kurve“ zu sagen.

Umgekehrt hört man **shitsurei shimasu** auch von Leuten, die eine Wohnung betreten. Wer in die vier Wände anderer Leute eindringt, stört damit eine bestehende Gruppe (und möge sie nur aus einem ungewaschenen Kerl und seiner Spielkonsole bestehen) und hat sich dafür zu entschuldigen. Solche Floskeln sind nicht nur etwas für steife Staatsempfänge und wohltemperierte Cocktailpartys, sondern haben auch im Alltag unter guten Freunden ihren festen Platz.

In seltenen Fällen hört man **shitsurei** auch in der gegenteiligen Bedeutung, nicht als *Ent-*, sondern als *Be*schuldigung. Wirft der Junge einen etwas zu langen Blick in den Ausschnitt des Mädchens, so ruft dieses: **Shitsurei!** – „Unverschämtheit!“ Bitte? Nein, sie entschuldigt sich nicht dafür, dass sie die Einheit der Gruppe durch ihre aparten weiblichen Reize gestört hat ...

Sate, mondai desu:

18. Welches Wort der Entschuldigung drückt auch Dank aus?

a. **sumimasen** b. **gomen nasai** c. **yurushite**

19. Die Grundbedeutung von **shitsurei** ist ...

a. Dankbarkeit b. Taktlosigkeit c. Verwirrung

Äh, hallo!

Angesprochen werden Leute möglicherweise mit den oben aufgelisteten Begriffen der Entschuldigung. **Sumimasen** oder **shitsurei desu ga** sind gute Möglichkeiten, höflich auf sich aufmerksam zu machen. Unter jungen Leuten, in familiärer Atmosphäre oder auch im rauen Umgangston bieten sich andere Wörter an.

ano **ano ne** **nee** **chotto**

Ano ist eigentlich ein Füllwort für die Situationen, in denen man nicht weiß, was man sagen soll. Aber es ist auch sehr praktisch, wenn man jemanden ansprechen oder sich zunächst einmal Gehör verschaffen möchte.

Angenommen, eine Handvoll Freunde sitzt zusammen und schmiedet eifrig Pläne für die gemeinsame Party am kommenden Wochenende. Keiner hat eine gute Idee, was man zum Essen vorbereiten könnte. Da meldet sich die stille Tomoko schüchtern: „**Ano ...**" Die Köpfe rucken in ihre Richtung, und sie hat für ein paar Sekunden die Aufmerksamkeit aller. „Könnten wir nicht einfach Sandwiches machen?" Ihre Freundin Saori meldet sich begeistert: „**Nee ... Nee ...** Wir könnten sie doch gemeinsam belegen. Jeder bringt etwas aus dem eigenen Kühlschrank." Der belesene Kazuo fügt hinzu: „**Ano ne ...** Zu einem richtigen Sandwich gehört eine ausgewogene Mischung aus tierischen und pflanzlichen Belägen. Das muss man vorab unbedingt gut planen." Die meisten scheinen überzeugt, doch halt! Der arrogante Masayoshi, der zu allem seinen Senf dazugeben muss, sagt lauernd: „**Chotto ...** Erstens ist es unter meiner Würde, mit Mädchen zusammenzuarbeiten, und zweitens sind in unserem Kühlschrank zu Hause nur Gelmasken von meiner Mutter. Ich weiß nicht, ob die jemand aufs Brot möchte."

Man kann es nicht verallgemeinern, weil die Wörter je nach Aussprache und Betonung eine andere Nuance bekommen, aber in den meisten Fällen wirkt **ano** eher zurückhaltend, **nee** eifrig und forsch, **ano ne** ein wenig belehrend, und **chotto** klingt nach Einwand oder Kritik. All diese Wendungen werden benutzt, um sich zu Wort zu melden, oder, um Menschen anzusprechen.

moshimoshi

Eigentlich jedes Telefongespräch beginnt mit **moshimoshi**. Der Angerufene hebt ab und sagt **moshimoshi**, und gelegentlich wiederholt es der Anrufer ebenfalls. Erst danach werden die Namen ausgetauscht. Auch in der direkten Begegnung kann man Menschen mit **moshimoshi** ansprechen, vor allem dann, wenn man unbedingt auf sich aufmerksam machen möchte, während der andere sich gerade auf etwas anderes konzentriert.

hora

Wenn man die Aufmerksamkeit des anderen ganz dringend braucht, ruft man **hora**! „**Hora**, die Geheimtür öffnet sich!" Manchmal kann **hora** auch ein bisschen altklug klingen, im Stile von „Na, hab ich's nicht gesagt?". „**Hora**! Ich hab doch gewusst, dass der Geist rauskommen würde, sobald wir an der Lampe reiben ..."

minna-san

Bei Reden und Ansprachen benutzt man die Anrede **minna-san**. Das entspricht unserem „Liebe Anwesende" oder „Werte Damen und Herren".

Minna bedeutet „alle“. In hektischen Situationen hört man manchmal auch nur **minna** (etwa im Stil von: „alle mal herhören!“), und wenn man besonders höflich sein will, verwendet man natürlich **minna-sama**.

Sate, mondai desu:

20. Welches dieser Wörter benutzt man, um sich zu Wort zu melden?

a. **dewa** b. **are** c. **ano**

Hey, was? Wie, wo, hä?

Zu den schönsten Momenten in den Animes gehört es, wenn die Personen ihre Augen auf Bildschirmgröße aufreißen und ihnen die Kinnlade herunterfällt. Nirgendwo wird Überraschung und Erstaunen so wirkungsvoll herübergebracht wie in den japanischen Zeichentrickfilmen und Mangas. Und die Worte, die dabei ausgestoßen werden, sind fast immer dieselben:

masaka! sonna! baka na! uso! shinjirarenai! ara!

Masaka ist kein Mädchenname, sondern bedeutet „Das kann doch wohl nicht sein!“ und drückt größtes Erstaunen aus. Spricht man es mit spöttischem Unterton, heißt es ungefähr: „Du denkst doch nicht wirklich, dass ich dir das abnehme!“ oder „Was, so etwas denkst du von mir?“ Im Moment höchster Verblüffung wird es auch schon mal gestottert: **Ma-ma-masaka** ...

Ähnlich klingt **sonna**, das eigentlich „so ein“ bedeutet und normalerweise von weiteren Wörtern gefolgt sein müsste. Aber wie das so mit unfertigen Sätzen ist: Man kann damit ausdrücken, dass einem schlicht die Spucke wegbleibt. Im Aussprache-Kapitel habe ich behauptet, kurze Laute würden immer kurz ausgesprochen, aber natürlich gilt das nicht für Ausrufe der Überraschung und des Entsetzens. Da kann schon mal ein gedehnt jaulendes **sonnaaaaaaa** zustande kommen.

Baka na heißt zunächst einmal nur „ein dummes ...“. Aber man darf es nicht falsch verstehen: Wenn die Heldin angesichts der Verwandlung der süßen unscheinbaren Eidechse in einen baumhohen feuerspeienden Drachen **so-so-sonna ba-ba-baka na** stottert, dann meint sie nicht „so ein dummes Vieh aber auch“, sondern will damit sagen, dass so etwas Albernes doch eigentlich gar nicht passieren dürfte. Etwas ganz anderes ist es, jemandem das Wort **baka** alleine an den Kopf zu werfen – dann bedeutet es „du Dummkopf“ und hat mit Erschrecken nichts zu tun. Man muss schon auf die Feinheiten achten ...

Hochbeliebt vor allem bei Mädchen ist das Wort **uso**. Es bedeutet „Lüge“ und wird nicht verwendet, um jemanden der Lüge zu bezichtigen, sondern um Überraschung auszudrücken. **Uso! Kare ga yatta no?** bedeutet zu Beispiel „Unmöglich! Er hat das getan?“ Wenn man eine Gruppe junger Mädchen belauscht, die eifrig Gerüchte austauschen, ist **uso** das häufigste Wort, das man zu hören bekommt. „Krass! Eeeecht?“

Shinjirarenai kommt von **shinjiru** „glauben“ und bedeutet „ich kann es nicht glauben“. So lang das Wort auch sein mag, es ist meist ein Ausruf des Entsetzens: „Das ist unglaublich!“

Ara ist Frauensprache. „**Ara!** Hast du dir die Haare gefärbt?“

are? **nani sore?** **maji?** **e?** **eeeeee?**

Erstaunen kann sich auch in Fragen ausdrücken. „Was? Echt?“ Das japanische Wörtchen für „was“ **nani** wird eher für echte Rückfragen verwendet („was hast du gesagt?“) und taucht deshalb in Momenten des Schreckens seltener auf. Eher ruft man **are?** (eigentlich „das dort“) oder **nani sore** („was ist das?“).

Maji? bedeutet „im Ernst?“ und hat freilich gar nichts mit dem Wort **majin** (Dämon) zu tun, das in Animes ebenfalls häufig auftaucht. Auch **maji?** wird gerne gedehnt, wie die meisten Audrücke der Überraschung.

Wer vom Schreck so gepackt wird, dass die Beweglichkeit von Lippen, Zunge und Stimmbändern auf das zum Überleben notwendige Minimum abgesunken ist, kann seine Verblüffung immer noch mit unartikulierten Lauten wie **e?**, **eeee?**, **oooo?** ausdrücken.

Weniger nach Fragen, dafür mehr nach maßlosem Grauen klingen **uaa** oder **uhyaa**. Und das auch im täglichen Leben oft zu hörende **haa** ist gewissermaßen der Laut eines offenstehenden Mundes, also der Laut der Verblüffung.

Sate, mondai desu:

21. Was bedeutet **shinjirarenai**?

a. doof b. super c. unglaublich

Begeisterung zu *empfinden*, fällt Japanern leicht, sie im täglichen Leben *auszudrücken* dagegen, ist nicht immer einfach. Wenn sich europäische Rockbands bisweilen darüber beschweren, das japanische Publikum (das ihre CDs kauft wie verrückt) sei so hitzig wie ein sibirischer Wintermorgen, liegt das daran, dass Massenveranstaltungen, bei denen die Menschen planmäßig ausflippen, in Japan keine Tradition haben. Auch in Sportarenen zeigt sich dieses Volk eher verschämt und zurückhaltend, und selbst in volltrunkenem Zustand tun sich seine Vertreter selten durch lautes Singen oder Randalieren hervor.

Die Kontrolle über die eigenen Emotionen zu verlieren oder absichtlich aus der Hand zu geben, ist nicht wünschenswert. Im Westen hat man das immer wieder so ausgelegt, als wollten die Japaner die Europäer mit ihren Pokerfaces hinters Licht führen und überlisten – in Wirklichkeit steckt hinter dem gleichmütigen japanischen Lächeln keine Betrugsabsicht, sondern ein Respekt vor anderen Menschen, vor der Gesellschaft. Ein Respekt, der es verbietet, sich selbst durch Gefühlsausbrüche und überzogene Selbstdarstellung in den Mittelpunkt des Geschehens zu rücken.

Beim Betrachten von Animes könnte man aber glatt den Eindruck gewinnen, diese Art von Japanern seien eine ausgestorbene Spezies, nichts als staubige Fossilien, deren bescheidene, unaufdringliche Abdrücke man nur noch in den tiefsten Gesteinsschichten findet. In den Mangas und Animes wird getobt und rumgebrüllt, geweint und gelacht, dass es einem schwindelig davon werden kann. Das ist die andere Seite eines im Übermaß disziplinierten Volkes – die innere Seite. Die Seite, die Spaß haben will, die sich kindlich freuen und sinnlos streiten möchte, die Seite, die alles für sich beansprucht, was die Emotionen eines Menschen hergeben – und das bis zum Exzess. Auf offener Bühne die Sau rauszulassen, ist für Japaner eher schwierig, es im stillen Kämmerchen mit dem Zeichenstift zu tun, liegt ihnen. Ein Grund, warum Japan bessere Manga-Zeichner hervorgebracht hat als Rockstars. Und vielleicht auch ein Grund, warum Mangas von Europäern meist schlechte Imitationen bleiben, egal, wie viel Mühe sich ihre Macher dabei geben. Es fehlt ihnen an der unbändigen emotionalen Energie, die aus den Werken der japanischen Künstler hervorsprüht.

Wir Europäer sind schon ein komisches Volk: Auf der einen Seite schauen wir die Asiaten schräg an, weil uns ihre Beherrschtheit und ihre ausgeglichen, maskenhaften Mienen unheimlich sind, auf der anderen Seite versuchen wir immer öfter, ihre von Lust und Leidenschaft überschäumende

Massenkultur zu imitieren. Man kann aber nicht alles haben - grenzenlosen Individualismus und gleichzeitig die kreative Energie von Menschen, die nur in ihrer Kunst sie selbst sein dürfen ...

Liest noch jemand mit? Gut, dann kommen wir jetzt endlich zu den Äußerungen der Begeisterung.

sugoi! **saikô!** **kakkô ii!** **kawaii!**

Diese vier Wendungen hört man häufig. **Sugoi** bedeutet ursprünglich zwar „unheimlich", wird aber heute nur noch im Sinne von „super, spitze, genial" verwendet. Man kann so etwas vergleichen mit unserem Wort „toll", das ja früher einmal „verrückt, wahnsinnig" bedeutete. Goethe hätte sich unter einem „tollen" Mädchen etwas anderes vorgestellt als wir ... In der Umgangssprache wird **sugoi** übrigens auch **sugee** ausgesprochen.

Saikô heißt „am höchsten, am besten" und lässt sich vielleicht mit „Spitze!" wiedergeben. **Kakkô ii** bedeutet im Grunde „sieht gut aus". Es wird für alles verwendet, was äußerlich beeindruckend ist - ein cooler Junge, ein tolles Outfit, ein prachtvoller Palast, ein eindrucksvolles Raumschiff oder ganz einfach eine heldenhafte, bewundernswerte Tat. **Kakkô ii** wird besonders oft für Männer und männliche Taten benutzt, das eher weibliche Gegenstück ist **kawaii** („niedlich, süß"). Es passt besonders gut auf süße Mädchen, Tiere, Kleider, Erdbeertörtchen mit Sahne und alles andere, was man am liebsten von oben bis unten mit Küssen bedecken würde. Freilich kann auch ein Junge **kawaii** sein und ein Mädchen **kakkô ii** - keine Frage!

yatta! **dekita!** **yokatta!** **umaku itta!**

Nicht sprudelnde Begeisterung, aber Zufriedenheit und Erleichterung drückt man auf diese Weise aus. Wer schon einen Blick ins Grammatik-Kapitel über die Endungen geworfen hat, wird bemerkt haben, dass alle vier Möglichkeiten auf **-ta** enden, und dieses **-ta** ist - tata! - nichts anderes als die Vergangenheitsendung.

Yatta ist die Vergangenheit von **yaru** („tun, treiben") und bedeutet also „ich hab's getan" - ein Aufschrei der Zufriedenheit, wenn etwas so gelaufen ist, wie man es sich vorgestellt hat (kommt ja im Leben selten genug vor): **Yatta!** „Geschafft!"

Dekita hat eine ähnliche Bedeutung: „Es ist fertig geworden". Japaner verwenden es, wenn sie lange und mühsam über einer Sache geschwitzt haben und endlich damit durch sind. Ich werde es sagen, wenn ich die letzte Seite dieses Buches geschrieben habe. **Dekita**. Und dann werde ich einen Tag lang gar nichts tun.

Yokatta heißt, wörtlich übersetzt, „es war gut". Man drückt damit seine Erleichterung aus. „Du bist unversehrt von dem Abenteuer mit den dreiköpfigen Kobolden zurückgekehrt - **yokatta!** Die Suppe ist mir nicht angebrannt, obwohl ich während des Kochens ganz hingerissen mit dem netten Typen aus der Schule telefoniert habe - **yokatta!** Die DVD hat keine Kratzer abbekommen, obwohl mein kleiner Bruder sie für zehn Sekunden in den Fingern hatte - **yokatta, yokatta!**

Umaku itta heißt „es ist gut gegangen, es hat geklappt". Diesen Satz kann man auch als Frage verwenden: **Umaku itta?** „Ist alles klargegangen?".

o-medetô

Beglückwünscht man jemanden zu seinem Glück oder Erfolg, verwendet man **o-medetô** - „Glückwunsch". Natürlich findet man das auch auf Grußkarten, in der höflichen Form **o-medetô gozaimasu**, z. B. **go-kekkon o-medetô gozaimasu** - „Herzlichen Glückwunsch zur Heirat".

Sate, mondai desu:

22. Was drückt **kakkô ii** am ehesten aus?

a. Erleichterung b. Bewunderung c. Freude

23. Wie sagt man „puh, endlich fertig"?

a. **yokatta** b. **umaku itta** c. **dekita**

Sie liebt mich, sie liebt mich nicht ...

„Ich liebe dich" heißt auf Japanisch **ai shite iru**, kürzer **ai shite ru** und höflicher **ai shite imasu**. Schön zu wissen. Allerdings sagt das kaum jemand. Im Gegensatz zur englisch-amerikanischen Sprache, wo man kaum einen Songtext ohne „I love you" findet, wo man sagt „I love pudding", „I absolutely adore horror movies" oder „I could die for this silk blouse", sind die Japaner zurückhaltender mit ihren Liebesbezeugungen. Viele Liebeslieder kommen ohne **ai** („Liebe") aus, und man kann jemandem einen perfekten Heiratsantrag machen, ohne überhaupt von Liebe sprechen zu müssen.

Ai ist ein chinesisches Wort. Daraus darf man zwar nicht schließen, dass die Japaner früher überhaupt kein Wort für „Liebe" hatten, aber es zeigt schon, dass es in der japanischen Kultur wichtigere Dinge gab und gibt.

suki **dai-suki** **saikô**

Wenn man jemanden mag, dann ist diese Person für einen **suki** – „gemocht, mögenswert". Im Satz heißt das dann meist **suki da** oder höflicher **suki desu**. Vorsicht, das **u** von **suki** ist stumm, und es wäre doch schade, wenn man im Japanurlaub eine Liebeserklärung bekommt und schusseligerweise antwortet: „Äh, nein, ich habe wirklich keine Lust, jetzt im Hochsommer Ski zu fahren ..."

Auch Dinge können **suki** sein. **„Anime ga suki da"** – „ich mag Anime".

Wenn man etwas oder jemanden wahnsinnig mag, sagt man einfach **dai-suki**, was wörtlich übersetzt ungefähr „groß gemocht" heißt, denn **dai** wird mit dem Zeichen für „groß" geschrieben. Kein Wunder, dass ein Manga-Magazin dieses schöne Wort als Titel bekommen hat.

Gerne packt man seine Zuneigung auch in das Wort **saikô**. Das heißt „das allerhöchste" und drückt echte Begeisterung aus. **„Kimi wa saikô da"** – „Du bist das allerhöchste" kann auch eine Liebeserklärung sein.

kirai **dai-kirai** **saitei**

Wenn man etwas nicht mag, benutzt man das Gegenteil von **suki**, nämlich **kirai**. Ausländische Pechvögel verwechseln das mit **kirei** („schön") und fragen sich, warum sie so wenig Erfolg bei japanischen Frauen haben ...

Will man ausdrücken, dass man etwas total scheußlich findet, braucht man im Wörterbuch nicht nach dem japanischen Wort für „hassen" zu suchen. Die Steigerung von **kirai** ist natürlich **dai-kirai**. Komisch – keine einzige Zeitschrift trägt diesen Namen.

Das Gegenteil von **saikô** ist **saitei** („das allerniedrigste"). Will man jemandem zu verstehen geben, dass er/sie das allerletzte ist, ist dieses Wort eine gute Wahl. Natürlich passt **saitei** auch sehr gut auf die Mode der letzten Saison ...

Sate, mondai desu:

24. Wenn man jemanden liebt, dann findet man ihn ...

a. **kirai** b. **saitei** c. **saikô**

Nichts zu machen

Das Leben hält nicht nur Erfolge bereit. Manchmal muss man einfach das Handtuch werfen und sich eingestehen, dass etwas nicht so läuft, wie man sich das vorstellt. Ein Schulterzucken, eine Weisheit wie „es ist noch kein Meister vom Himmel gefallen" auf den Lippen, und das Leben geht weiter.

shimatta **mô dame**

Wenn etwas schief geht, sagt man **shimatta!** In der deutschen Übersetzung wird daraus, je nach Situation und Temperament des Übersetzers irgendetwas zwischen „Oops!" und „Verdammter Mist!" Noch stärker ist **mô dame!** Damit drückt man aus, dass etwas verloren ist und keine Hoffnung mehr besteht. **„Shimatta!** Ich habe den Steuerhebel abgebrochen. Kannst du den Autopiloten aktivieren?" – „Der Knopf ist festgerostet. **Mô dame!** Wir stürzen ab!"

shikata ga nai **shô ga nai** **ii ya** **ii yo**

Shikata ga nai bedeutet wörtlich übersetzt „Es gibt keine Art und Weise, es zu tun", also „Man kann nichts machen". Die höfliche Variante davon ist **shikata ga arimasen** oder **shikata ga nai desu**. Diese hört man aber relativ selten, denn meistens sagt man so etwas zu sich selbst, und zu sich selbst braucht man nicht höflich zu sein. Oft lässt man die Partikel **ga** weg und sagt **shikata nai** oder emotionaler **shikata nai ne** – „Tja, da kann man echt nichts machen."

Eine andere Form, dasselbe zu sagen, ist **shô ga nai**. „Sollen wir noch mal versuchen, den feschen Kôji auf die Party einzuladen?" – „Verlorene Liebesmüh! Der Kerl hängt doch jeden Abend nur auf dem Baseballplatz rum. **Shô ga nai.**"

Entschließt man sich dazu, etwas aufzugeben, sagt man **ii ya** oder **maa ii ya**. Das Wort **ii** bedeutet „gut", und **ii ya** heißt ungefähr „lassen wir's gut sein" oder „jetzt ist's genug - ich habe keine Lust mehr".

Will man jemand anderes dazu bewegen, etwas Aussichtsloses endlich aufzugeben, sagt man gerne **ii yo!** - „Es ist gut! Du musst das nicht machen!" Das kann man auch sagen, wenn sich jemand mehr Mühe mit einem macht, als es einem angenehm ist. „**Ii yo, ii yo!** Du brauchst mich nicht alle fünf Minuten zu fragen, ob ich eine Pause machen möchte. Klettern wir einfach weiter."

Sate, mondai desu:

25. Was bedeutet **mô dame**?

a. keine Chance b. nicht so schlimm c. alles bestens

Alles paletti?

Wenn Teams Abenteuer erleben, bleibt es nicht aus, dass jemand verletzt wird, Angst bekommt oder den Mut verliert. Dann erkundigt man sich, ob alles im grünen Bereich ist.

daijôbu? dô shita no? dô ka shita no?

Daijôbu oder höflicher **daijôbu desu ka?** heißt „Alles in Ordnung?" Die Antwort besteht meistens im gleichen Wort: **Daijôbu** oder **Hai, daijôbu desu**. Wenn jemand verletzt, geschwächt oder traurig ist, sagt man auch **daijôbu?** im Sinne von „Kannst du noch? Geht's noch?"

Angenommen, jemand benimmt sich plötzlich merkwürdig, dann fragt man **dô shita no?** - „Was ist los? Was ist passiert?". Die höfliche Variante heißt **dô shita n desu ka?** oder **dô shimashita ka?**.

Eine ähnliche Bedeutung hat **dô ka shita no?** - „Ist irgendwas passiert? Ist etwas nicht in Ordnung?" Zum Beispiel: „Du zitterst auf einmal! **Dô ka shita no?**" - „**Daijôbu, daijôbu!** Ich musste nur kurz an all die armen Anime-Fans denken, die dieses Buch hier nicht kennen, und dabei wurde mir eiskalt."

shinpai suru na shinpai shinaide mondai nai ii n ja nai ka

Um jemanden zu beruhigen, der unsicher oder ängstlich ist, kann man natürlich einfach **daijôbu** sagen - „alles roger". Oder man versucht es mit

„Mach dir keine Sorgen". „Sich Sorgen machen" heißt **shinpai suru**, also gibt es die verneinten Bitten **shinpai suru na** oder **shinpai shinaide.** Meistens drücken Formen mit **-na** oder **-nai** ja eine Verneinung aus. „Wi-wi-willst du dieses japanische Fotomodell wirklich nach einem Autogramm fragen?" – „**Shinpai suru na**! Ich werde sie ganz dezent darum bitten. Hast du mal einen Zettel für ihre Handynummer?"

Auch die Formulierung „kein Problem" gibt es im Japanischen: **mondai nai**. „Neeein! Dieser radioaktive Roboter wird Frankfurt zermatschen!" – „**Mondai nai**! Das Uran, das ihm Energie gibt, hat eine Halbwertszeit von 80 Jahren. Bis unsere Enkel erwachsen sind, wird er ein leichter Gegner sein!"

Will man ausdrücken, dass etwas doch eigentlich gar nicht so schlecht ist, sagt man **ii n ja nai ka?** Wörtlich übersetzt bedeutet das: „Ist es denn nicht gut?" Damit kann man jemanden von seinen Gewissensbissen befreien. „Äh, ich weiß nicht, ob wir tatsächlich die ganze Schule in die Vergangenheit versetzen sollen ..." – „**Ii n ja nai ka?** Vielleicht werden sich unsere Eltern aufregen, aber unsern Geschichtslehrer wird's bestimmt freuen!"

Sate, mondai desu:

26. „**Dô shita no?**" bedeutet ...

a. ist das schlimm? b. was ist los? c. kommst du?

Das kommt mir Japanisch vor ...

Wenn in Animes kakerlakenförmige UFOs über Tôkyô schweben oder kleine, schwarzbezopfte Schulmädchen mit ihren telekinetischen Fähigkeiten Häuser versetzen, gehört das zum Alltag. Trotzdem gibt es manchmal Dinge, über die man sich wundern muss. Vater kommt heiter und ausgeruht von der Arbeit nach Hause. Man bekommt ein Lob von der chronisch übellaunigen Lehrerin. Oder der kleine Bruder überlässt einem den delikaten Nachtisch.

Eigenartig. Bizarr. Befremdend.

hen okashii fushigi ayashii

Am einfachsten wundert man sich, indem man eines dieser Wörter ausstößt. **Hen** bedeutet „seltsam", **okashii** „komisch", **fushigi** ist „merkwürdig“ und **ayashii** „verdächtig“. Die vier Wörter bedeuten also fast das gleiche.

Mit **hen** oder **okashii** wird ausgedrückt, dass man es mit etwas Ungewöhnlichem zu tun hat, das man nicht recht einordnen kann. Oft spricht nicht nur Ratlosigkeit aus diesen Wörtern, sondern auch Spott. Wenn der Rektor mit roten Hosen und grünem Hemd in die Schule kommt, ist das höchst **okashii**.

Fushigi klingt eher nach etwas Wundersamem, Phantastischem, und dahinter verbirgt sich meist etwas Faszinierendes. Phantastische Geschichten heißen daher **fushigi na hanashi** und machen neugierig. **Hen na hanashi** wäre eher eine merkwürdige Geschichte/Sache, aus der man nicht ganz schlau wird.

Ayashii weist auf eine Lüge oder einen Betrug hin. Irgendetwas ist faul, „fishy“, wie die Engländer sagen würden. Man traut der Sache nicht ganz, bleibt misstrauisch und versucht, die Angelegenheit zu durchschauen. Wenn der Polizist, der einen gerade beim Einbrechen erwischt hat, sich plötzlich kumpelhaft gibt und sogar eine Belohnung verspricht, wenn man wieder abzieht, ohne Fragen zu stellen, ist das höchst **ayashii**.

In seltenen Fällen kann **ayashii** auch begeistert gemeint sein. Man muss sich vorstellen, man presst gerade seine Nase gegen das Schaufenster des Fantasy-Ladens, auf der Suche nach einer neuen Modellfigur – und da entdeckt man einen Ork mit Metallica-T-Shirt und Bierkrug, der auf einer dreischwänzigen Rieseneidechse reitet. „**Ayashii!**“, ruft man aufgeregt und hastet in den Laden, um das bizarre Teil seiner Sammlung einzuverleiben.

Natürlich können diese Wörter auch in Sätzen auftauchen. **Hen da ne** – „das ist aber seltsam“, **hen ja nai?** – „ist das nicht eigenartig?“, oder **ayashii yo** – „hey, das ist nicht astrein!“ wären Beispiele dafür.

chotto matte chotto ...

Chotto bedeutet eigentlich „ein bisschen“. Es wird aber auch im Sinne von „Moment mal!“ gebraucht. Wenn eine Sache allzu undurchsichtig ist, braucht man Abstand dazu. Und man darf nicht vorschnell handeln. **Chotto matte** heißt „warte mal“ und geht in die gleiche Richtung: „Augenblick. Da geht's nicht mit rechten Dingen zu ...“

nanka ... yoku wakaranai wake ga wakaranai

Nanka kann man mit „irgendwie“ übersetzen. Das Wort drückt Zögern aus, und Unsicherheit. Manchmal plappert man es einfach nur so dahin, wenn man gerade nicht weiß, wie man etwas ausdrücken soll. Aber wenn man es betont und danach eine vielsagende Pause macht, ist eines klar: nämlich, dass nichts klar ist.

Yoku wakaranai bedeutet „ich verstehe nicht ganz", und **wake ga wakaranai** heißt „ich blicke überhaupt nicht mehr durch". Beides klingt ziemlich ratlos ...

Da fällt mir noch ein schöner Satz ein: **nani ga nan da ka wakaranai**. Ich weiß nicht, ob sich das jemand auf Anhieb merken kann, aber das bedeutet wörtlich „Ich verstehe nicht, was was ist." Totale Hilflosigkeit!

Was tun, sprach Zeus

dô shiyô? dô shitara ii? komatta

Vor schwierige Entscheidungen und Probleme gestellt, sagt der Japaner **dô shiyô?** Das heißt „Wie soll ich es machen?" Die höfliche Form davon wäre **dô shimashô?** In Momenten größter Bedrängnis allerdings greift man nur selten zur Höflichkeitssprache. Eine Variante ist **dô shitara ii?**

Dann hat die japanische Sprache ein Wort auf Lager, das „Probleme haben" bedeutet, oder „in Bedrängnis geraten": **komaru**. Die Vergangenheitsform davon heißt **komatta**. Beides hört man oft, und die Unterschiede sind minimal. **Komaru** bezieht sich auf etwas Zukünftiges, **komatta** eher auf etwas, das schon passiert ist.

Nehmen wir an, ein Außerirdischer fragt uns, ob er sein Raumschiff (einen kleinen, etwas angerosteten Gleiter) in unserem Hinterhof parken darf. Wir antworten mit einem zögernden **komaru**, denn so gerne wir auch zur intergalaktischen Völkerverständigung beitragen würden - das Schiff würde Schatten auf das Grundstück unseres Nachbarn werfen, und der Mann hat fünf Rechtsanwälte an der Hand ... Stellen wir am nächsten Morgen nach dem Gang auf die Toilette fest, dass der Außerirdische sich von unserer Ablehnung nicht beeindrucken ließ und sich zudem beim Parken so ungeschickt anstellte, dass er den Kirschbaum unseres Nachbarn geplättet hat, hauchen wir fassungslos: **komatta** ...

Durch das geschickte Einsetzen von Partikeln können wir unserer Verzweiflung noch besser Ausdruck verleihen. **Komatta naa** macht uns nachdenklicher, **komatta ne** klingt emotionaler.

Vor vielen Jahren lernte ich ein junges deutsches Ehepaar kennen. Sie hatten ein kleines Kind, ich glaube, es war zwei Jahre alt. Wenn man dem Kind etwas Essbares in den Mund stopfte und es kurz darauf um eine persönliche Beurteilung bat, antwortete es entweder mit „Ja-gut“ oder mit „Nein-gut“. Die Pointe ist, dass der Vater des kleinen Wurms als Computertechniker arbeitete ...

Nun ist das menschliche Leben eher eine analoge als eine digitale Angelegenheit. Wenn wir miteinander reden, ist das nicht einfach nur ein Wechsel aus Zustimmen oder Ablehnen, aus Ja und Nein, Schwarz und Weiß, Einsen und Nullen. Manchmal sprechen wir im Brustton der Überzeugung, wenn wir zustimmen, manchmal sind wir höfliche Ja-Sager oder nicken nur gelangweilt mit dem Kopf. Klar, dass man auch in Japan mehr als nur zwei Wörter zur Verfügung hat, um „Yes“ und „No“ zu sagen.

hai **ee** **sô da** **sô da ne** **sôsôsô** **un**

Hai ist das häufigste Wort für „Ja“. Es ist sogar so häufig, dass es einiges von seiner Bedeutung eingebüßt hat. Es ist schwach geworden, hat kein Rückgrat mehr, ist zu einem kraftlosen „M-hm“ verkommen, das gar nicht mehr als richtige Zustimmung wahrgenommen wird. Man sollte mal drauf achten, wenn Japaner telefonieren. Wenn der Gesprächspartner viel zu erzählen hat, ergeht sich der Telefonierende oft in einer endlosen Reihe von: **Haihai - hai - haaai - haihaihai - haihai - haaaai - hai ...**

Westliche Geschäftsleute beklagen sich gerne, Japaner würden „Vielleicht“ meinen, wenn sie „Ja“ sagen. Das ist unvermeidlich, denn Englisch sprechende Japaner sagen (ihrem Sprachgefühl folgend) oft „Yes“, wenn sie sagen wollen: „Ich höre zu.“

Manchmal wird **hai!** mit militärischer Vehemenz ausgestoßen. Dann bedeutet es, dass ein Befehl oder ein Wunsch entgegengenommen wurde.

Auch **ee** bedeutet „Ja“, klingt aber weicher, persönlicher und wird nicht von Befehlsempfängern verwendet.

Sô da heißt „so ist es“ und ist eine stärkere Zustimmung als **hai** und **ee**. Die höfliche Form lautet **sô desu**, und oft hört man auch einfach nur **sô**. Dieses **sô** kann endlos oft wiederholt werden. **Sôsôsô** bringen Japanreisende manchmal als einzige Vokabel von der Reise mit - zufällig aufgeschnappt und intuitiv erfasst. **Sôsôsô** - „Ja, genau“.

Daneben gibt es viele Variationen mit verschiedenen Partikeln (zu den Partikeln siehe Kapitel 5. 2. ab Seite 86):

Sô desu ne (nachdenklich): „Tja, da haben Sie wohl Recht“.

Sô desu yo (betont): „Und ob das so ist!“.

Sô desu ka? (fragend): „Ach, ist das wirklich so?“

Unser gemurmeltes deutsches „M-hm“ heißt im Japanischen **un**. Es hört sich eher an wie ein einzelnes „n“ und wird in zwanglosen Situationen gebraucht. Kinder verwenden es sehr gerne. „Hände gewaschen?“ - „**Un.**“

(mattaku) sono tôri **hontô** **tashika ni** **go-mottomo**

Wenn man betonen möchte, wie ausserordentlich Recht der andere hat, verwendet man diese Wörter. Sie bedeuten „ganz genau“, „vollkommen richtig“, „in der Tat“, „ganz meine Meinung“, usw. Sie kommen in verschiedenen Variationen vor, auch mit dem Wörten „ist“ (**da, desu**) am Ende:

sono tôori, sono tôri da, sono tôri desu, mattaku sono tôori desu, hontô, hontô da, hontô desu, tashika ni, go-mottomo, go-mottomo desu

atarimae **tôzen** **mochiron**

Diese drei Wörter bedeuten „selbstverständlich, natürlich“. „Japaner können doch chinesische Schriftzeichen lesen, oder?“ - **Atarimae.** „In Japan gibt's doch auch Kartoffelchips, nicht wahr?“ - **Tôzen.**

Mochiron kann man auch mit anderen Formen der Zustimmung kombinieren. **Mochiron sono tôri desu** - „aber selbstverständlich ist das richtig“. **Mochiron hontô desu** - „natürlich ist das die Wahrheit“.

seikai **atari** **pin-pon**

In der Umgangssprache gibt es die Begriffe **seikai** („Lösung“) und **atari** („Treffer“) - gab's da nicht mal eine Computerfirma? Diese Wörter werden verwendet, wenn man den anderen für eine richtige Aussage loben möchte: **atari!** - „Der Kandidat hat hundert Punkte!“

Noch schöner geht das mit dem lautmalerischen Begriff **pin-pon**, dem Klingeln einer Glocke. Dieses Wort stammt aus den japanischen Quizsendungen, bei denen immer ein elektronisches **pin-pon pin-pon pin-pon** erklingt, wenn ein Kandidat die richtige Lösung gefunden hat.

iie **iya** **chigau / chigaimasu** **uun**

Auch Verneinen will gelernt sein. Wenn man einigen Japan-Ratgebern Glauben schenkt, darf man auf Japanisch gar nicht „Nein“ sagen. Grob unhöflich sei das, liest man dort, und man bekommt den Eindruck, Japan sei sozusagen eine nein-freie Zone. Das ist natürlich völlig falsch. In Nippon ist das „Nein“ ebenso an der Tagesordnung wie bei uns. Was diese Bücher sagen wollen, ist lediglich: Ablehnungen, die den Gesprächspartner verletzen und böses Blut schaffen könnten, werden nicht so direkt formuliert, wie das in Europa manchmal der Fall ist. Auf die Frage „Darf ich Ihnen zum Frühstück unsere leckere, fädenziehende Paste (**nattô**) aus vergorenen Bohnen über den Reis kippen?“ antwortet man als Tourist eben höflichkeitshalber nicht mit „Igitt, von mir aus können Sie sich das eklige Zeug sonst wohin schmieren, aber nicht auf mein Frühstück“, sondern man redet sich elegant aus der Affäre: „Ihre Gastfreundschaft ist unvergleichlich, aber ich fürchte, ich bin nicht ausreichend an die hiesigen Gaumenfreuden gewöhnt ...“ Etwas abzulehnen ist kein Problem. Es ist nur eine Frage des „wie“.

Wenn wir also in der höflichen Konversation Wörter wie **iie** („nein“), **iya** („oh nein, igitt“) oder **chigaimasu** („das trifft nicht zu“) anwenden, dann eher, um Lob zurückzuweisen: „Sie lassen die Essstäbchen kaum mehr fallen und haben auch schon zweimal ein paar Reiskörner in den Mund bekommen. Sie sind ein echter Japaner!“ - **„Iya, chigaimasu!“**

Unter Freunden und Feinden, wie wir ihnen in den Animes begegnen, wird aber doch Klartext gesprochen und nach Herzenslust verneint, widersprochen und abgelehnt. **Chigau!** kann sehr entschlossen klingen, und **iya** drückt oft einen gewissen Ekel aus. „Ha, du bist ein elender Feigling, wenn du es nicht wagst, gegen einen zwei Meter großen Profiringer anzutreten, der deiner Freundin zugezwinkert hat!“ - **„Chigau** - ich fürchte nichts und niemanden. Nur ... sie ... sie ist gar nicht meine Freundin. Du kannst sie gerne haben.“ Worauf die Betroffene vor Verachtung vermutlich nur noch **iya** rufen kann. Vielleicht steht sie aber auch auf den Muskelmän.

Das Gegenstück zu **un** („M-hm“) ist **uun** („nö!“). „Gehört dieser hübsche, fluchbeladene Edelstein dir?“ - **„Uun“**.

amari **zenzen** **buu**

Man kann Verneinungen einschränken oder intensivieren. **Amari** bedeutet „nicht so sehr“, „nicht besonders“ und ist eine höfliche Form der Ablehnung, weil sie nicht so absolut klingt. **Amari** kann auch alleine stehen:

„Hast du Lust, dir mit mir eine dreistündige Dokumentation über den Wandel der politischen Gesinnung bei 70-jährigen Exilkubanern anzusehen?“ - „**Amari** ...“

Lehnt man etwas rundum ab, verwendet man **zenzen** - „überhaupt nicht“, „ganz und gar nicht“. „Magst du Ganzkörpertatoos?“ - „**Zenzen!**“

Wer bei Quizsendungen etwas Falsches sagt, bekommt statt des melodischen **pin-pon** den Buzzer aufs Ohr - und der macht **buu**. Eine gute Möglichkeit, jemandem umissverständlich zu verklickern, dass er vollkommen daneben liegt. „Ich glaube, dieses chinesische Schriftzeichen bedeutet ‚lebenslange Treue'“ - „ **Buu**! Das ist das Zeichen für juckende Hautkrankheiten.“

Sate, mondai desu:

27. Was bedeutet **atarimae**?

a. selbstverständlich b. absolut nicht c. wahrscheinlich

28. Welches Wort bedeutet „Lösung“?

a. **tôzen** b. **seikai** c. **hontô**

29. Wenn jemand **zenzen** sagt, meint er ...

a. gar nicht b. nicht sehr c. jain

Tja, äh ... na ja ...

Wenn einem die Spucke wegbleibt und man nicht mehr weiß, was man sagen soll, braucht man deswegen nicht stumm zu bleiben. Jede Sprache hält eine Zahl von Füllwörtern für solche Situationen bereit. Damit man nicht hinter jedem davon einen tieferen Sinn sucht, sollte man sie kennen ... und dann überhören.

ee ... to **ano** **maa**

Ee ... to klingt ausgesprochen zögernd und wird schrecklich in die Länge gezogen. Bei **ano** hat man noch das Gefühl, es folgt etwas, aber darauf sollte man sich nicht verlassen. **Maa** hört sich etwas beschwichtigend an und wird auch oft benutzt, wenn sich der Sprecher nicht recht entscheiden kann. „**Maa**, denken wir erst mal in Ruhe nach, was wir mit der tickenden Bombe anfangen ...“

nan to iu ka? **jitsu wa**

Nan to iu ka? oder **nan tte iu ka?** drückt aus, dass einem nicht die richtigen Worte einfallen. Es bedeutet „wie sagt man?“ Es kann natürlich auch darauf hindeuten, dass jemand nicht genug Mut hat, um eine unangenehme Sache in Worte zu fassen. „Findest du meine neue Hose nicht superschick?“ - **„Ano ... nan to iu ka** ... Sie ... hat was ...“

Noch deutlicher wird das bei **jitsu wa**. Das bedeutet „in Wirklichkeit“ oder „ehrlich gesagt“ und deutet immer darauf hin, dass der Sprecher Probleme hat, mit einer unerfreulichen oder beleidigenden Wahrheit herauszurücken. Sätze, die mit **jitsu wa** beginnen, sind selten besonders erquicklich. „Hast du meinen Wagen heil zurückgebracht?“ - **„Ano, jitsu wa** ...“

Ach, wirklich?

sô ka? **sô desu ka?** **aa sô** **naruhodo** **sô desu ne**

Wenn man jemandem zuhört, gibt man von Zeit zu Zeit Lebenszeichen von sich. Wie ich oben geschrieben habe, bemühen die Japaner dafür oft das Wörtchen **hai** („ja“). Will man noch größeres Interesse zeigen, stellt man sinnlose Zwischenfragen: „Tatsächlich?“, „Wirklich?“, „Echt?“

Auf Japanisch fragt man **sô ka?, sô na no?** oder höflicher **sô desu ka?** - „Ist das so?“

Oder man drückt aus, dass man beim Zuhören etwas dazugelernt hat, dass man schlauer geworden ist. Die Japaner sagen entweder **aa sô** („ach so!“) oder **naruhodo** („aha!“). „Hast du schon gewusst: das Wort **tamagotchi** besteht aus dem Wort **tamago**, was ‚Ei’ bedeutet, und aus **uotchi** von dem englischen Wort ‚watch’. **Tamagotchi** bedeutet also eigentlich ‚Eieruhr’.“ - **„Naruhodo! Naruhodo!“**

Manchmal gibt man auch eine Art Zustimmung von sich und sagt **sô desu ne** - „so ist das, nicht wahr?“. Das muss nicht heißen, dass man der Meinung des Sprechers wirklich aus ganzem Herzen zustimmt - es ist mehr eine Floskel. „Chef, ich finde, ich habe eine Gehaltserhöhung verdient.“ - **„Sô desu ne**. Eigentlich dachte ich eher daran, Sie rauszuschmeißen, Suzuki.“

Auf Los geht's los

Gerade, weil in Animes und Mangas immer Gruppen agieren, geht es oft darum, die anderen zu motivieren oder in die Gänge zu bringen. Dazu gehört, sich zu vergewissern, ob alle bereit sind, und dann ... *fft-sssp-wusch* ... Action!

ii ka? **saa** **yoshi** **sore dewa** **sore jaa** **jaa** **iku yo**

Wenn man sehen will, ob alle startbereit sind, fragt man normalerweise **ii ka?** oder höflich **ii desu ka?** - „Ist es gut? Seid ihr bereit?"

Um die anderen aufzurütteln und startbereit zu machen, sagt man **saa!** oder **yoshi!** - los geht's! Auch **sore dewa** („also") erfüllt denselben Zweck. Verkürzungen von **sore dewa** sind **sore jaa** oder einfach **jaa**. „Wir haben alles, was wir für die Expedition brauchen: Kleidung, Verpflegung, Waffen, wissenschaftliche Gerätschaften und unsere Schlaftiere für die gruseligen Nächte im Dschungel. **Sore jaa**, brechen wir auf!"

Iku yo bedeutet wörtlich zwar „ich gehe!" oder „wir gehen!". Das bedeutet aber nicht, dass es sich dabei immer ums „Gehen" drehen muss. Ein japanischer Tourist, der seine Gattin und die Kinderchen vor dem Heidelberger Schloss ablichtet, sagt **iku yo!**, ehe er den Auslöser drückt. Und bevor der kurzsichtige Wissenschaftler dem Helden das Serum injiziert, das ihn unbesiegbar machen soll, kichert er möglicherweise ebenfalls **iku yo!**

Natürlich sind auch Kombinationen häufig zu hören, wie z. B.: **Saa, iku yo!**

Erlauben Sie mal ...

Wir wissen ja: Die meisten der Zehn Gebote im Alten Testament sind Verbote (und jene, die keine sind, sind auch nicht besonders witzig). Das oberste Gebot, ganz gleich, in welchem Kulturkreis man sich gerade tummelt, ist also: „Du sollst um Erlaubnis fragen." Und die Japaner tun das folgendermaßen:

-temo ii? **-te ii?**

Den Endungen **-temo** oder **-te** wird das Wörtchen **ii** („gut") hinzugefügt, und schon hat man die Frage um Erlaubnis. Wörtlich übersetzt heißen diese Konstruktionen „Ist es gut, auch wenn ich ... ?", „Ist ist gut, wenn ich

...“. Die japanische Sprache kennt also kein Wort für „dürfen“, sondern verwendet eine Umschreibung. **Hanashitemo ii?** „Darf ich sprechen?“ **Tsukatte ii?** „Darf ich das benutzen? Oft wird das **ii** gedehnt und sehr stark betont, etwa wie **i-i**. Ein fragendes **ii** am Ende des Satzes ist also immer ein Hinweis, dass jemand um Erlaubnis bittet.

Freilich kann dahinter noch eine Fragepartikel wie **no** stehen: **Morattemo ii no?** „Darf ich das bekommen/nehmen?“ (Was Partikeln sind, steht in Kapitel 5. 2. ab Seite 86.)

Für kurze Fragen reicht **ii?** oder **ii no?** völlig aus. „Darf ich das? Geht das?“

In der höflicheren Sprache endet die Frage, wie meistens, auf **desu ka**. **Tabetemo ii desu ka?** „Darf ich das essen?“ **Itte ii desu ka?** „Darf ich (hin)gehen?“ Oder einfach **ii desu ka?** „Ist es erlaubt?“

yoroshii? **daijôbu?**

Auch mit den Wörtern **yoroshii** („erwünscht“) oder **daijôbu** („in Ordnung“) bildet man solche Fragen. **Yondemo yoroshii?** „Ist es nach Ihrem Wunsch, wenn ich es lese?“ **Kiitemo daijôbu?** „Geht es in Ordnung, wenn ich eine Frage stelle?“

Yoroshii ist die höflichste Art, um Erlaubnis zu fragen. **Daijôbu** klingt lockerer, freundschaftlicher: **Daijôbu?** „Ist das okay?“

ii **ii yo** **ii no yo** **yoroshii** **daijôbu**

Wird die Erlaubnis dann erteilt, kann man natürlich wieder die gleichen Begriffe verwenden. „Du darfst“ (**ii**). „Klar darfst du“ (**ii yo**). „Aber natürlich darfst du“ (**ii no yo**).

Yoroshii wirkt unter Umständen etwas blasiert („Öhöm, Sö habön mein Einvörstöndnös“). Das steht einem ranghohen Samurai gut zu Gesicht, der sich herablässt, einem Untergebenen etwas zu gestatten. **Daijôbu** dagegen ist wieder sehr kumpelhaft und sanft: „Geht schon in Ordnung.“

okkê **heiki** **kamawanai**

Okkê ist die japanisierte Version von Okay. **Heiki** bedeutet „ist kein Problem, lässt mich kalt“ und wird vor allem in der Jugendsprache verwendet. **Heiki** kann manchmal heißen: „Das mach ich doch mit links“. Aber auch eine Erlaubnis kann darin enthalten sein: **Heiki!** „Kein Thema. Nur zu! Das kratzt mich nicht.“

Kamawanai heißt „macht nichts, spielt keine Rolle“. Es ist oft eine Antwort auf Entschuldigungen. **Gomen nasai! - Iyaiya, kamawanai.** „Das tut mir Leid!“ - „Neinnein, nichts passiert.“ Man kann damit aber auch ausdrücken, dass es einem nichts ausmacht, wenn der andere etwas tut. **Kamawanai** - „das stört mich nicht“. Die höfliche Form von **kamawanai** heißt **kamaimasen**. Beides hört man häufig.

o-suki na yô ni | o-suki ni dôzo | dôzo

Besonders höflich sind Ausdrücke wie **o-suki na yô ni** („ganz wie es Ihnen gefällt“) oder **o-suki ni dôzo** („bitte, ganz nach Ihren Wünschen“). Auch ein einfaches **dôzo** („bitte!“) erfüllt den Zweck. „Darf ich rauchen?“ - **„Dôzo.“**

Wie alle extrem höflichen Formen können auch diese hier im ironischen Sinn gebraucht werden. „Kapitän Hirose, Sie sind Ihres Amtes enthoben. Ich werde mit sofortiger Wirkung das Kommando über dieses Schiff übernehmen!“ - **„O-suki ni dôzo!** Tun Sie, was Sie nicht lassen können.“

wakatta / wakarimashita

Eine Art, etwas zu erlauben, kann auch einfach die Aussage „ich habe verstanden“ sein. Unser deutsches Wort „Einverständnis“ deutet es schon an: wenn man etwas verstanden hat, hat man es schon beinahe gutgeheißen. Meistens sagt man **wakatta** oder höflich **wakarimashita**, wenn man etwas verstanden hat. Das sind die Vergangenheitsformen des Wortes **wakaru** - „verstehen“. **Wakatta** kann wie gesagt auch bedeuten, dass man einverstanden ist. Wenn das Kleinkind um Süßigkeiten quengelt, sagt der Opa gutmütig: **„Wakatta, wakatta** - du kriegst eines von diesen Sahnebonbons, die schon mein Großvater von seinem Großvater bekommen hat.“ Äh, nein, in Japan wären es Reiskekse ...

ryôkai (shimashita) | shôchi (shimashita) | kashikomarimashita | hei

Ryôkai entspricht dem englischen „Roger“. Befehlsempfänger im Militär verwenden es, um auszudrücken, dass sie verstanden haben. „Wenn das Monster auf die Neutronenbomben nicht reagiert, versuchen wir es mit heißer Karamelsoße. Over!“ - „ **Ryôkai**. Äh, General ... darf ich mal dran lecken, falls wir nicht alles brauchen? Over!“

Shôchi shimashita kommt eher aus dem Mund von Dienstleistenden. Verkäufer sagen es gegenüber Kunden. „Wenn Sie den Bund enger machen, die Taschen versetzen, das Futter durch reine Baumwolle ersetzen und den Preis auf ein Viertel senken, nehme ich die Hose gerne.“ - **„Shôchi shimashita.“**

Eine extrem unterwürfige Form von **wakarimashita** heißt **kashikomari-mashita**. Das sagen zum Beispiel Bedienungen in vornehmen Lokalen.

Natürlich kann man auch die üblichen Formen des Ja-Sagens dafür verwenden, Verstehen oder Erlaubnis auszudrücken. **Hai** zum Beispiel, oder **un**. Leute wie Gepäckträger, Arbeiter und Handwerker sagen gerne zackig **hei!**, wenn sie einen Wunsch entgegennehmen.

-tewa ikenai -cha ikenai ikenai ikan

Ein Verbot wird laut Grammatikbuch durch die Endung **-tewa ikenai** (oder höflich: **-tewa ikemasen**) ausgedrückt. Wörtlich übersetzt bedeutet das: „Wenn du das tust, kann es nicht gehen." In der Umgangssprache wird das oft **-cha ikenai** ausgesprochen. „Du darfst das nicht anfassen" heißt zum Beispiel: **sawattewa ikenai** oder **sawatcha ikenai**.

Natürlich kann man **ikenai** auch alleine hören: **Ikenai** – „das geht nicht, das darfst du nicht." Eine kürzere Variante ist **ikan**. **Ikan** klingt sehr hart und streng. Man benutzt es nicht nur als Verbot, sondern auch, um sich über sich selbst oder über eine Situation aufzuregen. „Jetzt habe ich schon wieder mein ganzes Taschengeld für DVDs ausgegeben – **ikan**!"

dame muri

Dame (kurzes **a**!) drückt aus, dass etwas nicht geht. Das kann oft ein Verbot sein. „Darf ich im nächsten Spiel den grünen Controller benutzen, bitte?" – „**Dame!** Der bringt mir Glück!"

Muri sagt, dass etwas aussichtlos ist. Auch das kann ein Verbot sein, hat aber eher den Beigeschmack von „unmöglich, keine Chance". „Mama, darf ich Versicherungsvertreter werden, wenn ich groß bin?" – „**Muri muri**, du wirst gefälligst Mangazeichner, wie dein Vater!"

yamete yamero yamenasai
yoshite yose yoshinasai

Für knallharte Verbote nimmt man das Wort **yameru** („aufhören, etw. sein lassen") zu Hilfe. In den beiden Befehlsformen heißt das **yamete!** oder **yamero!** „**Yamero!** Wenn dir dein Leben lieb ist, bleib weg von dem roten Schalter mit dem schwarzen X!" Eine Spur höflicher wird es mit **yamenasai!** („bitte lass das sein!"), aber auch das ist noch recht heftig.

Eine ähnliche Bedeutung hat **yoshite!** oder **yose!** Auch hier wird es mit **yoshinasai!** ein wenig freundlicher. Mehr Infos zu Bitten und Befehlen gibt es im Grammatik-Kapitel auf Seite 129.

Sate, mondai desu:

30. Welcher dieser Begriffe bedeutet „macht nichts"?

a. **dôzo** b. **dame** c. **kamawanai**

31. Welche Leute verwenden **ryôkai** für „jawohl"?

a. Verkäufer b. Soldaten c. Schüler

32. **O-suki ni dôzo** bedeutet ...

a. verstanden b. ausgeschlossen c. ganz wie Sie wünschen

Weg da!

Was man in keinem Japanischkurs lernt – die Jungs und Mädels in den Animes machen davon Gebrauch: Ständig jagen sie sich gegenseitig zum Teufel.

jama! doite! noite! tôshite! sagatte!

Der Ausdruck **jama** (Achtung: wird natürlich NICHT „yama" ausgesprochen!) bedeutet „Störung". Wirft man das Wort jemandem an den Kopf, heißt das, man fühlt sich gestört. Varianten wären **jama da** oder **jama ja nai ka?** – „Merkst du nicht, dass du störst?"

Will man, dass jemand Platz macht, verwendet man häufig die Wörter **doite!** bzw. **noite!** Sie bedeuten beide „geh aus dem Weg". Die etwas härteren, sehr deutlichen Formen sind **doke!** und **noke!** (Mehr zu den Befehlsformen im Grammatikkapitel Seite 129). „Was? Ist die Schlange der Autogrammjäger schon so lang? **Doke!** Der größte Fan von CLAMP bin ich! **Doke yo!**"

Eine Spur höflicher ist **tôshite** („lass mich durch"). „**Tôshite** - ich muss aus dem Gebäude raus, ehe es in die Luft fliegt!" Natürlich wird auch hier manchmal die grobe Befehlsform **tôse!** verwendet.

Ein vornehmeres Wort ist das Verb **sagatte**. Es bedeutet „zurücktreten" und wird gerne von Beamten verwendet, um das Volk zurückzudrängen. Die Polizei sagt es zu den Schaulustigen, wenn der Tatort abgesperrt wird. Und in den Samuraifilmen hört man die raue Befehlsform **sagare** immer dann, wenn das grobe Volk weggetrieben wird, um Platz für den **Shôgun**, den **Daimyô** oder einen anderen hohen Beamten zu machen.

Alles ist möglich

Ausdrücke der Wahrscheinlichkeit bilden manchmal alleine einen Satz, und dann sind sie leicht zu erkennen.

zettai (ni) kanarazu kitto tabun

Zettai bedeutet eigentlich „absolut". Es drückt auch aus, dass man sich einer Sache total sicher ist. Ähnlich zuversichtlich ist **kanarazu** - „mit Sicherheit". **Kitto** heißt „bestimmt" und klingt schon ein wenig vorsichtiger. Und **tabun** kann man mit „wahrscheinlich" übersetzen. „Werden wir meinen Ohrring in den Trümmern von Tôkyô wiederfinden?" - „Äh ... **tabun** ..."

In Zahlen auf der Wahrscheinlichkeitsskala kann man sich das so vorstellen: **Zettai** 120%, **kanarazu** 100%, **kitto** 80%, und **tabun** 60%. „Jeder kann **kanarazu** Japanisch lernen."

moshika shitara hyotto shitara

Diese beiden klingen sehr zurückhaltend und unsicher. Man könnte sie mit „vielleicht" oder „möglicherweise" übersetzen. Man verwendet sie gerne, um vorsichtig eigene Vermutungen vorzubringen. „Ich will ja nichts sagen, aber **moshika shitara** ist Kaori eine Verräterin." - „ **Kitto sô da!** Bestimmt ist das so. Und **hyotto shitara** ist dieser wortkarge Takeshi ihr Komplize!"

darô deshô kamo kamo shirenai kamo shiremasen

Am Ende von Vermutungen stehen manchmal Wörter wie **darô** oder **kamo.** Sie alleine drücken schon eine Mutmaßung aus, aber sie können auch mit anderen Wörtern kombiniert werden. „Da zieht bald ein Sturm auf **kamo.**" - „**Kitto** hast du Recht **darô.**"

Kamo („vielleicht“) ist die Abkürzung von **kamo shirenai** oder **kamo shiremasen** (höflicher). Obwohl das alles eigentlich Satzendungen sind, können sie auch alleine stehen. „Wirst du die Prüfung schaffen?“ - „**Kamo shirenai.**“

Deshô ist die höfliche Form von **darô**. „**Sô deshô?**“ („Das ist doch sicher so, oder?“) „**Hai, sô deshô.**“ („Ja, das ist wohl so.“)

Sate, mondai desu:

33. Welches dieser Wörter drückt sehr hohe Wahrscheinlichkeit aus?

a. **kanarazu** b. **hyotto shitara** c. **kamo**

Mir deucht, es hat den Anschein

Japaner lieben es nicht, ihre eigenen Ansichten als der Weisheit letzter Schluss darzustellen. Wir haben im letzten Abschnitt schon gesehen, wie viele Ausdrucksformen es für Wahrscheinlichkeiten gibt. Andere Formulierungen drücken aus, dass etwas *anscheinend* so oder so ist, oder dass man selbst *meint*, es sei so. Japaner sagen häufig „Ich glaube, es regnet“ oder „Es scheint zu regnen“, wenn wir schlichtweg behaupten „Es regnet“. Vor allem dann, wenn man über Gefühle oder Taten eines anderen redet, ist das wichtig. Auf Japanisch ist es verpönt zu sagen „Satoshi hat keine Lust mitzuspielen“. Stattdessen sagt man „Es sieht aus, als habe Satoshi keine Lust mitzuspielen“.

rashii **mitai** **-ppoi** **yô da**

Diese Wörter und Endungen drücken einen Anschein aus. „Akira ist in Yumi verliebt **rashii**“ oder „Natsuko hat sich verletzt **mitai**“ oder „Er kennt die geheime Formel nicht-**ppoi**“ oder „Die neue Lehrerin kommt aus China **yô da**“. (Wer denkt bei **yô da** nicht an Meister Yoda aus Star Wars? George Lucas hält ja in seinen Filmen mit seiner Begeisterung für alles Japanische nicht hinter dem Berg, und das „krumme“ Gerede des Meisters imitiert und karikiert natürlich die für einen Amerikaner oder Europäer merkwürdige Satzreihenfolge des Japanischen.)

Diese Wörter und Endungen sind leider etwas tückisch. Man kann damit mehrerlei Dinge ausdrücken, je nach Betonung. Zum Beispiel der Satz **Kare wa oni mitai.** - „Er ist ein Kobold **mitai.**“ Man kann damit entweder sagen, dass man ihn für einen Kobold hält, oder man drückt aus, dass er zwar keiner ist, aber so aussieht: er ist *nur scheinbar* ein Kobold. Dabei kommt es auf den Zusammenhang und die Betonung an.

Im Deutschen ist es ja kaum anders. Wenn ich den Satz „Er scheint ein Kobold zu sein" mit verschiedenen Betonungen vor mich hin sage, habe ich denselben Unterschied. „Er scheint ein KOBOLD zu sein" heißt, ich denke, er ist einer. Sage ich „Er SCHEINT ein Kobold zu sein", drücke ich eher aus, dass es nur Schein ist. Vielleicht sollte er sich einfach mal die Brust rasieren und das Aftershave wechseln.

Solche Feinheiten im Japanischen herauszuhören, ist sicher eine Aufgabe für Fortgeschrittene. Ich wollte es nur erwähnt haben.

Das Wort **rashii** hat manchmal noch eine Sonderbedeutung. Man kann damit ausdrücken, dass etwas sehr typisch ist oder jemand sich in sehr typischer Weise verhält. „Du trinkst gern Bier und isst gern Würstchen? Das ist sehr Deutsche-**rashii**. Du trägst gerne Röcke? Das ist sehr Frauen-**rashii**." „Frauen-**rashii**" könnte man hier mit „feminin" oder „sehr weiblich" übersetzen.

to omou

Für unser deutsches „ich denke", „ich meine" oder „ich glaube" steht am Ende des japanisches Satzes **to omou**. Unterschiede zwischen Denken, Meinen, Glauben, Vermuten, Annehmen, Finden usw. werden nicht gemacht. Die höfliche Version heißt **to omoimasu**.

„Wann wird die Serie in Deutschland erscheinen **to omou?**" - „Frühestens nächstes Jahr **to omou.**"

Da **omou** („meinen, finden") ein ganz normales Verb ist, gibt es davon natürlich auch Vergangenheitsformen (**omotta, omoimashita**), Verneinungsformen (**omowanai, omoimasen**) und all das, was im Grammatikkapitel über die Endungen erklärt wird. Diese Formen hört man allerdings wesentlich seltener.

Sate, mondai desu:

34. Was drücke ich mit **robotto mitai** aus?

a. Das scheint ein Roboter zu sein.

b. Das ist keineswegs ein Roboter.

c. Das muss ein Roboter sein.

Das hier, jenes da und noch jeneres dort drüben

Okay. Eigentlich gehört dieses Thema ins Grammatikkapitel. Aber wer liest das schon? Dabei sind sind diese kleinen Wörtchen viel zu wichtig, um verpasst zu werden ...

kono sono ano

Im Englischunterricht haben wir gelernt, zwischen „this" und „that" zu unterscheiden. „Das Manga hier" = „this manga", „das Manga dort" = „that manga". Im Deutschen sind wir nicht immer so genau. Theoretisch gibt es die Unterscheidung zwischen „dieses" und „jenes", aber wer sagt heute schon noch „bitte reiche mir jenes verstaubte Spiel aus jenem morschen Regal"?

Im Japanischen allerdings wird sehr penibel darauf geachtet, an welchem Ort sich etwas befindet. Bei Dingen, die sich in der Nähe des Sprechers befinden, verwendet man **kono**, also **kono manga**. Das könnte man mit „das Manga hier" übersetzen. Mangas, die eher beim Angesprochenen liegen, heißen **sono manga** - etwa „das Manga da bei dir". Und wenn das Teil irgendwo abseits von beiden herumfährt, sagt man dazu **ano manga**, das heißt also „das Manga dort drüben".

Dieser Spaß gilt nicht nur für Dinge, sondern auch für Lebewesen und damit auch für Menschen. Ich stelle mir vor, ich treffe Takahashi Rumiko in einem japanischen Supermarkt und stelle ihr meine ganze Clique vor. Zuerst Sarah, die sich schüchtern hinter mir versteckt: „**Kono** Mädchen ist Sarah. Jetzt, da! Da war gerade ein Stück von ihrem Kinn sichtbar - haben Sie's gesehen?" Als nächstes stelle ich Max vor, der schon neben der berühmten Mangakünstlerin steht und sie zu berühren versucht: „Äh, **sono** junge Mann ist Max. Ein kräftiger Stoß in die Rippen sollte helfen, ihn auf Distanz zu halten. Ja, genau so! Ausgezeichnet gezielt, Takahashi-san!" Zuletzt ist Karin an der Reihe, die völlig verzückt am Chips-Regal steht und nichts geschnallt hat: „**Ano** hungrige Person ist Karin. Ich bin sicher, sie würde sich sehr über ein Autogramm auf einem Cracker freuen."

kore sore are

Kore, sore, are haben eine ähnliche Bedeutung wie **kono, sono, ano**. Man verwendet sie immer dann, wenn kein Substantiv mehr nachfolgt. Man kann über eine DVD, die man in der Hand hält, beispielsweise sagen: „**Kono** DVD ist mein Lieblingsfilm." Oder man kann stattdessen einfach sagen: „**Kore** ist mein Lieblingsfilm."

Anstatt „**sono** einbeinige Actionfigur fällt gleich um" kann man sagen „**sore** fällt gleich um". Und statt „**ano** Gebäude ist ein Rathaus" kann man sagen „**are** ist ein Rathaus". Wie **kono, sono, ano** unterschieden auch **kore, sore, are** nach den Orten, an denen sich Dinge befinden: **kore** – „das Ding hier bei mir", **sore** – „das Ding da bei dir" und **are** – „das Ding da drüben". Wenn man diesem System der drei Orte einen Namen geben will, kann man es das „**Ko-So-A**-System" nennen, weil die Wörter jeweils mit diesen Silben beginnen. Viele Lehrbücher verwenden diesen Begriff.

Eigentlich sind **kore, sore, are** eher für Gegenstände als für Menschen gedacht, aber daran halten sich die Japaner nicht immer. Wir sagen ja auch nicht unbedingt: „*Der Herr* dort ist mein Vater", sondern „*Das* dort ist mein Vater". In der japanischen Umgangssprache ebenso: „**Are** ist mein Vater."

Oft steht nach solchen Wörtchen die Themapartikel **wa** (die auf Seite 102 erklärt wird). In der Umgangssprache wird aus **kore-wa**, **sore-wa** und **are-wa** manchmal **korya**, **sorya** und **arya**. Auch diese Wörter bedeuten also nichts anderes als „das hier", „das dort" usw.

koko soko asoko

Bisher haben wir von Dingen und Lebewesen gesprochen. Reden wir jetzt über Orte. „Hier bei mir", „da bei dir" und „dort drüben, wo wir beide nicht sind" sind drei unterschiedliche Orte, für die man ein neues Trio aus dem **Ko-So-A**-System braucht: **koko, soko, asoko**.

Ich bin in Japan in Urlaub und rufe meine Eltern an: „Ihr werdet's nicht glauben, aber **koko** hat's 39 Grad im Schatten." „Was?", antwortet meine Mutter in Germany. „**Koko** hat's nur 22 Grad. Und es regnet. Regnet's **soko** auch?" „Nö, das nicht, aber Onkel Karl aus Kanada hat mich angerufen. **Asoko** gießt's schon seit Tagen."

Im Satz tauchen **koko, soko, asoko** häufig mit Partikeln auf: **koko de, koko e, koko kara** usw. Daraus ergeben sich Wörter wie „hier", „hierher" oder „von hier aus". Mehr dazu in den verfrickelten Partikeln-Kapiteln.

kotchi sotchi atchi

Es waren einmal die drei schönen Wörter **kochira, sochira, achira**. Sie hatten so viele verschiedene Bedeutungen, dass kein geistig gesunder Nicht-Japaner sie sich merken konnte. Da kam die gute Fee namens Umgangssprache und machte aus ihnen die kürzeren Formen **kotchi, sotchi, atchi**. Eine Weile waren alle glücklich und sangen und tanzten und tranken süßen Wein. Doch, o Schreck, die Fee hatte vergessen, auch die Bedeutungen zu vereinfachen. Und wenn sie nicht gestorben sind, haben die drei Wörter auch heute noch viel zu viele Bedeutungen ...

Meistens verwendet man **kotchi, sotchi, atchi** für Richtungen und Orte. Dabei muss man aus dem Zusammenhang erschließen, welches von beiden gemeint ist:

„Wo ist der Zombie hingegangen?" - **„Atchi!"** Hier ist die Richtung gemeint: „Dort hinüber!"

„Wo hast du den Liebesbrief versteckt, den ich dir versehentlich geschrieben habe?" - **„Kotchi!"** Jetzt meint man den Ort: „Hier!"

Außerdem kann man **kotchi, sotchi, atchi** auch für Gegenstände und Personen verwenden. „Welches ist der Schlüssel zur sagenumwobenen Schatzkammer des Dschingis Khan?" - **„Sotchi!"** („Der da bei dir!")

Anders gesagt: **kotchi, sotchi, atchi** können alle Bedeutungen von **kore, sore, are** und **koko, soko, asoko** annehmen. In der Verwendung kann man also wenig falsch machen, doch beim Hören braucht man Phantasie, denn ein **kotchi** kann „hier", „hierher", „das hier" oder „die Person hier" bedeuten, je nach Zusammenhang.

konna sonna anna

Zum Schluss noch ein Trio, das „so ein" bedeutet. Hier sind die Feinheiten ein bisschen schwerer zu verstehen. Das **Ko-So-A**-System kann manchmal nicht nur Örtlichkeiten, sondern auch Interesse ausdrücken. Denn wofür man sich interessiert, das wünscht man sich ganz nahe zu sich.

„**Konna** Zauberstab", „**sonna** Zauberstab" und „**anna** Zauberstab" heißt in der deutschen Übersetzung alles „so ein Zauberstab". Wozu sollen wir da einen Unterschied machen? Nehmen wir an, der Stab liegt nicht irgendwo herum, sondern man redet nur darüber. Dann kann der Sprecher durch **konna, sonna** und **anna** ausdrücken, wie groß sein Interesse daran ist. **Konna** heißt, dass er ihn quasi schon für sich vereinnahmt hat, dass er schon so tut, als läge er in seinen Händen: „**Konna** Zauberstab wäre die Krönung meiner Sammlung!" **Sonna** drückt aus, dass sowohl Sprecher als auch Gesprächspartner Interesse daran haben könnten. „**Sonna** Zauberstab wie der, von dem Sie eben gesprochen haben, darf tatsächlich nicht in die Hände des teuflischen Zarpf geraten!" Und **anna** zeigt deutlich, wie wenig man sich für das Ding erwärmen kann. Es ist ganz weit abseits des Interesses. „**Anna** Zauberstab hätte ich schon als Kleinkind gegen drei stumpfe Glasmurmeln eingetauscht, wenn ich einen gehabt hätte."

konna ni sonna ni anna ni

Wenn **konna**, **sonna**, und **anna** von eben die Partikel **ni** bekommen, bedeuten sie „so“ oder „so sehr“. „Wow! Ich wusste, das Tôkyô groß ist, aber dass es **konna ni** riesig ist, war mir nicht klar!“

Es gibt noch einige Trios mehr aus dem **Ko-So-A**-System, die weniger wichtig sind und die ich deshalb hier verschweige.

Sate, mondai desu:

35. In dem Satz „mein Auto steht ganz da drüben“ verwendet man das Wort ...

a. **are** b. **asoko** c. **ano**

Mahlzeit, guten Hunger, Prösterchen

itadakimasu kanpai go-chisô-sama

Vor dem Essen sagen die Japaner **itadakimasu**. Das bedeutet nicht „Guten Appetit“, sondern „Ich bekomme“. Man tauscht also keine Wünsche aus, sondern bedankt sich gewissermaßen für die Speise. Dieser Dank kann an den Gastgeber gerichtet sein, an die Person, die das Essen zubereitet hat, oder auch an Gott oder die Götter, die einem das Mahl bescheren. Oft ist es einfach eine feststehende Floskel, und wer eine Weile in Japan verbracht hat, tut sich aus Gewohnheit schwer, einen Bissen anzurühren, ohne vorher **itadakimasu** gesagt zu haben. Viele Menschen, vor allem Frauen und Kinder, legen dabei ihre Handflächen gegeneinander wie bei einem katholischen Gebet.

Man kann **itadakimasu** auch verwenden, wenn man etwas geschenkt bekommt. „Bitte, nehmen Sie sich doch eine Ansichtskarte als Erinnerung an unser Hotel mit!“ - **„A, jaa, itadakimasu.“**

Zugeprostet wird mit **kanpai**, wobei immer die Jüngeren oder Rangniederen nachschenken, sobald die Gläser abgesetzt sind.

Nach dem Essen sagt man **go-chisô-sama deshita**, kürzer **go-chisô-sama**. Das heißt wörtlich übersetzt ungefähr „Sie hatten viel Lauferei“. Auch wer ein Restaurant verlässt, sagt **go-chisô-sama**. Möchte man seine Begeisterung zusätzlich ausdrücken, kann man natürlich noch **oishikatta desu** oder **oishikatta** sagen („es war lecker“). In japanischen Restaurants allerdings fragt niemand: „Hat's geschmeckt?“ Der Kunde gibt auch kein Trinkgeld, weder im Restaurant, noch im Taxi.

Only for the lonley

dake **shika ...-nai** **bakari**

Um „nur“ zu sagen, gibt es im Japanischen mindestens diese drei Möglichkeiten. Ich erkläre kurz die Unterschiede in der Bedeutung, obwohl sie für das Verständnis nicht besonders wichtig sind.

Dake ist ein neutrales „nur“.

In einem Satz mit **shika** gibt es immer eine Verneinung, und die Stimmung ist eher negativ. Wer Französisch kann, kennt einen ähnlichen Fall, nämlich „ne ... que“. Im Deutschen kann man das mit „nichts als“ oder „nichts außer“ wiedergeben, aber das trifft es nicht genau.

Wenn ich sage, dass zu meiner Party „drei Freunde **dake** gekommen sind“, sehe ich darin nicht unbedingt etwas Schlechtes. Es war eben eine Party im engen Kreis – eine neutrale Feststellung. Sage ich, dass zur Party „nichts als drei Freunde gekommen sind“ (mit **shika ...-nai**), dann betone ich, dass es leider nur wenige waren. Ich hätte mir wohl mehr Besucher gewünscht.

Bakari ist wieder eine andere Sorte „nur“, im Sinne von „ausschließlich“. Wenn ich sage, dass „gute Freunde **bakari** gekommen sind“, betone ich, dass keine flüchtigen Bekannten, Klassenkameraden oder Nachbarn aufgekreuzt sind, sondern eben ausschließlich „good pals“. Das heißt nicht, dass es wenige waren.

Darf's sonst noch was sein? - Aufzählungen

Dass „und“ **to** heißt, werde ich weiter hinten im Buch verraten, wenn es um die kleinen Wörtchen namens Partikeln geht. Doch dieses **to** wird nur für Hauptwörter verwendet (eine Schale Reis **to** ein Tee). Will man ganze Sätze verbinden, stehen einem andere Möglichkeiten zur Verfügung.

-te **-kute** **shi** **soshite** **sorekara**

Vielleicht ist es klug, mit dem schwierigsten anzufangen. Besonders tückisch zu hören ist die sogenannte Te-Form, eine spezielle grammatikalische Endung, mit der man nicht nur Bitten und Befehle, sondern auch Aufzählungen bilden kann. Was bedeutet das? Wenn man zwei Satzteile verbindet, endet der erste auf **-te** (manchmal auch auf **-de**). Diese Form zeigt an, dass der Satz noch weitergeht. Die Te-Form von **mitsukeru** (finden) heißt zum Beispiel **mitsukete**. „Ich habe zwei Freikarten **mitsukete** würde mit dir gerne ins Theater gehen." Unser „und" versteckt sich also kaum hörbar in dem **-te** von **mitsukete**.

Endet der erste Teilsatz auf ein Eigenschaftswort, lautet die Endung **-kute**. „Klein" heißt **chîsai** und ergibt Sätze wie: „Dieses Häuschen ist **chîsakute kawaii**" – „klein und niedlich". Höllisch schwer, so etwas zu hören, zugegeben. Aber nicht unmöglich.

Vor allem bei langen Aufzählungen verwendet man das kleine Wort **shi**. „Das neue Einkaufszentrum ist super. Da kann man einkaufen **shi**, essen **shi**, Bowling spielen **shi**, ins Kino gehen **shi** ..." Solche Sätze bleiben meist nach hinten offen und deuten an, dass die Aufzählung theoretisch noch weitergehen könnte.

Viel einfacher sind die Wörter **soshite** und **sorekara**. Sie stehen am Anfang eines Satzes und bedeuten „und" oder „und dann". Einzeln kann man diese Begriffe auch als Frage benutzen. „Erst hat er mich gefragt, ob ich gerne Erdnussbutter esse." – **„Soshite?"** – **„Soshite** habe ich gesagt, ja, ich mag gerne Erdnussbutter." – **„Sorekara?"** – **„Sorekara** hat er mich gefragt, ob ich ihn heiraten will."

Häufige Wörter in der Te-Form

Was es mit der Endung **-te** so alles auf sich hat, kann man im vorigen Abschnitt und im Grammatikkapitel über die Endungen nachlesen. Wenn ein Wort auf **-te** endet, so bedeutet das in den meisten Fällen eine Bitte oder einen Befehl. Natürlich kann man diese Form mit jedem x-beliebigen Verb bilden („bitte logarithmiere!"). Aber einige dieser Bitten und Befehle sind so häufig, dass es sich lohnt, wenn man sie sich als feststehende Redewendungen merkt. Die wichtigsten habe ich hier zusammengetragen:

tasukete! **nan to ka shite!** **ganbatte!** **matte!**

isoide! **hanashite!** **mite!** **makasete / makashite!**

Tasukete kommt von dem Wort für „helfen". Mit **tasukete!** ruft man um Hilfe. In einer ähnlich brenzligen Situation befindet man sich meistens, wenn man **nan to ka shite!** ruft. Das bedeutet „Tu doch irgendwas!". Der Commander eines Raumschiffes könnte dem Steuermann (mit nervös zuckendem linken Augenlid) **nan to ka shite!** zurufen, wenn das Schiff unaufhaltsam auf einen Asteroiden zudriftet ...

Ganbatte! ist ein schwieriges Wort. Eigentlich bedeutet es „Streng dich an!". Vergessen wir das Raumschiff, das inzwischen an dem Asteroiden zerschellt ist und ohnehin gut versichert war. Stellen wir uns eine Situation vor, in der fünf Personen an einem Abhang hängen, getragen von einem schwächlichen Mädchen, dessen Finger langsam über den brüchigen Stein rutschen (was denn, was denn – in Animes ist so etwas üblich, warum dann nicht auch in Lehrbüchern!). Das beste, was den fünf Hängengelassenen in ihrer Lage einfällt, ist möglicherweise, nach Kräften **ganbatte!** zu rufen – „Halt durch! Gib nicht auf!" Oft ist **ganbatte!** aber einfach nur so eine Floskel, die man jemandem nachwirft, der zum Beispiel eine Prüfung vor sich hat. „Viel Glück!" würden wir vielleicht wünschen.

Matte! heißt „warte!". Vielleicht fällt ja dem untersten der fünf ein, dass er einen Fallschirm in der Gesäßtasche hat und ihn durch hochkonzentriertes Spannen und Entspannen der Pomuskulatur an die Oberfläche befördern kann. **Matte!** könnte er rufen. **Mô chotto ganbatte!** – „Warte! Halt noch ein bisschen durch!"

Isoide! ist höchstwahrscheinlich die Antwort des Mädchens. „Beeil dich!" Die Zierliche verfolgt voller Panik, wie einer ihrer sauber manikürten Nägel nach dem anderen abbricht.

Doch oben auf der Klippe nähert sich der Bösewicht. Nehmen wir an, es ist ein schnurrbärtiger, hagerer Mann Mitte Vierzig – ein verschlagener, skrupelloser Wissenschaftler, dem die jungen Leute bei seinen unmoralischen Experimenten auf die Spur gekommen sind. Er wird mit blutunterlaufenen Augen herbeieilen und versuchen, unsere Helden in den sicheren Tod zu stoßen. Als er sieht, wie verwegen sich das Mädchen festhält, wird er kreischen: **Hanashite! Hanashite!** „Lass los! Loslassen!"

Mite! bedeutet „Schau! Sieh! Guck!" Aufgrund einer neuartigen, patentierten Spezialfaltung entfaltet sich der Schirm von alleine, als er aus der Hosentasche fällt, und alle sind fasziniert von dem Anblick des sich wie eine Blüte der Hoffnung öffnenden Schirms. **Mite! Mite! Sugoi!**

Von nun an geht es ab in die Tiefe. Die spitzen Bergkämme unter ihnen werden rasend schnell größer. **Makashite!** ruft der Junge, der den Fallschirm in der Tasche hatte. „Überlasst es mir!" Er ist sich seiner Sache sicher. Er kennt jemanden, der ein Buch gelesen darüber hat, wie man einen Fallschirm steuert. Falls er ihn über das Handy erreichen kann, wird er ihm alles über die Steuerung erklären, rechtzeitig vor dem Aufprall. **Makashite!** „Lasst mich nur machen!" (Eine Variante von **makashite** ist **makasete.**) Nein, ich verrate wohlweislich nicht, wie die Geschichte ausgeht - vielleicht wird es ja mal einen zweiten Band dieses Buches geben, in dem wir unsere hinabstürzenden Freunde wieder treffen ...

Sate, mondai desu:

36. Mit welchem Wort feuert man jemanden an?

a. **matte**! b. **hanashite**! c. **ganbatte**!

Häufige Wörter in der -naide-Form

Auf **-naide** enden negative Bitten: „Tu's nicht!" Auch diese Form kann man freilich mit zahllosen Verben bilden. Drei Wörter, die sehr häufig in dieser Form auftauchen, sind

ikanaide! **nakanaide!** **shinanaide!**

Ikanaide kommt von **iku** („gehen") und bedeutet also „geh nicht!". Bei schmerzhaften Trennungen ein passender Ausruf - oder wenn der unscheinbare Junge mit der Brille meint, er müsse seinen Mut beweisen, indem er durch das flirrende, funkensprühende Tor in die andere Dimension tritt. **Ikanaide! Baka!**

Naku heißt „weinen", und **nakanaide!** „weine nicht". Es wäre doch gelacht, wenn man das Wort nicht auch in einer Menge J-Popsongs finden würde ...

Shinanaide! kommt von **shinu** („sterben"). „**Shinanaide!** Tu uns das nicht an, verdammt! Wir brauchen dich noch lebend als Opfer für den Dämon!"

Adjektive als Ausruf

Eigenschaftswörter gibt es unzählige. Mehr als hundert der wichtigsten habe ich im Basis-Wortschatz gegen Ende dieses Buches gesammelt. Und doch gibt es vielleicht einige, die noch wichtiger als wichtig sind. Jene, die in den Animes wieder und wieder lautstark ausgerufen werden - voller

Panik, voller Angst, voller Spott oder Zorn. Emotionale, starke Wörter. Wörter, die keine langen Sätze brauchen, um ihre Wirkung zu entfalten. Einige davon sind schon in verschiedenen Abschnitten dieses Kapitels erschienen: **Ureshii** „ich freue mich" habe ich bei den Dankesformeln einsortiert. **sugoi** („toll") und **kawaii** („süß") habe ich zu den Ausdrücken der Begeisterung gepackt. **Yoroshii** („angenehm") und **ii** („gut") stecken bei den Formen der Erlaubnis, und weitere Adjektive sind in den anderen Abschnitten verteilt. Was übrig geblieben ist, sind vor allem Exklamationen des Schmerzes, der Not oder der Wut. Hier sind sie:

itai! **kowai!** **abunai!** **yabai!**

Itai bedeutet „schmerzhaft" und entspricht unserem Ausruf: „Aua!" Eine Slang-Variante ist **itee**. Weiter oben habe ich es schon angedeutet: Adjektive und Verben, die auf **-ai** enden, werden in nachlässiger Umgangssprache bisweilen mit einem **-ee** versehen. Bei **itai** hört man das besonders häufig. Und auch so nette Varianten wie **ita** oder **itatatata** tragen sehr zur Schadenfreude des Zuschauers bei. Schmerzen sollen schließlich auch Spaß machen – denen, die sie nicht spüren ...

Kowai bedeutet „angsterregend". Nun rennt bei uns niemand im Zickzack vor geifernden Urzeitmonstern davon und brüllt dabei „Angsterregend! Angsterregend!" In Japan ist das etwas anderes. **Kowai** muss man deshalb bei der Synchronisation eines Animes wohl oder übel mit „Nein! Neeeiin!" übersetzen.

Abunai heißt „gefährlich" und wird für schnelle Warnungen verwendet. „Paß auf!", „Vorsicht!", „Nein, nicht!" – irgendetwas in der Art.

Yabai kann auch „gefährlich" bedeuten, oder „schlecht", „übel". **Yabai** ist aber keine Warnung, sondern eher ein Ausruf des Schreckens. Schickt sich mein Gefährte an, über die morsche Brücke zu stiefeln, rufe ich ihm **abunai!** zu. Stehe ich selbst mitten drauf, als vor und hinter mir die Holzsprossen bröckeln, murmle ich vermutlich betreten **yabai** ...

urusai ! **hidoi !** **zurui !**

Eigentlich bedeutet **urusai** „laut". Aber was laut ist, kann nerven, und deshalb meint der Ausruf **urusai!** meistens „Halt die Klappe!" oder „Du nervst!" oder „Hör auf, an mir rumzumeckern!"

Hidoi heißt „schlimm" oder „boshaft", **zurui** bedeutet „heimtückisch". Beide Wörter kann man im Sinne von „du bist gemein!" benutzen. „Hey, es gibt noch viel mehr wichtige Adjektive, aber ich habe keine Lust, sie euch zu erklären!" – **Zurui! Hidoi!**

Sate, mondai desu:

37. Wer **kowai!** ruft, hat ...

a. Hunger b. Angst c. Schmerzen

Böse, böse Sprache! Böse Sprache!

Zum Vergnügen des Zuschauers geht es in Animes manchmal auch recht ungesittet zu, und es gibt nun einmal Situationen, in denen die höflichste Sprachstufe nicht die angemessenste ist. Das beginnt bei den Anredeformen. Wenn es wirklich hart auf hart geht, schnauzen sich Japaner schon einmal mit den weiter oben erwähnten **temee**, **kisama** oder **onore** an. Noch einen Schritt weiter gehen richtig heftige Wörter, mit denen man sein Gegenüber handfest beleidigen kann.

yarô **baka-yarô** **kusottare**

Yarô kann man mit „Kerl“ übersetzen. Unter Freunden kann es noch neckisch gemeint sein, doch fremden Menschen gegenüber ist es eine echte Frechheit. Keine Zweifel mehr, welche Meinung man vom anderen hat, lässt **baka-yarô**. „Dummer Kerl“ lautet die Übersetzung. Am Ende der Unhöflichkeits-Skala stehen dann Begriffe wie **kusottare** - ein schlimmes Wort, das unserem deutschen Ar*****ch anatomisch und soziolinguistisch sehr nahe kommt. Ich stelle diese Wörter mit gemischten Gefühlen vor, da es immer wieder Leute gibt, die meinen, sie umgehend am nächsten Japaner ausprobieren zu müssen. Vulgärsprache in fremden Sprachen zu benutzen, ist ein wenig, wie mit Waffen herumzuspielen, von denen man keine Ahnung hat. Man kann gar nicht genug davor warnen. Moralpredigt Ende.

koitsu **soitsu** **aitsu** **yatsu** **gaki** **ama** **renchû**

Wer über andere Leute redet und seinen Unmut auf unmissverständliche Weise zum Ausdruck bringen möchte, verwendet Wörter wie das eben erwähnte **yarô** oder auch **yatsu** oder eines der drei fast identischen **koitsu**, **soitsu** oder **aitsu**. Alle bedeuten ungefähr „Kerl", können aber auch auf Frauen angewendet werden. Der Unterschied zwischen **koitsu**, **soitsu** und **aitsu** ist umständlich zu erklären – das hängt mit dem japanischen Ortssystem bei Demonstrativpronomina zusammen, das ich etwas weiter vorne erklärt habe. Mit anderen Worten: **koitsu** bedeutet „der Kerl hier bei mir", **soitsu** heißt „der Kerl da bei dir", und **aitsu** ist „der Kerl da drüben". Solche Feinheiten kann man getrost ignorieren.

Gaki ist ein Wort, das ursprünglich aus der buddhistischen Mythologie stammt und Kohldampf schiebend umherwandelnde Hungergeister meint – eine besonders unangenehme Art der Wiedergeburt für Leute, die ein *ziemlich* sündiges Leben geführt haben. Heute ist **gaki** ein beliebtes Schimpfwort für Kinder – „Gör", „Bengel", „Range" oder „Balg" dürften passende deutsche Ausdrücke sein. „Raus aus meinem Labor! **Kono gaki**! Nein, nicht durch diese Tür ... neiii-----"

Dann gibt es noch das Wort **ama**, das ursprünglich „Nonne" bedeutet und als Schimpfwort für Frauen und Mädchen herhalten muss. Schlecht erzogene Männer benutzen es gerne – aber Vorsicht! Es ist heftiger als „Tussi".

Da Leute, die man beschimpfen will, auch gerne in Rudeln auftreten, kann man all diese Begriffe natürlich auch in die Mehrzahl setzen. Dafür verwendet man weniger die Endung **-tachi**, sondern eher die ältere Pluralendung **-ra**. Formen wie **yatsu-ra**, **gaki-ra** und auch **koitsu-ra**, **soitsu-ra** und **aitsu-ra** sind häufig. Außerdem gibt es noch das Wort **renchû**, das für sich schon eine Mehrzahl ausdrückt und immer mehrere Leute meint, ungefähr wie „Pack" oder „Gesocks".

Wie immer muss man sagen, dass ein paar dieser Vulgärwörter auch Vertrautheit und sogar Zärtlichkeit ausdrücken können, je nachdem, wer sie zu wem in welchem Tonfall sagt. **Yatsu** zum Beispiel ist ein ziemlich schwaches Wort, das fest in der Umgangssprache verankert ist. Man benutzt es sogar für Gegenstände. Ich erinnere mich, wie ich in einer frühen Phase meines Japanischstudiums mal einer Japanerin beim Umzug half. Als sie mir ihren Schlüsselbund gab, meinte sie auf Japanisch „Der Haustürschlüssel ist der grüne **yatsu**." Und wer ein besonders niedliches Stofftier im Schaufenster sieht, könnte ohne weiteres sagen: „Diesen **kawaii yatsu** muss ich unbedingt haben!"

-yagatte

In abwertend oder wütend vorgetragenen Sätzen hört man oft die Endung **-yagatte** oder seltener **-yagaru**. Man kann das ungefähr übersetzen mit „Erdreistet der sich doch tatsächlich, ... zu tun". Damit drückt man Zorn oder Spott aus, wie zum Beispiel in: „Dieser Feigling, einfach wegrennen-**yagatte** ..." oder „Versucht die Tussi doch tatsächlich, aus meinem Glas zu trinken-**yagaru** ..."

Sate, mondai desu:

38. Welches dieser Schimpfwörter wird nur für Frauen verwendet?

a. **yarô** b. **renchû** c. **ama**

Tutti Frutti: alles, was sonst nirgends reinpasst ...

... aber trotzdem erklärt werden sollte.

datte ... (da) mon

Das kleine Wörtchen **datte** hört man in Animes sehr oft. Es setzt sich zusammen aus **da** (ist, sein) und **tte** (wird auf Seite 105 erklärt). Wenn man es ganz plump ins Deutsche übertragen möchte, heißt es: „Jemand sagt, dass es so ist." Diese Übersetzung hilft uns nicht weiter. **Datte** hat verschiedene Verwendungen, die wichtigsten beiden stelle ich hier vor.

1. **Datte** am Ende eines Satzes drückt ein Hörensagen aus. „Keiko ist verknallt in Hiroshi **datte.**" Unklar bleibt, ob Keiko selbst das gesagt hat, oder ob man das Gerücht woanders aufgeschnappt hat. Manchmal wird aus dem Zusammenhang klar, wer die Quelle der Information ist. „Gestern habe ich ein Gespäch des Sicherheitsausschusses belauscht. Die Erde wird morgen explodieren **datte.**"

Datte kann auch alleine einen Satz bilden. Dann unterstreicht man das, was jemand anderes gesagt hat. Schüler A: „Bitte, **sensei**, dürfen wir in der Schule einen Horrorfilm drehen, in dem alle Lehrer eines schrecklichen Todes sterben?" **Sensei**: „Kommt nicht in Frage!" Schüler B: **„Datte!"** Ungefähr im Sinne von: „Da hast du's!"

2. Mit **datte** am Anfang des Satzes gibt man meistens einen Grund an. „Hast du keine Zeit für ein Treffen?" – **„Datte!** Ich muss doch auf den Hund aufpassen." Man benutzt **datte** besonders dann, wenn man widersprechen oder sich rechtfertigen möchte. „Du hast überhaupt nichts zu

unserer Rettung beigetragen!“ - „**Datte**, ich hatte mir doch den kleinen Finger verstaucht!“

Auch dieses **datte** kann alleine stehen und klingt dann etwas bockig. „Komm schon, du schaffst diese Prüfung, wenn du dich anstrengst!“ - „**Datte ...**“

Solche Rechtfertigungen können auch auf **mon** oder **da mon** enden. Vor allem Mädchen und Kinder greifen gerne zu dieser etwas trotzigen Form. „Was, du kannst nicht einmal Kaffee aufbrühen?“ - „**Datte!** Bei uns trinkt doch niemand Kaffee **mon**.“ Aber die gleiche Endung kann je nach Betonung auch stolz wirken. „Kommst du mit, den neuen Spiderman-Film ansehen?“ - „Keine Lust! Hab ich schon gesehen **mon**!“

nante

Nante drückt Ungläubigkeit und Zweifel aus, oft sogar Empörung. Es kann positiv oder negativ klingen und ähnelt unserem „Also, dass ...“

„Also, dass ausgerechnet ich zum Präsidenten gewählt würde **nante**, hätte ich mir nie träumen lassen.“ - „Ein stinknormales Gewehr **nante** nützt dir gegen einen Werwolf gar nichts!“ - „So früh im Spiel schon eine Verteidigungskarte zu ziehen **nante**, ob das gut geht?“

koto (ga) aru koto (ga) nai

Mit der Konstruktion **koto ga aru** drückt man aus, dass man etwas schon einmal getan oder erlebt hat. **Koto ga aru** bedeutet „die Sache gibt es“. Wenn man also sagt: „Ich bin nach Finnland geflogen **koto ga aru**“, dann will man damit ausdrücken, dass man die Erfahrung schon einmal gemacht hat. In der Höflichkeitssprache heißt es **koto ga arimasu**. „Ich habe Sushi gegessen **koto ga arimasu**“ - „Ich habe schon einmal Sushi gegessen“.

Das Gegenteil drückt man aus mit **koto ga nai** oder höflich **koto ga arimasen**. „Ich war verheiratet **koto ga nai**“ - „Ich war noch nie verheiratet“.

In der Umgangssprache lässt man die Partikel **ga** meistens weg. Ein Satz, der auf **koto aru** endet, bedeutet also, dass der Sprecher eine Erfahrung schon einmal gemacht hat, ein Satz auf **koto nai** heißt, er hat es noch nie getan. „Ich habe eine Frau geschlagen **koto nai**! Aber ich bin von einer Frau geschlagen worden **koto aru!**“

5. Grammatik, wo ist dein Stachel?

Dieses Buch ist kein Lehrwerk für Grammatik und kein Konversationskurs Japanisch. Deshalb will dieses Kapitel den Leser auch nicht in die Lage versetzen, selbst Sätze in fehlerlosem Japanisch zu bilden. Ebenso wenig hat es den Anspruch, die Grammatikregeln in wissenschaftlich exakter Weise zu analysieren und darzulegen. Dafür gibt es andere, gute Bücher. Wer dieses Kapitel liest, soll anschließend mehr von gehörtem oder gelesenem Japanisch verstehen können. Daher werden die Strukturen der japanischen Sprache nicht mit allen Regeln und Nuancen behandelt und auch nicht über lange Drills bis zur Beherrschung eingeübt. Japanisch verstehen zu lernen geht leichter, als selbst Japanisch sprechen zu lernen, und wer sich die Mühe macht, die Erklärungen für ein paar Dutzend Endungen und Strukturwörter durchzulesen, kann recht schnell eine gewisse Ordnung in den unverständlichen Sprachschwall bringen, der ihm beim Anime entgegenströmt.

Sich japanischer Grammatik zu nähern, bedeutet nicht das sture Auswendiglernen von Tausenden von Formen. Stattdessen geht es darum, eine Sprachstruktur zu erfassen, die vielleicht fremdartig erscheint, aber logisch und intuitiv aufgebaut ist. Das ist ein bisschen so, als würde man sich die Spielregeln für ein neues Sammelkartenspiel einprägen: Man begegnet zwar immer wieder neuen Karten, die man noch nicht kennt, aber irgendwann weiß man, wie man die Aufschriften zu lesen und zu interpretieren hat, was die Farben, Zahlen und Symbole zu bedeuten haben. Wenn man erst einmal kapiert hat, was Kreaturen, Zaubersprüche und dergleichen sind, kann man auch neue Karten schnell einsetzen oder nachvollziehen, was der Gegner gerade mit einem macht.

So ist es bei einer Sprache auch.

Um zu verstehen, wie ein japanischer Satz aufgebaut ist, sollte man ein grobes Verständnis von dreierlei Dingen haben:

1. welche Reihenfolge haben die Wörter im Satz?
2. was sind die Strukturwörter, die die Beziehungen der Wörter zueinander ordnen?
3. welche Endungen gibt es, und was drücken sie aus?

Der erste Punkt, die Wortreihenfolge, ist schnell erklärt, für Punkt Zwei, die Strukturwörter, muss man sich schon etwas mehr Zeit nehmen, und der dritte Punkt, die Endungen, sind das wichtigste Thema. Im Japanischen kann man mit den Endungen nämlich eine Menge Dinge ausdrücken – auch Dinge, die man in europäischen Sprachen anders zum Ausdruck bringt, wie zum Beispiel Verneinung, einen Vorschlag oder einen Wunsch. Trotzdem ist die Zahl der unterschiedlichen Endungen lange nicht so groß wie in romanischen Sprachen (z. B. Französisch oder Spanisch), denn das Auswendiglernen von endlosen Listen unregelmäßiger Verben fällt flach. Im Japanischen gibt es nur zwei unregelmäßige Verben, und deren Formen würden, wollte man sie alle zusammentragen, gerade mal eine Seite füllen.

Dazu kommt, dass Substantive keine Mehrzahlformen haben, **kaisha** also sowohl „Firma“ als auch „Firmen“ heißen kann. Nur bei Personen kann man Pluralendungen wie **-tachi** verwenden, muss es aber nicht. **Joseitachi** heißt eindeutig „Frauen“, aber **josei** bedeutet „Frau“ oder „Frauen“, je nach Zusammenhang.

Bevor wir ins Detail gehen, noch eine kleine Vorbemerkung: Die japanische Sprache ist Weltmeisterin im Weglassen. Alles, was aus dem Zusammenhang klar ist oder intuitiv erfasst werden kann, wird ausgelassen.

Nehmen wir an, die Mutter betritt (ohne anzuklopfen natürlich) das Zimmer ihrer Tochter und fragt, ob diese schon mit den Hausaufgaben fertig ist. In den wenigsten Fällen wird sie fragen: „Hast du deine Hausaufgaben gemacht?“ Eher sagt sie: „Gemacht?“ Wenn die Hausaufgaben die einzige Arbeit waren, die anstand, gibt es keinen Grund, sie extra zu erwähnen. Und auch das Wörtchen „du“ ist überflüssig, denn die Mutter wird kaum ihre Tochter fragen, ob deren Freundin zehn Straßen weiter ihre Hausaufgaben gemacht hat.

Das führt oft zu Dialogen wie diesem: „Was gerade tun?“ – „Lesen.“ – „Wann Zeit haben?“ – „Um fünf Uhr.“ – „Treffen?“ – „Okay.“ Die Sprache wird jedes überflüssigen Ballasts entledigt. Ich würde sagen: Vorteil für uns. Weil Sätze kurz ...

5. 1. Die Wortreihenfolge

Die Reihenfolge der Wörter im japanischen Satz ist weitgehend beliebig. Im Grunde gibt es zwei Regeln, die lauten:

1. Die kleinen Strukturwörter, die sogenannten Partikeln, stehen immer hinter dem Wort, auf das sie sich beziehen. (Was Partikeln sind und was sie bedeuten, erkläre ich gleich.)
2. Das Prädikat steht normalerweise am Ende des Satzes.

Diese beiden Regeln kann man sich, ohne noch viel von Japanisch zu verstehen, an einem Beispielsatz verdeutlichen. Nehmen wir an, **isha** heißt „Arzt", **mise** heißt „Geschäft", **zubon** heißt „Hose" und **kau** heißt „kaufen".

Man ahnt schon, worauf ich hinaus will: Ich möchte einen Satz bauen, der „Der Arzt kauft im Geschäft eine Hose" heißt. Ich hoffe, dass dieser dumme Satz in keinem Anime dieses Planeten auftaucht. Auf Japanisch lautet er:

isha-wa	**mise-de**	**zubon-o**	**kau**
Arzt-der	Geschäft-im	Hose-eine	kaufen

Das sieht möglicherweise unglaublich exotisch und wirr aus, als würde ein betrunkener Venusier durch einen defekten Translator mit uns sprechen. Aber beim zweiten Hinsehen können wir die Struktur schnell durchschauen.

Offenbar gibt es auch im Japanischen kleine Wörter, die den Satz ordnen, so wie unsere Artikel „der" oder „eine", oder wie unsere Präposition „in". Der Unterschied ist nur, dass diese Wortwinzlinge nicht *vor* den Wörtern stehen, auf die sie sich beziehen, sondern *dahinter*. Nichts anderes behauptet ja Regel 1. Da dies im Japanischen immer so ist, ist es nicht schwer zu verstehen oder zu lernen - nur eine Frage der Gewohnheit. Und weil jedes Wort seine Partikel stets als Schwänzchen hinter sich herzieht, ist es egal, an welcher Stelle im Satz das Wort steht. Unser Beispielsatz könnte also anders auch lauten:

isha-wa zubon-o mise-de kau, oder:

mise-de isha-wa zubon-o kau, und so weiter.

Nur das Verb „kaufen“ bleibt am Ende stehen, und das ist die zweite Regel zur Satzstellung: dass das Prädikat eben gewöhnlich am Ende steht. Dabei ist es völlig egal, ob es sich um eine Aussage, um eine Frage, einen Vorschlag, eine Bedingung oder was auch immer handelt - ganz gleich, ob es heißt „wir kaufen“, „kaufen wir?“, „kaufen wir!“ oder „wenn wir kaufen“, das Prädikat steht im Japanischen am Ende. Wiederum nicht schwer zu begreifen, lediglich eine Gewohnheitssache.

In der gesprochenen Sprache ist diese Regel nicht einmal zwingend, denn schließlich darf man die Gedanken in der Reihenfolge aussprechen, wie sie einem in den Sinn kommen.

zubon-o kau, isha-wa mise-de

etwa: „Er kauft eine Hose, der Arzt, im Geschäft.“

Mit einem solchen Satz könnte man zugegebenermaßen keinen Stilistik-Preis gewinnen. Man redet erst einmal drauflos, und es wird noch etwas nachgetragen, was man vorher einzufügen vergaß. Auch Japaner schreiben so keine Aufsätze. Trotzdem: Dieser Satz ist nicht falsch! Im täglichen Gespräch stellt er eine ganz normale Aussage dar, und gerade im Anime, wo viel passiert, Leute schnell reden und eine natürliche Umgangssprache gesprochen wird, sind solche durchgeschüttelten Sätze keine Seltenheit.

Bleibt für die Wortstellung im Japanischen als felsenfeste, unumstößliche Regel nur eine übrig: Die Partikeln stehen hinter dem Wort, auf das sie sich beziehen. Und diese Regel wird nie gebrochen. Ich schwör’s.

5. 2. Die Partikeln

Begegnet sind wir ihnen schon, den kurzen Stummelschwänzchen, die die japanischen Wörter mit sich herumschleppen. Sie heißen Partikeln, weil sie kleine Teilchen sind, und wie ihre Namensvettern in der Physik oder Chemie erfüllen sie wichtige Funktionen. Sie geben dem Satz eine Ordnung.

Da die Reihenfolge der Wörter fast beliebig ist, könnte ein Satz ohne Partikeln alles mögliche bedeuten. Stellen wir uns vor, jemand würde sagen:

tomodachi konpyûtâ watashi mêru kaku

Hoppla, habe ich doch glatt vergessen, die Vokabeln zu erklären. Wird sofort nachgeholt: **tomodachi** heißt „Freund“, **watashi** heißt „ich“, **kaku** heißt „schreiben“, und die restlichen beiden Begriffe stammen aus dem Englischen und können mit viel Phantasie vielleicht entziffert werden. Nein? Na schön, **konpyûtâ** bedeutet „Computer“ und **mêru** heißt „Mail“.

Ohne Partikeln könnten wir nur wilde Vermutungen über den Sinn des Satzes anstellen. Wir haben nur „Freund“, „Computer“, „ich“, „Mail“, „schreiben“. Der Satz könnte bedeuten: „Auf dem Computer schreibt der Freund ein Mail an mich“ oder „Auf dem Computer meines Freundes schreibe ich ein Mail“, oder „Ich schreibe ein Mail an den Computer meines Freundes“ oder ähnliches. Man weiß zwar, um welche Themen es geht, kann diese aber nicht in einen eindeutigen Zusammenhang bringen. Eine Sprache, die derart schwammig und unbestimmt ist, wäre sinnlos - man könnte damit nicht kommunizieren. Jedes Gespräch wäre so haltlos wie das Interpretieren moderner Lyrik ...

Als Retter in der Not fungieren die Partikeln, die eindeutig festlegen, wer was womit für wen tut (schade, dass man so was nicht bei der letzten Gedichtinterpretation hatte, was?).

Mit Partikeln ausgestattet, könnte unser Satz zum Beispiel lauten:

konpyûtâ-**de** tomodachi-**wa** watashi-**ni** mêru-**o** kaku
„Mit dem Computer schreibt der Freund an mich ein Mail.“

Jetzt ist der Sinn klar.

Man könnte aber mit anderen Partikeln auch einen anderen Satz basteln:

> tomodachi-**no** konpyûtâ-**de** watashi-**wa** mêru-**o** kaku
>
> „Mit dem Computer meines Freundes schreibe ich ein Mail."

Eine völlig andere Bedeutung, dabei haben sich nur die Partikeln geändert.

Was versuche ich damit zu zeigen? Nun, vielleicht will ich beweisen, wie wichtig die Partikeln sind. Klar kann man oft Sätze intuitiv erfassen, auch wenn man die Partikeln überhört hat. Klar lassen sogar die Japaner bisweilen Partikeln weg, wenn kein Zweifel besteht, wovon die Rede ist. Und trotzdem - in vielen Fällen erschließen erst diese kleinen Wörtchen den Gesamtzusammenhang, und das nicht nur bei langen, komplizierten Sätzen, sondern schon bei kurzen Ausrufen oder Fragen.

Es gibt etwa zwei Dutzend wichtige Partikeln. Manche davon haben nur eine einzige Funktion, andere mehrere unterschiedliche Bedeutungen. Nehmen wir uns einen der Burschen nach dem anderen vor! Damit wir uns nicht bei jedem Beispielsatz mit einem Haufen neuer Vokabeln herumschlagen müssen und darüber womöglich das wirklich Wichtige (nämlich die Partikeln) übersehen, mache ich etwas Unerhörtes, geradezu Revolutionäres und tue so, als wären japanische Sätze aus deutschen Wörtern und japanischen Partikeln zusammengesetzt.

Partikeln gibt es in zwei Sorten. Die einen treten mitten im Satz auf und stehen dann, wie schon mehrfach erwähnt, hinter den Wörtern, auf die sie sich beziehen. Die anderen, von denen wir noch nicht gesprochen haben, stehen am Ende des Satzes und beziehen sich auf den gesamten Satz.

o - das Objekt der Begierde

o ist eine wichtige Partikel, die man allerdings leicht überhört. Für Leute, die sich in der Gesellschaft von Grammatik-Fachbegriffen wohlfühlen, hier die Definition: Die Partikel **o** bezeichnet das direkte Objekt (das Akkusativ-Objekt) in einem Satz.

Was soll das heißen? Nun, wenn ich etwas kaufe, trage, kaputtmache, anschaue oder lese, dann ist dieses „Etwas" das Objekt meiner Tätigkeit. Ich kaufe *etwas*. Ich trage *etwas*. Ich lese *etwas*. Als man uns in der Schule beizubringen versuchte, was ein Akkusativ ist, hat man uns gelehrt zu fragen: „wen oder was?“. Wen oder was kaufe ich? Ein Brot, zum Beispiel, also ist das Brot das Objekt. Es wird Zeit für die ersten Beispielsätze. Ich unterlege mal alles grau, was als Objekt fungiert:

> Ich habe das Brot-**o** weggegessen.
>
> Würden Sie bitte mein Koffer-**o** tragen?
>
> Das-**o** glaube ich Ihnen nicht, Sie Betrüger!
>
> Kannst du mir Band 29-**o** von diesem Manga mit den prallen Mädchen ausleihen?
>
> Hast du der komische Typ-**o** in der U-Bahn gesehen?

All das sind Objekte (**o** wie Objekt ist doch leicht zu merken, oder?).

Werfen wir zwischendurch einen kleinen Blick auf die Grammatik unserer eigenen Sprache: Im Deutschen ist es sehr, sehr schwierig, das Objekt im Satz zu bezeichnen. Manchmal sieht man dem Objekt gar nicht an, dass es eines ist – „das Brot“ aus „ich habe das Brot weggegessen“ könnte auch ein Subjekt sein, wie in „das Brot schmeckt lecker“. Da muss man es am Zusammenhang erkennen. Oft muss man im Deutschen den halben Satz verändern, nur um zu zeigen, was das Objekt ist: „de**n** komische**n** Typ**en**“ zum Beispiel. Ganze drei Mal zeigt man hier an, dass der Typ ein Objekt sein soll – ob der Junge diesen Mordsaufwand wert ist?

Im Japanischen knallt man hinter das gesamte Objekt ein **o** und ist zufrieden. Und das macht man durchgängig, ohne Ausnahmen. Das bedeutet, nicht nur Hauptwörter (Substantive) bekommen ihr **o**, sondern auch Pronomen.

> Willst du ich-**o** beleidigen?

„ich-**o**“ bedeutet „ich“ als Objekt, also das deutsche Wort „mich“.

> Kann ich der-**o** mal sehen?

„der-**o**“ ist „der“ als Objekt, also „den“.

Natürlich kann es sich bei Objekten auch um abstrakte Dinge handeln, wie zum Beispiel in dem Satz:

> Ich habe die Adresse-**o** vergessen.

Und auch bei Fragewörtern, die als Objekt verwendet werden, ist – o Wunder – die Partikel **o** immer im Spiel:

Was-**o** soll ich essen?

Wer-**o** hast du gestern in der Stadt gesehen?

Auf Deutsch muss es im letzten Satz freilich „*wen* hast du gesehen" heißen, denn „wen" ist ja nichts anderes als die Objekt-Form von „wer".

Sate, mondai desu:

39. **Kare** heißt „er". Wie könnte man **kare-o** (er-**o**) auf Deutsch übersetzen?

a. sein　　b. ihm　　c. ihn

40. Vor welchem dieser Verben kann man ein direktes Objekt erwarten?

a. finden　　b. weinen　　c. kommen

ga - der Täter wird enttarnt

Was wäre, wenn die Welt aus lauter Objekten bestehen würde? Nicht mal ein Philosoph kann sich das richtig vorstellen, zumindest nicht in nüchternem Zustand - es gehört eben zum Leben dazu, auch mal das Heft in die Hand zu nehmen und in aller Selbstherrlichkeit selbst etwas zu tun oder zu sein. Was hilft das Lesen der spannendsten Mangas, wenn ich es nicht sein darf, der das tut?

Ein Subjekt wird mit der Partikel **ga** markiert. Wie schon bei **o**, gilt das wiederum für allerhand Wortarten, einschließlich Pronomen oder Fragewörter, daher können wir Sätze bauen wie diese:

Wer-**ga** liest hier Mädchen-Mangas?

Ich-**ga** lese sie.

Welches Auto-**ga** gehört deinem Vater?

Das große Auto mit dem Stern-**ga** gehört meinem Vater.

Mein Kopf-**ga** kocht über von der japanischen Grammatik, und meine Füße-**ga** schlafen ein.

Einfach mal in den langsam gesprochenen Passagen eines Animes nach jedem **ga** suchen, und schon weiß man, wer oder was etwas tut oder eine bestimmte Eigenschaft hat. Die Partikel entscheiden darüber, welches

Wort der Täter ist und welches das Getane. In dem *deupanischen* (oder *japeutschen*) Satz

> Annette-**ga** hat Felix-**o** erwürgt

entscheiden **ga** und **o** kompromisslos über Leben und Tod. Der scharfsinnige Detektiv kombiniert sofort: Es geben wirklich nur die Partikeln Aufschluss über dieses verabscheuungswürdige Verbrechen, nicht etwa die Wortstellung, denn die Mörderin hätte auch versuchen können, die Spuren zu verwischen und den Satz folgendermaßen zu bilden:

> Felix-**o** hat Annette-**ga** erwürgt.

Als Super-Schnüffler, die wir die Psyche des Japanischen kennen, lassen wir uns von diesem billigen Trick nicht irritieren, blicken hinter das Blendwerk der im ersten Moment verwirrend erscheinenden Wortstellung und erkennen mit der Klarheit eines polierten Bergkristalls, dass Felix das Opfer und Annette die Mörderin ist.

Mit dem Japanischen verhält es sich wie mit den Gepäckstücken, die auf dem Flughafen aufs Band gepurzelt kommen. Ihre Reihenfolge ist beliebig - nur die Namensschilder verraten, was Sache ist, welcher Koffer welchem Passagier gehört. Obwohl wir uns am Anfang eher auf die Vokabeln konzentrieren werden als auf die Partikeln, werden wir umso mehr verstehen, je besser wir ein **ga**, ein **o** und all die anderen aus dem Sprechschwall herausfiltern können.

Sate, mondai desu:

41. „Yoshiko-**o** hat Ken'ichi-**ga** gesehen." Wer wurde gesehen?

a. Yoshiko   b. Ken'ichi   c. keiner von beiden

ni - Einstein war zu spät

Die beiden Partikeln **o** und **ga** hatten jeweils genau eine Bedeutung. Die eine markierte ein Objekt, die andere ein Subjekt. Nun könnte man annehmen, dass jede Partikel des Japanischen genau eine einzige Funktion hat. Aber wenn man an diesem Weltbild festhalten möchte, dann sollte man niemals **ni** sagen.

Manchmal wird eine einzige Partikel in völlig verschiedenen Funktionen benutzt. **Ni** ist ein Paradebeispiel dafür, denn wahrscheinlich hat keine Partikel so viele abweichende Bedeutungen. Wir greifen die drei wichtigsten heraus.

1. **Ni** kann eine Richtung ausdrücken. Im Gegensatz zu politischen Bewegungen, bei denen man nie hundertprozentig weiß, worauf sie eigentlich abzielen, ist es bei Verben der Bewegung meist klar, wohin die Bewegung geht, zum Beispiel:

> Jeden Morgen zu Fuß die Schule-**ni** gehen, ist lästig, aber gesund.
>
> Morgen fahren wir das Meer-**ni**.
>
> Beim Wettrennen bin ich wieder mal als erster das Ziel-**ni** gekommen.
>
> Es ist schon spät, und wenn ich jetzt nicht Hause-**ni** gehe, wird das heute nichts mehr.

Ganz gleich, wie es im Deutschen übersetzt wird („in die Schule", „ans Meer", „ins Ziel", „nach Hause") - jedes Mal geht es um eine Richtung oder ein Ziel, und das bekommt im Japanischen die Partikel **ni**. Auch Wörter wie „hier" und „dort" können auf das **ni** nicht verzichten.

> Komm schnell hier-**ni**, du Hirni!

2. Aber nicht nur das Ziel einer Bewegung, auch der Ort, an dem sich etwas oder jemand befindet, wird mit **ni** markiert. Das sieht dann so aus:

> Ich glaube, meine Schwester ist ihr Zimmer-**ni**.
>
> Liegt Sapporo Südjapan-**ni** oder Norden-**ni**? (Letzteres ist der Fall.)
>
> Deine Brille ist ganz weit dort drüben-**ni**. Siehst du sie nicht?

Angenommen, in einem Satz taucht die Formulierung **Tôkyô-ni** auf. Man könnte nicht mit Sicherheit sagen, ob man es mit „nach Tôykô" (Richtung) oder „in Tôkyô" (Ort) übersetzen soll, solange man den Zusammenhang nicht kennt. Erst, wenn man beispielsweise das Wort für „kommen" herausgehört hat, weiß man, dass eine Richtung gemeint ist.

3. Die dritte Funktion des Allroundtalents **ni** besteht darin, einen Zeitpunkt anzuzeigen, meist in Verbindung mit Datumsangaben, Wochentagen oder Uhrzeiten. Das entspricht unseren Wörtchen „am“ oder „um“.

> Mein Geburtstag ist 13. Juni-**ni**.
>
> Mittwoch-**ni** fällt die erste Stunde aus.
>
> Sechs-Uhr-**ni** beginnt der Film.

Mir fällt da Einstein ein. Der Mann sprach doch in seiner Speziellen Relativitätstheorie von der Relativität der Bewegung und der Relativität von Raum und Zeit. Ich möchte hier keine mysteriösen Verschwörungstheorien aufstellen, aber komischerweise verwendet die japanische Sprache eben für diese drei Phänomene (Bewegung, Raum und Zeit) dieselbe Partikel **ni**. Als wollte sie uns sagen: Hey, das läuft doch alles auf dasselbe hinaus!

Falls die Japaner tatsächlich schon seit Jahrhunderten wissen, was wir Europäer erst durch Einstein erfahren haben, stehen wir wieder einmal ziemlich belämmert da. Fehlt jetzt nur noch, dass die Japaner auch die Currywurst erfunden haben - und das Münchner Oktoberfest.

Sate, mondai desu:

42. Was kann „Bahnhof-**ni**“ *nicht* bedeuten?

a. zum Bahnhof b. der Bahnhof c. im Bahnhof

e - hin und weg

Nachdem wir also beinahe beweisen konnten, dass alle wichtigen Entdeckungen zweimal gemacht werden (von einem namenlosen japanischen Hofastronom und - Jahrhunderte später - von Albert Einstein), wird uns das folgende auch nicht mehr überraschen: Neben **ni** gibt es noch eine zweite Partikel, die die Richtung bezeichnet, und diese muss den genialen, aber viel zu spät geborenen Physiker auf seine berühmteste Gleichung $E=mc^2$ gebracht haben. Die zweite Richtungspartikel heißt nämlich **e**.

Ursprünglich gab es einen spitzfindigen Unterschied zwischen **ni** und **e** (**ni** bezeichnet eher das Ziel, **e** eher die Richtung), doch im heutigen Japanisch tut man normalerweise so, als hätte man das nicht bemerkt ...

Ich will nie mehr Deutschland-**e** zurück.

Wo-**e** fährt dieser Bus?

Er fährt Stadtmitte-**e**.

Halten wir uns nicht länger damit auf. Die Partikel **e** hört man e ziemlich selten.

Sate, mondai desu:

43. Wie kann man „Hause-**e**“ noch formulieren?

a. Hause-**ga** b. Hause-**o** c. Hause-**ni**

kara, made - von bis alles geboten

Bis hierher und nicht weiter - das mag der geneigte Leser bei jeder weiteren Partikel denken, die ihm gnadenlos vor die Nase gesetzt wird. Daher sollten wir uns zunächst einmal merken, was „von/ab“ und „bis“ heißt. Es handelt sich um die zur Abwechslung mal nicht einsilbigen Partikeln **kara** („ab“) und **made** („bis“).

12 Uhr-**kara** 1 Uhr-**made** ist Mittagspause.

Nächsten Montag-**kara** Samstag-**made** bin ich in Urlaub.

Stuttgart-**kara** Frankfurt-**made** fahre ich mit dem Zug.

Wie man sieht, spielt es keine Rolle, ob „von - bis“ zeitlich gemeint ist oder räumlich. Und natürlich kann man beide Partikeln auch einzeln verwenden.

Nächste Woche-**kara** gehe ich ins Karate.

Wenn es Japan-**made** nicht so weit wäre, würde ich gerne mal hindüsen.

Sate, mondai desu:

44. In dem Satz „Ich habe einen Brief aus Amerika bekommen“ heißt es ...

a. Amerika-**made** b. Amerika-**ni** c. Amerika-**kara**

Japanisch-Lerner, die gut Französisch können, müssen jetzt *énormément* auf der Hut sein, denn sie werden Gefahr laufen, der schönen Partikel **de** eine falsche Bedeutung zuzuschreiben. Da Französisch und Japanisch nicht miteinander verwandt oder verschwägert sind, scheren sich die Japaner keinen Deut um so schöne Dinge wie „coucher de soleil" oder „pomme de terre" und geben ihrer Partikel **de** zwei völlig andere Funktionen mit auf den Weg.

1. Zum einen markiert **de** das Instrument oder Mittel, mit dem man etwas tut. Beispielsweise:

> Der ehrenwerte Japanischlehrer schreibt Kreide-**de** etwas Unlesbares an die Tafel.
>
> Der ehrenwerte Japanischlehrer kommt Fahrrad-**de** in den Unterricht, weil er sich ein Auto nicht leisten kann.
>
> Was-**de** isst man das? - Stäbchen-**de**.

2. Die zweite Bedeutung von **de** ist für uns langnasige Europäer äußerst schwer verdaulich, denn sie scheint nicht wirklich Sinn zu machen, und in den uns vertrauten Sprachen gibt es keine Entsprechung dafür. **De** markiert - ähnlich wie **ni** - einen Ort. Allerdings meint **de** den Ort, an dem etwas geschieht, während **ni** einfach den Ort bezeichnet, an dem sich jemand oder etwas befindet.

Was heißt das? Sehen wir uns zwei Beispiele im Vergleich an:

> Wo-**ni** ist Oma? - Oma ist die Küche-**ni**.
>
> Wo-**de** bäckt Oma den leckeren Käsekuchen? - Die Küche-**de**.

Es kommt also darauf an, ob man nur darüber redet, wo sich Oma aufhält, oder darüber, wo sie eine bestimmte (in diesem Fall sehr lobenswerte) Tätigkeit ausübt. Je nachdem wird zwischen den Partikeln **ni** und **de** entschieden. Beim Sprechen immer an diesen kleinen Unterschied zu denken, artet schon in Stress aus, und auch nach vielen Jahren ertappt man sich bei Flüchtigkeitsfehlern. Wieder einmal ist es einfacher, nur zuhören zu müssen, denn die Japaner beherrschen diese launige Differenzierung mit so schlafwandlerischer Sicherheit, dass man meinen könnte, sie hätten ein eigenes Gen dafür.

Typische **de**-Sätze sind also:

> Wenn meine Eltern nicht Hause-**ni** sind, schaue ich das Wohnzimmer-**de** fern.
>
> Sollen wir das China-Restaurant-**de** essen oder lieber der Grieche-**de**?

Sate, mondai desu:

45. In dem Satz „Ich lese in der Bibliothek ein Manga" heißt es ...

a. Bibliothek-**de** b. Bibliothek-**ni** c. Bibliothek-**o**

no - Adel verpflichtet

No ist wiederum eine Stolperfalle für alle Leute, die Englisch, Italienisch, Spanisch oder ähnliche Sprachen beherrschen, denn mit einer Verneinung hat diese Partikel nichts zu tun - no way! Und noch einen weiteren Fallstrick hält das Wörtchen bereit, wie wir gleich sehen werden. Man hört es aber so häufig, und es ist so wichtig für das Verständnis eines Satzes, dass man es sich unbedingt gründlich vorknöpfen sollte.

No drückt immer eine Zugehörigkeit aus. Das kann ein Besitz sein, eine Zuordnung zu etwas, oder auch ein räumlicher Zusammenhang (was ich damit meine, erkläre ich ein bisschen weiter unten). In vielen Fällen kann man **no** mit dem deutschen Wort „von" übersetzen. Fangen wir mit Besitzverhältnissen und Zugehörigkeiten an:

> Das ist Larissa-**no** Schirm. Finger weg!
>
> Wo ist denn ich-**no** Füller geblieben?
>
> Bist du jetzt eigentlich Paul-**no** Freundin oder Kevin-**no** Freundin?

Im Deutschen kann man solche Sätze auf zwei verschiedene Arten bilden. Man kann sagen: „Das ist Larissas Schirm" oder „Das ist der Schirm von Larissa". Inhaltlich gibt es keinen Unterschied, aber im Deutschen ändert sich die Reihenfolge im Satz, je nachdem, ob wir das Genitiv-s verwenden oder das Wort „von". „Larissas Schirm" - „der Schirm von Larissa". Einmal steht die Besitzerin vorne und der Besitz hinten, im anderen Fall ist es genau umgekehrt. Im Japanischen gibt es nur eine einzige Möglichkeit, nämlich die Partikel **no**. Aber wie steht es da mit der Reihenfolge?

Die Reihenfolge ist die unseres deutschen „Larissas Schirm“ → „Larissa-**no** Schirm“. Der Besitzer steht vorne, das Besessene hinten.

Nehmen wir an, wir sehen irgendwo im Internet eine Überschrift, die **Nihon no bungaku** heißt, und wollen herausfinden, worum es auf dieser Seite geht. Das **no** erkennen wir mühelos als unsere Partikel, und vielleicht wissen wir auch, dass **Nihon** „Japan“ bedeutet. Das Wort **bungaku** ist uns sicher unbekannt - wir schlagen es irgendwo nach, in einem Wörterbuch oder auf einer Übersetzungsseite im Netz. Wir finden heraus, dass **bungaku** „Literatur“ heißt. Damit haben wir alle Wörter zusammen und müssen uns nur noch fragen, wie wir sie ordnen sollen. Bedeutet **Nihon no bungaku** „Japans Literatur“ (also japanische Literatur), oder heißt es vielmehr „Das Japan der Literatur“ (zum Beispiel die Rolle Japans in der Literatur)?

Eben habe ich behauptet, die Reihenfolge der Wörter im **no**-Satz sei die gleiche wie im deutschen Satz „Larissas Schirm“ → „Larissa-**no** Schirm“. Damit ist klar, was **Nihon no bungaku** bedeutet, nämlich „Japans Literatur“, „japanische Literatur“ oder „Literatur von Japan“, und nichts anderes.

Mit anderen Worten: Man kann **no** auf verschiedene Weise übersetzen, muss aber höllisch aufpassen, dass die Reihenfolge stimmt. Denken wir uns eine Formulierung wie:

Seite 20-**no** Buch.

Mit dem Sprachgefühl, das wir aus dem Deutschen oder Englischen mitbringen, sieht das sehr nach „Die Seite 20 von dem Buch“ oder „Die Seite 20 des Buches“ aus. Die Übersetzung macht ja auch wunderbar Sinn, also lehnen wir uns zufrieden zurück und träumen von einer Karriere als Simultandolmetscher Japanisch-Deutsch und von den damit verbundenen Honoraren in astronomischer Höhe.

Leider ist die Übersetzung falsch, und unser Luftschloss zerplatzt - vorerst - wie eine Seifenblase. Denn der Besitzer steht im Japanischen eben vor dem **no**. Damit gehört nicht die Seite 20 dem Buch, sondern das Buch der Seite 20. In schlechtem Deutsch, aber inhaltlich korrekt, würde das in etwa heißen: „Seite 20s Buch“. Anders gesagt, wir müssen den Ausdruck mit „das Buch auf Seite 20“ oder „das Buch von Seite 20“ übersetzen. Vielleicht handelt es sich um einen Verlagsprospekt, in dem viele Bücher vorgestellt werden, und wir wollen von jenem auf Seite 20 reden.

Die Partikel **no** hat uns hier ihr gefährliches Inneres offenbart. Während es bei allen anderen Partikeln meist möglich ist, intuitiv „im Vorbeihören" die Bedeutung zu erfassen, muss man bei **no** richtig mitdenken. Erst, wenn man verinnerlicht hat, dass der Herr vor dem **no** steht, und nicht der Sklave, kann man solche Konstruktionen ohne Missverständnisse erschließen. Keine Angst – daran hat man sich schnell gewöhnt.

Apropos mitdenken: Vielleicht möchte mich inzwischen jemand der Lüge bezichtigen, denn einige Seiten weiter vorne habe ich eine riskante Behauptung aufgestellt, die nun zu zerbröckeln scheint. Ich habe doch tatsächlich gefaselt, die Reihenfolge im japanischen Satz sei beliebig, da die Partikeln die Beziehungen der Wörter zueinander regeln. Wie soll ich das jetzt noch halten, jetzt, wo ich gezeigt habe, dass „Seite 20-**no** Buch" etwas ganz anderes ist als „Buch-**no** Seite 20"? Wie kann ich angesichts solcher Tatsachen noch die längst überholte Meinung vertreten, Reihenfolge spiele keine Rolle?

Trotzdem, ich erdreiste mich, bei meiner Behauptung zu bleiben.

Warum tue ich das? Aus spießiger deutscher Rechthaberei heraus? Oder etwa aus der japanischen Furcht heraus, das Gesicht zu verlieren?

Nein. Streng genommen ist ja auch im **no**-Satz nicht die Reihenfolge entscheidend, sondern die Partikel. Klebt **no** an „Seite 20", dann ist Seite 20 eben der Boss, und das Buch muss sich ihr unterordnen. Klebt **no** an „Buch", dann gebietet das Buch über die Seite 20. Eine Formulierung wie

Buch, Seite 20-**no**

ist im Japanischen nicht sehr häufig, kann aber in der gesprochenen Sprache durchaus vorkommen. Die Formulierung ist vollkommen eindeutig und bedeutet dasselbe wie

Seite 20-**no** Buch

Es kommt also wieder nur auf die Etikettierung durch die Partikeln an, nicht auf die Reihenfolge. Der Koffer des Barons Waldemar von Hüpfensee bleibt ein adeliger Koffer, ganz gleich, ob er als erstes oder als letztes übers Laufband kommt. Sein Namensschild weist ihn als das aus, was er ist – der Koffer eines „von Hüpfensee". Und sein Besitzer bleibt immer ein „von", ob er First Class fliegt oder Economy, vorn oder hinten im Flugzeug. Der Herr hat eben ein **no**, der Bürgerliche nicht. Wie der Adel unseres Landes ein „von" als Etikett mit sich herumträgt, wohin er auch geht, so trägt im Japanischen jedes Wort, das zum Herrn eines anderen wird, ein „von“ mit sich herum – also ein **no**. Das Japanische adelt gewissermaßen jeden, über den es spricht. Wenn das keine romantische Sprache ist! Da wird quasi jede zerknitterte Kamera-Gebrauchsanweisung zum „Goldenen Blatt“ ...

Aber zurück zu den Anwendungen unserer Partikel **no**. Wir haben gesehen, dass Besitzverhältnisse (Larissas Schirm) damit ausgedrückt werden können. Das funktioniert natürlich auch, wenn der Besitzer ein Pronomen ist. „Ich-**no**“ bedeutet also so viel wie „mein“, „du-**no**“ bedeutet „dein“, usw. Auch andere Arten von Zugehörigkeiten lassen sich ausdrücken.

> Mein Haus-**no** Türglocke ist defekt.
>
> Ich würde gerne japanische Sprache-**no** Mangas lesen können.
>
> Heute-**no** Mittagessen war recht genießbar.

Mit **no** werden auch lange Verknüpfungen gebildet. Den Satz mit der Türglocke hätte ich eigentlich anders schreiben müssen, nämlich

> Ich-**no** Haus-**no** Türglocke ist defekt.

Solche Sätze auf die Spitze zu treiben, ist ein Vergnügen für sich:

> Ich-**no** Mallorca-**no** Haus-**no** Vordertür-**no** Glocke-**no** Knopf ist defekt.

Wer die Logik hinter einem solchen Satz verstanden hat, kann mit etwas Übung auch komplexe japanische Sätze verstehen. Für eine Übersetzung ins Hochdeutsche dröselt man die **no**-Schnur normalerweise von hinten auf: „Der Knopf der Glocke der Vordertür meines Hauses in (von) Mallorca ist defekt.“

In verschiedenen deutschen Dialekten gibt es aber Möglichkeiten, das so zu sagen, dass es dem Japanischen ein kleines bisschen näher kommt. Zum Beispiel „Meinem Haus in Mallorca seiner Vordertür ihre Glocke ist defekt.“ Auch sagen wir in der Umgangssprache oft nicht „die Glocke der Vordertür“, sondern „von der Vordertür die Glocke“, und das entspricht dem japanischen Denken sehr genau.

Wie im Deutschen kann man auch im Japanischen das Besessene weglassen, wenn man den Besitzer nennt.

> Ist das Sie-**no** Sitzplatz? – Klar ist das ich-**no**!
>
> Essen Sie lieber Japan-**no** Reis oder China-**no**? – Japan-**no**.

Wem schon der Kopf schwirrt, der sollte sich vor dem Weiterlesen jetzt eine heiße Schokolade mit einem Spritzer Sahne gönnen, denn es kommt noch ein Zusatz zu der Partikel **no**, der vielleicht ein wenig schwer zu verstehen ist.

Es gibt eine Konstruktion mit **no**, die uns nachhaltig verwirren mag. Dabei geht es um Ortsangaben. Wir haben uns bereits mit **ni** und **de** herumgeschlagen und stirnrunzelnd hingenommen, dass das Japanische bizarre Unterscheidungen trifft, ob sich an einem Ort einfach nur etwas oder jemand befindet, oder aber ob sich dort etwas abspielt. Manchmal möchte man aber ganz genau sagen, ob sich etwas vor, hinter, auf, unter, neben, innerhalb oder außerhalb von etwas anderem befindet. In den meisten europäischen Sprachen hat man dafür Präpositionen, eben diese ganzen Wörter, die ich eben aufgelistet habe: „vor", „hinter", usw.

Im Japanischen sind all diese Ortsangaben aber Substantive (Hauptwörter). Deshalb muss man zum Beispiel sagen:

> Ich nehme an, dass sich das Fahrrad Haus-**no** vorne-**ni** befindet.

Anstatt zu sagen, das Fahrrad sei „vor dem Haus", sagt man also, es befinde sich „vom Haus am Ort vorne", oder, in viel besserem Deutsch: „auf der Vorderseite des Hauses". Ganz so fremd ist uns diese Konstruktion ja gar nicht. Wir müssen uns nur zwingen, statt „vor" „auf der Vorderseite von" zu sagen, statt „in" „im Inneren von" und so fort.

Natürlich funktioniert das mit den Sätzen genauso, in denen sich an einem Ort etwas abspielt und bei denen man folglich **de** für den Ort verwendet.

> Ich schlafe öfter Bett-**no** neben-**de** als Bett-**no** oben-**de**.
>
> Sollen wir uns Bahnhof-**no** vorne-**de** treffen oder lieber Bahnhof-**no** innen-**de**?

Sate, mondai desu:

46. „Dein Hund" heißt ...

a. du, Hund-**no** b. Hund-**no** du c. du-**no** Hund

47. Was bedeutet „Baum-**no** hinten-**de**"?

a. hinter dem Baum b. hinter den Baum c. der Baum dahinter

to - wenn ich mit dir und du mit mir

Drei Bedeutungen quetschen sich in dieses kleine Wörtchen.

1. Die erste davon entspricht unserem deutschen „und".

> Kann ich bitte eine Fahrkarte-**to** eine Platzkarte bekommen?
>
> Hey, ich spreche fließend Mongolisch-**to** Usbekisch-**to** Ukrainisch (nur habe ich zufällig gerade keine Lust dazu).
>
> Franz-**to** Fritz gingen spazieren und trafen dabei Helga-**to** Hilde.

Wie man sieht, steht bei längeren Aufzählungen immer wieder das **to**, im Gegensatz zum Deutschen, wo man „Mongolisch, Usbekisch und Ukrainisch" sagen und sich damit ein „und" sparen würde.

Und noch eine weitere Besonderheit gibt es. In dem Satz von Franz, Fritz, Helga und Hilde habe ich ein deutsches „und" stehen gelassen, ohne es in ein **to** umzuwandeln. Und das mit gutem Grund: Im Japanischen verwendet man die Partikel **to** ausschließlich, um zwei Substantive oder Pronomen miteinander zu verbinden. Man kann damit keine Verben, Adjektive oder ganze Sätze verknüpfen - das schafft man mit einer bestimmten Endung, der sogenannten „Te-Form", die im Kapitel „Endungen" und im Hauptteil auf Seite 73 vorgestellt wird.

Oft wird **to** auch in der Bedeutung von „mit" benutzt, so wie in den folgenden Sätzen:

> Ich gehe meine Frau-**to** ins Kino.
>
> Du bist er-**to** zusammen gesehen worden, weißt du das?

Im Prinzip bedeutet „und" und „mit" ja fast dasselbe. Lediglich die Perspektive, aus der das Geschehen beschrieben wird, verschiebt sich ein wenig.

> Yumi-**to** Saori spielen Tennis.
>
> Yumi spielt Saori-**to** Tennis.

Das deutsche „mit" hat ja zwei unterschiedliche Bedeutungen: „mit jemandem zusammen" und „mit etwas als Instrument". Im Englischen ist diese Unterscheidung ein wenig schwierig. Die erste Bedeutung bildet man mit „with“ („with you“), die zweite von Fall zu Fall mit „with“ („with a hammer“) oder „by“ („by train“). Im Japanischen ist die Sache klarer – „mit Tarô“ heißt **Tarô-to**, „mit dem Hammer“ oder „mit dem Zug“ ist „Hammer-**de**“ bzw. „Zug-**de**“.

2. Die nächste Bedeutung von **to** ist „wenn“ oder „als“. Diesmal kommt die Partikel nicht hinter einem einzelnen Wort, sondern hinter einem ganzen Teilsatz, denn sie bezieht sich nicht auf ein Substantiv, sondern auf ein Geschehen. Sie ist also eine der sogenannten Satzpartikeln, die ich am Anfang des Grammatikkapitels erwähnt habe. Premiere!

> Ich kam nach Hause **to**, war meine Tante zu Besuch gekommen.
>
> Man schreibt mit dem Computer **to**, geht es schneller als von Hand.
>
> Du denkst richtig nach **to**, wirst du es schon verstehen.

Oft steht die Bedingung oder der Zeitpunkt vorne, wie in diesen Beispielen. Aber auch umgekehrt kann man dasselbe ausdrücken. Das **to** macht den Umzug nach hinten brav mit.

> Wir sind verloren, unser Plan klappt nicht **to**.
>
> Es war gerade Winter, ich reiste nach Japan **to**.

Und manchmal steht der **to**-Satz auch alleine. Dann ist es meistens eine Bedingung, deren Konsequenz man sich denken muss – oder denken kann.

> Ich warne Aya nicht vor den Vampiren **to**, ...

Solche Sätze drücken oft aus, dass man etwas unbedingt tun muss. Wenn man es nicht tut, werden die Folgen so schaurig sein, dass man gar nicht daran denken möchte.

3. Die schwierigste Sache habe ich mir wieder einmal bis zum Schluss aufgehoben (falls jemand hier einschlafen oder aufgeben sollte, hat er wenigstens zwei der drei Bedeutungen von **to** gelesen). **To** fungiert auch als sogenannte Zitatpartikel. Das heißt nichts anderes, als dass man **to** braucht, wenn man direkte oder indirekte Rede in einen Satz packen möchte, also das, was jemand sagt, denkt oder schreibt. Das ist im Grunde nicht schwierig, nur wieder einmal etwas ungewohnt und exotisch. Auch dieses **to** ist natürlich eine Satzpartikel und steht einfach am Ende des Zitats.

Sie liebt mich nicht **to** hat sie vor allen Leuten behauptet.

Boygroups verursachen Nierensteine **to** steht in dieser Musikzeitschrift.

Das hat keinen Sinn **to** finde ich.

Martin **to** heiße ich.

Man kann sich das als Kurzform für „Zitat Ende“ vorstellen oder als gesprochenes „Anführungszeichen oben“. Der Unterschied ist nur, dass man diese Kommentare im Deutschen nur ganz selten braucht (beim Diktat zum Beispiel), während man sie im Japanischen immer, immer, immer verwendet. Auch wenn sich jemand vorstellt, wie im dritten Beispielsatz, ist der Name gewissermaßen das, was zitiert wird.

Sate, mondai desu:

48. In dem Satz „Ich gehe mit Nami spazieren“ heißt es ...

a. Nami-**o** b. Nami-**to** c. Nami-**de**

wa - ein schwieriges Thema, wa?

Hand aufs Herz: Eigentlich würde ich lieber ein Eis essen gehen, als über die Partikel **wa** zu schreiben. Dabei schreibe ich normalerweise gerne über Grammatik. Bei dieser Partikel allerdings kann einem die Lust gehörig vergehen. Sie ist gewissermaßen wie dieses Eis mit Kaugummigeschmack - damit kann man sich das Eisessen abgewöhnen.

Fleißige Sprachwissenschaftler haben ganze Bücher über **wa** geschrieben (und das ist jetzt kein Scherz). Immer, wenn ich in meinen Volkshochschulkursen über **wa** spreche, hole ich vorher ganz tief Luft, werfe einen Blick auf die Uhr, ob die Stunde nicht vielleicht schon vorüber ist, und überlege mir dann, wie ich es anstelle, den Kursteilnehmern etwas begreiflich zu machen, was eigentlich kaum zu durchschauen ist.

In einer ähnlichen Situation befinde ich mich jetzt.

Wa ist die Partikel für das Thema des Satzes.

Das Thema des Satzes ist das, worüber man eine Aussage machen oder eine Frage stellen möchte.

Was bedeutet das?

Also: Man kann sagen, dass es in den allermeisten Sätzen, die die Menschen sprechen, etwas Bekanntes und etwas Unbekanntes gibt. Anders ausgedrückt, wir verbinden alte Informationen mit neuen Informationen. Das ist der Hauptzweck, zu dem Menschen überhaupt Sprache benutzen.

Angenommen, ich erzähle jemandem: „Meine Festplatte hat gestern den Geist aufgegeben." Mein Gegenüber weiß, was ich mit „meine Festplatte" meine. Er weiß, dass ich einen PC besitze, und er weiß außerdem, dass ein PC normalerweise über eine Festplatte verfügt. All dies ist keine neue Information für ihn. Deshalb erzähle ich ihm nicht lang und breit etwas über den Aufbau von PCs. Es macht wenig Sinn, jemandem etwas zu erzählen, was dieser schon weiß (obwohl man durch ständige Wiederholungen Leute manchmal dazu bringen kann, etwas Unglaubliches zu glauben). Ich beginne den Satz, indem ich ihm klarmache, worüber ich reden möchte. Ich sage „meine Festplatte", und schon ist sein Hirn auf Empfang, bereit, neue Informationen über dieses alte Thema aufzunehmen. Die neue Information besteht darin, dass die Platte über den Jordan ist. Je nach Veranlagung wird er mich dafür bemitleiden oder in schadenfrohes Kichern ausbrechen.

Im Deutschen haben wir keine eindeutige Möglichkeit, das Satzthema, also die alte Information, über die wir etwas Neues sagen wollen, zu markieren. Oft ist das Thema gleichzeitig das Subjekt des Satzes, wie in dem Beispielsatz von eben. Aber das muss nicht so sein. Ein Beispiel: „Wo hast du *den Wagen* geparkt?" - „*Den Wagen* habe ich hinters Haus gestellt." Sowohl in der Frage als auch in der Antwort ist das Thema des Satzes „den Wagen", also kein Subjekt, sondern ein Objekt. Die neue Information, nach der man sich erkundigt, ist nicht der Wagen selbst, sondern der Ort, an dem er steht.

Die Partikel **wa** markiert diese alte Information.

Im Deutschen geben wir dem Satzthema meistens den bestimmten Artikel mit auf den Weg - „die Festplatte“, „den Wagen“. Als Japanischdozent könnte man daher sagen: „**Wa** entspricht unseren bestimmten Artikeln ‚der', ‚die', ‚das', usw. ‚Der Mensch' heißt **hito-wa**. Ist doch ganz einfach, ihr Dummerchen.“ Tatsächlich kann man sich das notfalls so merken, denn in vielen Fällen kommt es hin. Aber längst nicht immer. In dem Satz „Der letzte Freitag war der Geburtstag von Petra“ ist der letzte Freitag das Thema des Satzes, und die Tatsache, dass es Petras Geburtstag war, ist die neue Information. Trotzdem steht im Deutschen in beiden Fällen der bestimmte Artikel „der“. Drehe ich den Satz um und sage: „Der Geburtstag von Petra war der letzte Freitag“, dann ist „der Geburtstag von Petra“ das Thema (möglicherweise bin ich eben danach gefragt worden), und meine neue Information ist, das er am letzten Freitag war. In der deutschen Sprache entscheidet oft nur die Reihenfolge oder die Betonung darüber, was die alte und was die neue Information ist.

Wenn man bedenkt, dass man mit dem Wörtchen **wa** ganz klar markieren kann, wo die alte Information aufhört und die neue beginnt, ist das ja im Grunde ausgesprochen praktisch.

> Herr Yamada-**wa** ist schon lange mein Freund.
>
> Mein Wörterbuch-**wa** ist schon ziemlich ausgefranst.
>
> Auf dem Boden-**wa** liegt eine Jacke rum. Die-**wa** gehört wem?
>
> Was ich sagen wollte-**wa**, ist, dass ich ... äh ... jetzt hab' ich's vergessen.

Um sich vor Augen zu führen, was **wa** eigentlich bedeutet, kann man es mit „was ... betrifft“ übersetzen. Zwar verwendet man diese umständliche Redewendung im Deutschen glücklicherweise nicht in jedem Satz, aber sie gibt genau die Bedeutung von **wa** wieder. **Wa** bedeutet: Das ist der Teil des Satzes, über den ich jetzt gleich eine Aussage mache oder eine Frage stelle.

Dabei hat **wa** die Eigenschaft, die beiden Partikeln **ga** und **o** zu ersetzen. Bei allen anderen Partikeln wird sie einfach hinzugefügt. Schauen wir uns noch mal die Unterschiede an:

> Wer-**ga** kommt morgen zur Party? - Yoshiko-**ga** kommt bestimmt.

Hier wird nach „wer“ gefragt. Ein Fragewort kann nie eine alte Information sein und daher auch nie ein **wa** bekommen. Und auch die Antwort auf eine Frage ist automatisch eine neue Information. Deshalb bekommt Yoshiko hier ein **ga**. Das hat nichts damit zu tun, ob ich Yoshiko kenne oder nicht. Auch wenn sie meine älteste Freundin überhaupt ist, spielt sie in diesem Satz die Rolle einer neuen Information, denn ich erfahre ja eben erst, dass sie es ist, die kommt.

Anders im folgenden Gespräch:

> Yoshiko-**wa** kommt um wie viel Uhr? – Yoshiko-**wa** kommt gegen sechs.

Hier ist Yoshiko das Satzthema, denn die Frage und Antwort dreht sich um die Uhrzeit. Hier sind weitere **wa**-Sätze:

> Das vergorene Bohnenmus-**wa**, wie schmeckt dir das?
>
> Den Typen da drüben-**wa**, kennst du den?
>
> Mein Zimmer-**ni**-**wa** stehen zwei Fernseher.
>
> Diese Uni-**de**-**wa** habe ich ein Jahr lang studiert.
>
> Okayama-**made**-**wa** fährt nur dieser eine Zug.

Wenn man sich die Sätze genau durchliest, spürt man vielleicht, dass **wa** auch bisweilen eine Art Hervorhebung darstellt. Von Ôsaka aus in Richtung Westen fahren eine Menge Züge, aber **Okayama-made-wa** (bis nach Okayama) fährt nur der eine.

Weil **wa** auch diese hervorhebende, kontrastierende Funktion hat, kommt es schon mal vor, dass man zwei **wa** in einem einzigen Satz findet.

> Nach China-**wa** fliege ich-**wa** nicht.

„Nach China“ ist die Hervorhebung, „ich“ ist das Thema, und dass nicht geflogen wird, ist die neue Information.

Und noch was: Öfters mal hört man ein merkwürdiges Wort namens **tte**. Das ist eine Abwandlung von **to** und manchmal auch eine Abkürzung von ganzen Satzteilen mit **to**, wie zum Beispiel „die Sache namens ...“ oder „was du gesagt hast“. All das steckt in diesem winzigen Wörtchen. *Kinnlade-runterklapp ...*

In den meisten Fällen hat dieses **tte** also eine ähnliche Bedeutung wie **wa** – es macht etwas zum Thema oder hebt es hervor. Deshalb habe ich es hier eingeordnet und nicht bei **to**.

> Das Ding hier-**tte**, was ist das überhaupt?
>
> Mein großer Bruder-**tte**, das ist ein echter Langweiler.

Man kann mit **tte** auch sehr gut Rückfragen stellen, im Sinne von: „Das, was du gerade gesagt hast, was heißt das?“

> Ich habe einen Dimensionenzerwirbler entwickelt. – Dimensionenzerwirbler **tte**?
>
> Entschuldige, Haruko-chan, ich fühle mich in letzter Zeit ein wenig zu Mika-chan hingezogen ... – Du fühlst dich hingezogen **tte**?

Abschließend vielleicht noch ein beruhigender Hinweis: Im Prinzip verhält es sich mit **wa** wie mit dem Kaugummi-Eis – beides sind lästige, unerfreuliche Dinge, ohne die diese Welt ein wenig besser wäre, aber wenn man damit nicht klarkommt, kann man sie einfach ignorieren. Da **wa** im Deutschen ohnehin keine Entsprechung hat, verändert sich am Sinn des Satzes normalerweise nichts, wenn man jedes **wa** einfach überhört. Dazu kommt, dass Japaner ohnehin gerne das weglassen, was bekannt ist, so dass die Satzteile mit **wa** oft unter den Tisch fallen. Im schlimmsten Fall überhört man mal irgendwo eine kleine Hervorhebung – kein Problem!

Sate, mondai desu:

49. Was ist die alte Information in dem Satz „ich-**wa** gehe nach Hause“?

a. ich b. gehen c. nach Hause

50. Welche dieser Partikeln fällt weg, wenn ein **wa** steht?

a. **ni** b. **de** c. **ga**

mo – auch du, mein Sohn Mo

Mo hat die Bedeutung „auch“ und steht hinter dem Wort, auf das es sich bezieht.

> Meine Eltern-**mo** haben digitales Fernsehen.
>
> Ich will nicht nur den Film, sondern Soundtrack-**mo** haben!

> Das schlimmste ist, wenn man am Samstag-**mo** in die Schule muss.

Grammatikalisch funktioniert **mo** wie **wa** – es ersetzt **ga** und **o** und wird bei allen anderen Partikeln nachgestellt.

> Du kannst Garten-**de**-**mo** Schlagzeug üben – wenn du die Becken und Trommelfelle abmontierst.
>
> Es gibt zwei Uhr-**ni**-**mo** eine Vorstellung.

Oft folgen zwei Satzteile mit **mo** aufeinander, was dann „sowohl ... als auch ...“ bedeutet.

> Lars-**mo** Peter-**mo** geben ihr gesamtes Taschengeld für Mangas aus.
>
> Tôkyô-**ni**-**mo** Kyôto-**ni**-**mo** fährt ein Shinkansen (der japanische ICE).

Japanisch beherrscht einige hübsche Kunststücke. Zwar kann es keine Stöckchen apportieren oder Männchen machen, aber es kann zum Beispiel aus Fragewörtern und der Partikel **mo** Wörter wie „nicht“, „niemand“ oder „nirgends“ bilden.

Mit dem Wort **nani** (was?) lässt sich **nani mo** (was auch immer) bauen. Wenn man dem ganzen noch eine Verneinung hinzufügt, hat man Sätze wie „was auch immer, ich esse es nicht“, oder verständlicher ausgedrückt: „ich esse nichts“. Oder man nimmt das Wort **dare** (wer?) und formt daraus **dare mo**. „**Dare mo** habe ich nicht gesehen“, zu Deutsch: „Ich habe niemanden gesehen.“

Und noch ein Beispiel: „Wo ist Egon?“ – „**Doko ni mo** ist er nicht.“ **Doko ni** heißt „wo?“ Damit heißt unser Satz „Wo auch immer, da ist er nicht“ oder besser: „Er ist nirgends.“

> **Dare-mo** liebt mich nicht.
>
> **Doko-ni-mo** gibt’s keine Ausgabe meines Lieblingsmangas.
>
> **Nani-mo** habe ich nicht gesagt, als er mir in die Augen sah.

Und wenn wir schon beim Stöckchenholen sind – wenn man **demo** an die Fragewörter hängt, erhält man einen Ausdruck der Beliebigkeit. **Nan demo** heißt „was auch immer“ oder „egal, was“. **Dare demo** bedeutet „wer auch immer“, „egal, wer“. Und **doko demo** wäre „wo auch immer“, „egal, wo“.

> Wo sollen wir Fußball spielen? - **Doko demo.**
>
> Was möchtest du essen? - **Nan demo.**
>
> Wen möchtest du küssen? - **Dare demo.**

Sate, mondai desu:

51. Was bedeutet „Bus-**mo**“?

a. auch der Bus   b. auch mit dem Bus   c. auch zum Bus

ka (no, dai, kai) - Fragen über Fragen

Wenn man im Japanischen eine Frage stellt, setzt man ans Ende normalerweise die Partikel **ka** oder **no**. Welche man verwendet, hängt von der Höflichkeitsebene ab, auf der man sich verständigt, bisweilen aber auch vom Geschlecht. Die Partikel macht dabei aus einem ganz normalen Aussagesatz eine Frage. In der höflichen Sprache verwendet man **ka**.

> Können Sie mir sagen, wie ich zum Bahnhof komme **ka**?
>
> Was geschieht, wenn man auf diesen Knopf drückt **ka**?
>
> Wünschen die Herrschaften noch etwas mehr rohen, aber toten Fisch **ka**?

Oft weist ein **ka** am Ende des Satzes auch auf ein Selbstgespräch hin - man reibt sich die Stirn und stellt sich selbst eine Frage.

> War es der rechte Weg **ka**? Oder doch der linke **ka**?

Auch in sehr ruppiger, meist männlicher Rede hört man die Partikel **ka** ab und zu. Aber wenn sich Japaner im vertrauten Kreis einigermaßen gesittet unterhalten, benutzen sie meist **no**.

> Bist du sicher, dass der Religionsunterricht morgen ausfällt **no**?
>
> Hast du meinen Brief bekommen **no**?
>
> Echt **no**?

Es gibt noch zwei weitere Partikeln, die eine Frage markieren können: **dai** und **kai**. Sie finden vor allem im Freundeskreis Anwendung, wo keine besondere Höflichkeit vonnöten ist, und da sie etwas rau klingen, werden sie auch bei barschen Fragen eingesetzt, häufiger von Männern als von Frauen.

> Was soll denn das **dai**?
>
> Ach, du hältst dich wohl für etwas besonderes **kai**?
>
> Bist du bereit **kai**? Dann kann der Kampf losgehen.

Hängt man die Partikel **ka** an Fragewörter an, erhält man Wörter wie „irgendwas", „irgendwer", „irgendwo" oder „irgendwann".

nani (was)	→ **nani ka** (irgendwas, irgendetwas)
dare (wer)	→ **dare ka** (irgendwer, irgendjemand)
doko (wo)	→ **doko ka** (irgendwo)
itsu (wann)	→ **itsu ka** (irgendwann)

to ka - Partikeln oder so

... **to ka** kann man ungefähr mit „oder so" übersetzen. Diese Partikel-Kombination kann am Ende des Satzes oder auch nach Substantiven stehen. Besonders Jugendliche verwenden **to ka** ständig und beinahe in jedem Satz. Es bedeutet nicht viel, drückt lediglich aus, dass man nur ein beliebiges Beispiel bringt, nichts Definitives sagen möchte.

> Möchtest du ein Eis **to ka** essen?
>
> Ich glaube, der Fluchtwagen war grün **to ka** blau **to ka** rot **to ka** ...
>
> Was soll das heißen, du liebst mich nicht mehr? Hast du den Verstand verloren **to ka**?
>
> Was ich abends mache? Animes schauen **to ka**, Mangas lesen **to ka**, mit Freunden weggehen **to ka** ...

yo - yo man!

Yo ist gewissermaßen ein ausgesprochenes Ausrufezeichen. Es steht am Ende des Satzes und verleiht der Aussage oder der Aufforderung mehr Nachdruck. Bitte? Nein, es klingt viel besser als das sehr gebildete deutsche „ey", und mit Hiphop hat es auch nichts zu tun ...

> Das ist meine Freundin **yo**!
>
> Lass mich nicht alleine hier **yo**!
>
> Ich meine das wirklich ehrlich **yo**!

ne, nee, naa - ich schmelze dahin

Ne ist, ähnlich wie **yo**, eine Art der Betonung. Allerdings springt einem **ne** nicht so sehr ins Gesicht, sondern wirkt eher beeindruckt, begeistert, hingerissen oder sonst wie emotional berührt. Im Deutschen verwendet man in solchen Fällen gerne „aber" oder „ja", wie in „ist das aber heiß heute" oder „das ist ja irre!".

> Das ist super **ne**!
>
> Was für eine wunderschöne Melodie **ne**!

Wenn man tief beeindruckt ist, dehnt man das **ne** gerne zu einem emotionalen **nee**. Und auch **naa** gibt es - das wirkt besonders nachdenklich, manchmal auch traurig.

> Jetzt ist der Sommer schon wieder vorbei **naa**.
>
> Was Naomi gesagt hat, gibt mir zu denken **naa**.

Manchmal wird **ne** auch wie das norddeutsche „ne?" verwendet, im Sinne von „nicht wahr?". Damit kann man sich vergewissern, ob der Gesprächspartner verstanden hat und vielleicht sogar derselben Meinung ist.

> Der Mann da drüben in den karierten Hosen - das ist doch dieser verrückte Manga-Zeichner, **ne**?
>
> Japanisch ist ziemlich schwierig, **ne**?

ze, zo - Wills-ze Zoff, ey?

Rrrrichtige Männer, denen die Partikeln **yo** und **ne** nicht stark genug sind, benutzen **ze** oder **zo** meist, um ihr machohaftes Getue aufzupeppen. Es ist ein bisschen, als würden sie sich auf einen Schemel stellen. Meistens vergewaltigen sie dabei auch ihre Stimmbänder und versuchen zu klingen, als wären sie in einen Gulli gefallen.

> Die Kleine aus der Parallelklasse ist Zucker **ze**!
>
> Ob du's glaubst oder nicht, ich verdiene so viel wie du und Bill Gates zusammen **zo**!

wa - was für wahre Weiber

Zu harten Männern gehören anschmiegsame Frauen, und wenn die zornigen, zackigen, zähnefletschenden Zorros **ze** oder **zo** sagen, dann halten sich die weichen, wehrlosen, wimpernschlagenden Weibchen lieber an **wa**. Dieses **wa** hat mit jenem, das wir weiter vorne behandelt haben, nichts zu tun. Es steht am Ende des Satzes und drückt eine Betonung aus, ähnlich wie **yo**, **ne**, **ze** oder **zo**, bleibt aber den Frauen vorbehalten.

> Ich mache mir schreckliche Sorgen **wa**.
>
> Du bist ein schmuckes Kerlchen **wa**.

sa - und dann sa-sa-sa-sag ich ...

Ein **sa** am Ende des Satzes kann verschiedene Stimmungen ausdrücken. Leichtigkeit zum Beispiel.

> Kein Problem **sa**!
>
> Das kriege ich schon hin **sa**!

Wenn ein Satz aber durch eine große Zahl von **sa** geradezu zerstückelt wird, deutet das auf große Begeisterung oder mangelnde Konzentration hin - sehr häufig bei Leuten, die es nicht gewohnt sind, große Reden zu halten.

> Und weißt du **sa**, der Kerl **sa**, der mit der Lederjacke **sa**, der hat gestern **sa**, ...

kana, kashira - ob es wohl wahr ist?

Manchmal fühlt man sich unsicher, ob etwas wohl so ist, wie man animmt. Nicht immer wendet man sich an andere, oft fragt man auch sich selbst: „Ob dieser ölige Kerl mit den Goldzähnen wohl tatsächlich mein Onkel ist, wie er behauptet ...?“ Dieses nachdenkliche Zweifeln steckt in **kana** (oft **kanaa** gesprochen und geschrieben).

> Ist die Erde wirklich eine Scheibe **kana**?
>
> Wenn ich dem Drachen auf den Schwanz trete, wird er dann friedlich weiterschlafen **kanaa**?

Sehr häufig hört man die Redewendung **„sô kana?“** - „hm, ob das wirklich so ist?“ Das klingt zweifelnd, und man verwendet es als Kommentar zu einer wenig vertrauenswürdigen Aussage. „Keine Sorge. Uns passiert schon nichts. Wachleute in geheimen Militärlabors schießen nicht einfach so auf unbefugte Eindringlinge.“ - **„Sô kanaa ...“**

In der Frauensprache ist auch die Partikel **kashira** gebräuchlich. Sie hat dieselbe Bedeutung.

> Er hat mich eine dumme Kuh genannt. Ist er in mich verliebt **kashira**?

> 43 Kilo bei 1,63 m Körpergröße! Bin ich zu dick **kashira**?

Obwohl **kana** und **kashira** hauptsächlich für Fragen an sich selbst Verwendung finden, kann man sie auch für vorsichtige, zurückhaltende Fragen an andere benutzen: „Äh, ob Sie mich wohl liebenswürdigerweise durchlassen könnten ...?“

> Ich habe jetzt alle meine Komplizen verpetzt und Ihnen zudem noch Muttis Geheimrezept für Himbeermarmelade verraten. Könnten Sie mir jetzt vielleicht die Daumenschrauben abnehmen **kanaa**?
>
> Dürfte ich kurz mal deinen Kampfroboter borgen **kashira**?

Partikeln für „weil“ und „aber“

Einige der Partikeln, die uns schon begegnet sind, haben noch weitere Funktionen. Zum Beispiel das Wörtchen **kara**, das ja eigentlich „von, ab“ heißt - es bedeutet auch „weil“, wenn es als Satzpartikel gebraucht wird. Dabei steht **kara** immer am Ende jenes Satzes, der den Grund angibt. Man muss also wieder einmal elastisch denken.

> Ich habe mir den Fingernagel abgebrochen **kara**, kann ich leider nicht am geliebten Geräteturnen teilnehmen.
>
> Du bist ein Mädchen **kara**, können wir dich nicht in unseren Verein gegen Diskriminierung aufnehmen.

Die Reihenfolge der Satzteile kann natürlich auch hier variiert werden - doch das **kara** bleibt immer am richtigen Platz.

> Ich liebe dich. Du hast den schnellsten CD-Brenner **kara**.

Manchmal beginnen Sätze mit dem Wort **dakara**. Das setzt sich zusammen aus **da** (sein, ist) und **kara** - „weil es so ist“. Es entspricht also unserem Wort „deshalb“.

> Die Götter haben Bauchweh. **Dakara** donnert es.

Auch die Partikel **ga** hat als Satzpartikel eine besondere Funktion. Sie drückt einen Gegensatz aus und entspricht damit unserem „aber“.

> Chinesische Schriftzeichen machen Spaß **ga**, sie sind schwer zu merken.
>
> Die Renten sind hundertprozentig sicher **ga**, man sollte sich nicht darauf verlassen.

Die gleiche Bedeutung hat auch das Wörtchen **keredomo**, das gerne zu **keredo** oder **kedo** verkürzt wird.

> Ich hatte vor, das Schiff vor dem Abflug zu warten **keredomo**, dann kam dieses und jenes dazwischen, und ... äh ...
>
> Gut, ich hätte das Kleid erst kaufen sollen, sobald ich es auch bezahlen kann **kedo**, bis dahin ist es doch längst veraltet!

Für noch stärkere Widersprüche gibt es die Partikel-Kombination **no ni**. Sie drückt ungefähr das aus, wofür wir im Deutschen das Wort „obwohl" haben.

> Du bist Träger des lilanen Fadenkreuzes **no ni**, du triffst nicht einmal mit dem Kirschkern in den Mülleimer?

Manchmal lassen sich die Sätze mit **kara**, **ga**, **kedo** und **no ni** nicht ohne weiteres ins Deutsche übersetzen, weil die Partikeln nur eine Art Stimmung andeuten. Zum Beispiel lassen Japaner gerne Sätze offen und sagen: „Der Wetterbericht hatte null Prozent Regenrisiko gemeldet **no ni** ...". Wenn man das im Deutschen mit „obwohl" übersetzt, klingt es etwas holprig. Man müsste vielleicht sagen: „Tja, eigentlich hatte der Wetterbericht ja null Prozent Regenrisiko gemeldet ..." oder „Wenn ich mir überlege, dass der Wetterbericht usw."

Dazu kommt, dass man im Japan **kara** auch in Befehlen oder Bitten verwendet. „Ich komme gleich nach **kara**, geh schon mal vor." Erst wenn man das übersetzen will, merkt man, dass es im Deutschen plötzlich nicht funktioniert. „Geh schon mal vor, weil ich gleich nachkomme" ist kein schöner deutscher Satz, auf Japanisch aber kein Problem.

na - weitgereiste Adjektive

Am Schluss noch eine Partikel, die ziemlich aus der Reihe tanzt. Um sie zu erklären, muss ich ein wenig vorgreifen. Im nächsten Kapitel, in dem es um Endungen geht, werde ich behaupten, alle Adjektive (Eigenschaftswörter) des Japanischen enden auf **-i**. Das stimmt für die Adjektive, die tatsächlich aus der japanischen Sprache stammen – die reinrassigen, sozusagen. Allerdings wimmelt es im Japanischen auch von Wörtern, die aus dem Chinesischen, aus dem Englischen oder aus anderen Sprachen übernommen wurden. Auch eine große Zahl von Adjektiven ist darunter.

Nun hätte es wenig Sinn gemacht, wenn die Japaner auf stur geschaltet und gesagt hätten: „Wir nehmen nur Adjektive an, die zufällig auf den Laut **-i** enden. Alle anderen können wir in unserer Sprache nicht gebrauchen." Nach diesen Richtlinien hätte man zwar das englische Eigenschaftswort „ugly" einführen können, die schönen Wörter „beautiful" oder „handsome" hätte man aber abweisen müssen.

Klugerweise hat man lieber alle Adjektive eingeführt, die man für nützlich hielt, und einen *Damn* darauf gegeben, auf welchen Laut sie endeten. Stattdessen hat man eine neue Wortklasse geschaffen, eine Klasse von Eigenschaftswörtern aus fremden Sprachen.

Wenn diese Adjektive vor Substantiven stehen, erhalten sie die Partikel **na**. Deshalb nennt man sie oft auch na-Adjektive.

> Glückwunsch, das ist eine sinnvoll-**na** Art und Weise, mit Adjektiven umzugehen.
>
> Machen Sie doch endlich einmal einen praktikabel-**na** Vorschlag!

Übrigens: Auch das schöne deutsche Wort „energisch" ist ein japanisches na-Adjektiv geworden. Man spricht es **enerugisshu**.

Geschafft!

Mit diesen gut zwanzig Partikeln (es gibt noch ein paar mehr, aber die sind sehr selten) kann man die kompliziertesten Sätze bauen, zum Beispiel so was hier:

> Musstest du-**mo** Donnerstag-**ni** Haus-**kara** Schule-**made** Fahrrad-**de** fahren, weil Busfahrer-**ga** Bus-**o** Graben-**ni** gelenkt hat **no**?
>
> Ich-**wa** meine Freundin-**to** Film-**o** anschaue **to**, bin ich immer total high **yo**!

Das wäre doch mal ein nettes Spiel für die nächste dröge Party! Wer spricht fließend Deutsch mit japanischen Partikeln?

Vorsicht, gefälschte Partikeln im Umlauf!

Wenn ich heute anfangen würde, zum Spaß deutsche Artikel zu erfinden, würde man mich vermutlich für ziemlich albern halten. Ich könnte einen Krimi schreiben, in dem mein pfeifeschmauchender Detektiv immer „paff Motiv", „paff Alibi" und „paff hohe Gericht" sagt. Ich denke, auf die Idee ist bei uns noch niemand gekommen.

Im Lande der aufgehenden Sonne ist so etwas Gang und Gebe. Ein Beispiel sind sprechende Tiere: Katzen machen in Japan nicht „miau", sondern **nyaa** - wenn Katzen in Animes sprechen, enden ihre Sätze daher meistens auf **nyaa**, **nya** oder **nyan**. Hunde machen in Japan **wan**, und sagt einer dieser Vierbeiner in einem Anime einen Satz, könnte das so klingen: „Wo ist mein Fressnapf **wan**?" Manche Animetexter und Mangaautoren machen beinahe schon einen Sport daraus, verschiedene Satzschlusspartikeln für die verschiedensten Tiere, Phantasiewesen und Außerirdischen zu erfinden. Es fungiert als Erkennungszeichen und wirkt witzig, wenn die Sätze der kleinen Elfe alle auf -**chupi** enden, oder wenn das Urzeitmonstrum sagt: „Menschen **garu**! Ich will frische Menschen **garu**!"

Nicht jede Satzschlusspartikel findet man also im Grammatikbuch. Zu den Phantasiepartikeln kommen noch die, die in verschiedenen japanischen Dialekten vorkommen. Es gibt tatsächlich Gegenden, in denen Sätze auf **ki, ken, ya, de, pe** oder **be** enden, so wie sie im Standardjapanisch auf **yo** oder **ne** enden können. Partikelvielfalt ohne Ende!

Hey, Teacher! In den Animes verwenden die viel weniger Partikeln!

Spätestens, wenn man mal das Glück hat, einen gesprochenen Satz in ganzer Länge zu verstehen, wird man eines feststellen: es sind nicht unbedingt alle Partikeln vorhanden, die man erwartet hätte. In der Umgangssprache werden sie gerne haufenweise weggelassen. Das gilt natürlich nur für diejenigen Partikeln, die für das Verständnis des Satzes entbehrlich sind, und das sind in erster Linie **wa**, **ga** und **o**. Die Sätze hören sich dann ein bisschen an wie „Yuki Film schauen will", wo es eigentlich heißen müsste „Yuki-**wa** Film-**o** schauen will." Und auch die Fragepartikeln am Ende des Satzes können manchmal fehlen – dafür wird mit der Stimme hochgegangen, damit man den Satz als Frage erkennen kann.

Die meisten unserer kleinen Wörtchen aber sind absolut unerlässlich, damit das Gesagte einen Sinn ergibt. Partikeln wie **no**, **to**, **mo**, **kara** oder **made** werden niemals weggelassen, ganz gleich, wie hastig oder nachlässig man spricht, ganz gleich, wie ungebildet, raubeinig oder außerirdisch der Sprecher ist.

Noch kurz am Rande: vor **da**, **desu** oder anderen Formen des Wörtchens „ist" steht keine Partikel. Zum Beispiel: **Hamada-san-wa pairotto desu** („Herr/Frau Hamada ist Pilot/in").

5. 3. Die Endungen

Wenn ein Wort eine Waffe ist (und die kann es manchmal sein), dann ist die Endung des Wortes sozusagen die Pose, mit der ich die Waffe halte. Ich kann eine Waffe halten, um mich zu schützen, um jemanden zu bedrohen, um jemanden von etwas abzuhalten und zu etwas zu bewegen, einfach, um cool auszusehen, oder um zu unterstreichen, wie Recht ich habe. Das gleiche geht auch mit Worten – ich kann positive oder negative Feststellungen treffen, vorschlagen, auffordern oder befehlen, und außerdem kann ich Worte benutzen, um Bedingungen zu stellen. Waffen auch.

Ich hasse Waffen, weil ich denke, dass man damit immer wie jemand aussieht, der eigentlich im Unrecht ist und es nicht zugeben möchte. Und im Grunde ist das ja bei Worten nicht viel anders. Wer eiskalte, militärische Befehle austeilt, verbirgt dahinter oft seine Unsicherheit, wer sich geschraubt und kompliziert ausdrückt, hat vielleicht Angst davor, seine Wissenslücken zu offenbaren, und wer große Reden schwingt, der fürchtet sich wohl ein bisschen davor, dass ihm niemand zuhört.

In den meisten Sprachen gibt es Wörter, die sich verändern können, und andere, die sich nicht verändern. So ist es auch im Japanischen. Uns interessieren hier diejenigen, die sich verändern können – „beugen" sagt man im Deutschen dazu, als ob die Wörter katzbuckeln und sich krümmen würden. Und wenn man genau hinschaut, dann ist das im Deutschen und in vielen anderen europäischen Sprachen ja tatsächlich der Fall. Die Wörter verbeugen sich vor den einzelnen Personen. „Ich nehme", „du nimmst", „er nimmt" – immer muss das Wort „nehmen" sich seinem Subjekt anpassen und sich verformen und verbiegen lassen. Das sind zigtausend Verbeugungen in einem einzigen Buch.

Im Japanischen ist das anders. So gerne die fernöstlichen Inselbewohner sich in mehrfachen Kotaus ergehen, so ungern tun das die Wörter ihrer Sprache. Das Japanische verfügt über keinerlei Personalendungen: der Tätigkeit ist es egal, wer sie ausführt, und der Eigenschaft ist es gleich, auf wen sie sich bezieht. Es gibt auch keine grammatikalischen Geschlechter, also keine männlichen Mülleimer, weiblichen Wände und sächlichen Sofas und damit auch keinen Grund für Adjektive, sich daran anzupassen ... wie ein muffiger Mülleimer, eine weiße Wand oder ein salamanderfarbiges Sofa. Die Wörter verändern sich nur, wenn es um etwas wirklich

Wichtiges geht, zum Beispiel um den Unterschied zwischen Gegenwart und Vergangenheit oder darum, einen Vorschlag von einem Befehl zu unterscheiden.

Trotzdem scheint es im Japanischen irrsinnig viele Endungen zu geben. Das rührt daher, dass man auch Sachverhalte mit Endungen ausdrückt, für die wir in Europa eigene Wörter benutzen. Zum Beispiel werden Verneinungen im Deutschen mit „nicht" ausgedrückt (nicht schlafen, nicht billig), im Englischen mit „not", im Spanischen mit „no" und so weiter - im Japanischen dagegen wird das Wort selbst verändert, „schlafen" hat eine andere Endung als „nicht schlafen", „billig" eine andere als „nicht billig".

Es gibt in der merkwürdigen Welt der Linguistik einen wunderschönen Ausdruck für Sprachen wie das Japanische. Sie heißen „polysyllabisch agglutinierend". Das bedeutet, allgemeinverständlich ausgedrückt, dass die Wörter mehrere Silben haben und an einen Wortstamm verschiedene Endungen gepappt werden können. Das klingt vielleicht, als ob Deutsch auch eine von diesen „mehrsilbig anpappenden" Sprachen wäre, da es im Deutschen ja auch Endungen gibt. Aber der erste Eindruck täuscht. Das Deutsche zählt zu den flektierenden, also beugenden Sprachen, weil zum Beispiel „schwimmen" - „schwamm" - „geschwommen" nichts mehr mit Anpappen zu tun hat, sondern weil die Wörter dabei richtig brutal verdreht und zerquetscht werden. Eine schöne „pappende" Sprache ist zum Beispiel Türkisch - wer Türkisch kann, ist an Partikeln, an mehrere aufeinanderfolgende Endungen und dergleichen gewöhnt und tut sich mit der japanischen Grammatik viel leichter.

Wenn man Japanisch richtig gut *sprechen* möchte, sollte man diese Endungen alle kennen und auch wissen, wie sie angehängt werden, denn dafür gibt es verschiedene Regeln. Um Japanisch nur *verstehen* zu können, muss man diese Regeln nicht in allen Details verinnerlicht haben. Es reicht, wenn man heraushören kann, welche Wortstämme es sind und in welche Richtung die Endungen weisen. Stellen sie fest oder fragen sie, bejahen oder verneinen sie, machen sie einen Vorschlag, bringen sie eine Bitte vor oder erteilen sie einen Befehl? Um noch einmal das Beispiel mit den Waffen zu bemühen: Man muss nicht Fechten gelernt haben, um zu verstehen, was es bedeutet, wenn im Film Schauspieler A einen Degen an die Kehle von Schauspieler B hält. Schließlich muss man die Bewegung nicht selbst ausführen. Wenn im Anime jemand etwas fragt, muss man als Zuschauer darauf nicht antworten können. Es reicht, wenn man versteht, dass es eine Frage war. Die Antwort übernimmt schon jemand anderes für uns - schneller, als es uns lieb ist.

Am Anfang ist es nicht einfach, Wortstämme und Endungen beim Hören auseinander zu halten. Angenommen, jemand ruft **tabenasai**. Wie soll man das Wort teilen? Ist **tabena** der Stamm und **sai** die Endung? Oder ist **tabe** der Stamm und **nasai** die Endung? Mit jeder Endung, die man kennt, kann man das Gehörte besser ordnen, und im Laufe der Zeit schälen sich immer mehr Wörter und Sätze aus dem Lautgewirr.

Die veränderlichen Wortarten im Japanischen sind Verben und Adjektive. Verben bezeichnen Tätigkeiten, Bewegungen und Veränderungen (wie etwa „werfen", „fahren" oder „wachsen"), Adjektive braucht man für Eigenschaften (zum Beispiel „groß", „hell" oder „schwierig"). Alle anderen Wortarten verändern sich nicht.

In herkömmlichen Lehrbüchern werden Verben und Adjektive getrennt voneinander behandelt. Das macht durchaus Sinn, weil sie ja etwas grundsätzlich anderes sind. In den meisten Sprachen würde es nur verwirren, die Endungen von Verben und Adjektiven miteinander zu vergleichen. Wofür sollte es schon gut sein, im Deutschen „nehmen - nahm - genommen" gemeinsam mit „kleiner - kleine - kleines" zu behandeln? Die Veränderungen von Verben und Adjektiven scheinen nichts gemein zu haben. Deutsche, englische oder französische Verben haben beispielsweise Vergangenheitsformen, die Adjektive dieser Sprachen haben keine. Europäische Verben haben Personalendungen, Adjektive nicht. Adjektive verändern sich nach dem Geschlecht ihres Bezugswortes, Verben nicht, und so weiter. Die beiden Wortarten gehen getrennte Wege.

Im Japanischen aber sieht das anders aus. Nicht nur Verben haben Vergangenheitsformen, Adjektive haben auch welche, und diese ähneln sich. Sowohl Verben als auch Adjektive haben eigene Verneinungsformen, und auch diese hören sich ziemlich ähnlich an. Und beide Wortarten haben höfliche und neutrale Formen, und auch diese sind sich etwas ähnlich.

Da wir üben wollen, die Endungen herauszuhören, ist es sinnvoll, uns Verben und Adjektive in einem Aufwasch vorzuknöpfen. Wenn ein Wort zum Beispiel auf **-nai** endet, dann ist dies eine Verneinung, ganz gleich, ob von einem Verb oder von einem Adjektiv.

Und in noch einem weiteren Punkt schlagen wir einen anderen Weg ein als die üblichen Lehrbücher. Ich habe eben erwähnt, dass es höfliche und neutrale Endungen gibt. Ein gutes Konversations-Lehrbuch beginnt mit den höflichen Formen, denn wenn man nach Japan kommt, wird man es zunächst eher mit fremden Leuten zu tun haben als mit guten Freunden, und im Zweifelsfall ist es immer besser, einen Deut zu höflich zu sein als zu unhöflich. „Hey, Alter, lass gefälligst mal das Sushi-Zeug rüberwachsen" ist nicht der Satz, der einem ausländischen Besucher die Türen zu den Herzen der Japaner öffnet (auch wenn manche Japanisch-Lerner zu glauben scheinen, es sei besonders cool, mit Kenntnissen der Vulgärsprache zu protzen). Viele Lehrbücher behandeln daher die neutralen Formen gar nicht oder erst sehr spät.

Im Anime aber sieht es anders aus. Dort unterhalten sich meistens junge Leute, Freunde, Familienmitglieder und geifernde Dämonen, und all diese verwenden in den meisten Fällen die ungezwungenere, vertrautere neutrale Sprache. Deshalb fangen wir frech mit den neutralen Formen an.

Noch eines, ehe wir loslegen: Ich habe behauptet, es gebe zwei Wortarten, die sich verändern - Verben und Adjektive. In Wirklichkeit gibt es noch ein einziges Wörtchen, das sich ebenfalls verändert, das aber weder Verb noch Adjektiv ist. Es heißt **da** und ist das Wort für „sein" wie in „Ich bin Lehrer" oder „Das ist ein Tisch". Im Deutschen ist „sein" ein Verb, aber im Japanischen bildet es eine eigene Wortklasse. Es ist die sogenannte „Kopula". Der Einfachheit halber könnten wir fast so tun, als sei es eine Art unregelmäßiges Verb, denn seine Formen sehen eben ein wenig anders aus als die der Verben.

Was Sache ist - die Gegenwart

In der Gegenwartsform kann man Verben leicht von Adjektiven unterscheiden. Die Verben enden auf **-u**, die Adjektive auf **-i**. Und das ohne Ausnahme.

Zum Beispiel sind **wakaru** (verstehen), **taberu** (essen), **nomu** (trinken), **hanasu** (sprechen), **kaku** (schreiben) oder **suru** (tun) alle Verben. **Suru** ist Bestandteil vieler tausend Verben, denn fast immer, wenn man Verben aus dem Chinesischen übernommen hat, hat man ihnen das Wort **suru** hinzugefügt. So heißt **benkyô** zum Beispiel „Studium, Lernen" und **benkyô suru** „studieren, lernen". Oder **chôsa** heißt „Untersuchung", **chôsa suru** bedeutet „untersuchen".

Da das **u** im Japanischen eher schwach ausgesprochen wird, ist es kein besonders hervorstechendes Merkmal - aber immerhin mehr als andere Sprachen bieten. Man muss nur mal versuchen, im Englischen Verben von Adjektiven an ihren Endungen zu unterscheiden ...

Im Gegensatz dazu sind **ôkii** (groß), **yasui** (billig), **warui** (schlecht, böse) oder **muzukashii** (schwierig) Eigenschaften, also Adjektive. Sie enden brav auf **-i**.

Nun muss man sich vor Augen führen, was diese Wörter alles bedeuten können. Ich habe hinter **wakaru** in Klammern „verstehen" geschrieben, also ist es die Grundform, wie sie im Wörterbuch steht. Wenn man unter „verstehen" nachschlägt, findet man das Wort **wakaru**. Aber das ist nicht alles: **wakaru** bedeutet auch „ich verstehe", „du verstehst", „er/sie/es versteht", „wir verstehen", und so fort. An der Endung ändert sich nichts. Die Japaner lassen die Person gerne weg, die etwas tut, so dass ein einzelnes Wort wie **wakaru** tatsächlich oft ein kompletter Satz ist! Die Bedeutung muss man aus dem Zusammenhang erkennen. Meistens spricht man von sich selbst, wenn man eine Aussage macht, also wird **wakaru** in den allermeisten Fällen „ich verstehe" bedeuten. Hält man gerade eine Rede über den geheimnisvollen grünschuppigen Drachengott, dann bedeutet der Satz **wakaru** eben „der geheimnisvolle grünschuppige Drachengott versteht".

Der japanischen Sprache wird deshalb oft vorgeworfen, schwammig und unklar zu sein. Aber tatsächlich fehlt es nicht der Sprache an Genauigkeit, sondern vielmehr uns Ausländern an Einfühlungsvermögen. Wenn man stets mitdenkt und mitfühlt, anstatt den anderen nur labern zu lassen, kann man in fast 100 Prozent der Fälle genau sagen, von wem und was die Rede ist, auch ohne dass es in jedem Satz immer wieder gesagt wird.

Das gleiche gilt auch für die Eigenschaften. Hat man etwas vor sich und sagt **yasui**, dann meint man damit eben „dieses Ding hier ist billig". Bei Tätigkeiten redet der Mensch meistens von sich, bei Eigenschaften meistens von Dingen oder Personen in der Umwelt.

Man kann vermuten, dass die Geschichte der menschlichen Sprache mit solchen Wörtern angefangen hat, mit einzelnen Adjektiven oder Verben ohne komplexe Satzgefüge und Veränderungen. Manche Sprachen haben sich diese einfachen, griffigen Ein-Wort-Sätze noch bewahrt, die eher treffsichere Assoziationen auslösen als Sachverhalte detailliert zu beschreiben. Im Deutschen, angeblich der Sprache der Dichter und Denker, hat man es fast verlernt, mit einem einzigen Wort einen Satz zu bilden.

Auch wenn man den Satz verneinen möchte, kommt man im Japanischen noch mit dem einen Wort aus, denn man knallt einfach eine Endung dazu. Verneinte Verben enden auf **-nai**, verneinte Adjektive auf **-kunai**, und weil sich das ähnlich anhört und leicht zu merken ist, fallen diese „Ver-**nai**-nungen" im Japanischen auch uns schnell auf.

Das einzige Problem ist, dass die Endungen nicht an die kompletten Wörter gehängt werden, sondern an einen Stamm. Bei den Verben wird oft sogar noch ein sogenannter Bindevokal „a“ eingefügt. Wann das geschieht und wie es dann letztendlich klingt, hängt von der ursprünglichen Endung des Verbs ab. Ich möchte nicht ins Detail gehen. Für unsere Zwecke reicht es völlig, ein Gefühl dafür zu bekommen, wie verneinte Wörter klingen.

wakaru →	wakara**nai**
taberu →	tabe**nai**
nomu →	noma**nai**
hanasu →	hanasa**nai**
kaku →	kaka**nai**
suru →	shi**nai**
da →	dewa **nai**
ôkii →	ôki**kunai**
yasui →	yasu**kunai**
warui →	waru**kunai**
muzukashii →	muzukashi**kunai**

Glücklicherweise wird diese Verneinung meistens sehr deutlich betont, so dass man keine Schwierigkeiten hat, sie zu hören. Problematischer ist es da schon, zu erkennen, wie das ursprüngliche Wort hieß. Da hilft nur Übung.

Die verneinten Formen können wieder alles mögliche heißen. Damit bedeutet **tabenai** „ich esse nicht“, „du isst nicht“, „er/sie/es isst nicht“, „wir essen nicht“, und so fort. Und **yasukunai** kann heißen: „das ist nicht billig“, „diese sind nicht billig“, „ich bin nicht billig“, usw.

Nach dem Genuss einiger Animes wird man bemerken, dass es eine Endung gibt, die dem **-nai** ziemlich ähnlich ist. Oft hört man nämlich Wörter wie **wakaranee**, **tabenee** oder **yasukunee**. Hat diese Endung eine andere Bedeutung oder ist sie nur eine Abwandlung der Ver-**nai**-nung? Sie ist. Vor allem Männer sagen in der lässigen Umgangssprache gerne **-nee** statt **-nai**. Das klingt cool, rau und ziemlich erwachsen. Interessanterweise wird auch im Englischen und Französischen die Buchstabenkombination „ai“ eher wie „ey“, „ee“ oder „ä“ ausgesprochen. Man denke nur an das englische „mail“ oder das französische „mais“. Der Laut „e“ liegt phonetisch irgendwo zwischen „a“ und „i“, deshalb ist es fast schon natürlich, dass **-nai** bei lässigem oder nach-lässigem Sprechen zu **-nee** wird.

Und auch zu einem schlichten **-n** kann die Verneinung in der Umgangssprache verkommen. Das kann etwas ruppig und abweisend klingen, und man macht es nur bei Verben. Beispiele wären **wakaran** („keine Ahnung“) oder **hanasan** („ich sag’ nichts“). In bestimmten Dialekten allerdings ist diese Verneinung vollkommen gebräuchlich und so höflich wie jede andere.

Sate, mondai desu:

52. Welches dieser Wörter ist eine Verneinung?

a. **karui** b. **yomu** c. **hashiranai**

53. Welches dieser Wörter ist *keine* Verneinung?

a. **shiran** b. **shiru** c. **shiranee**

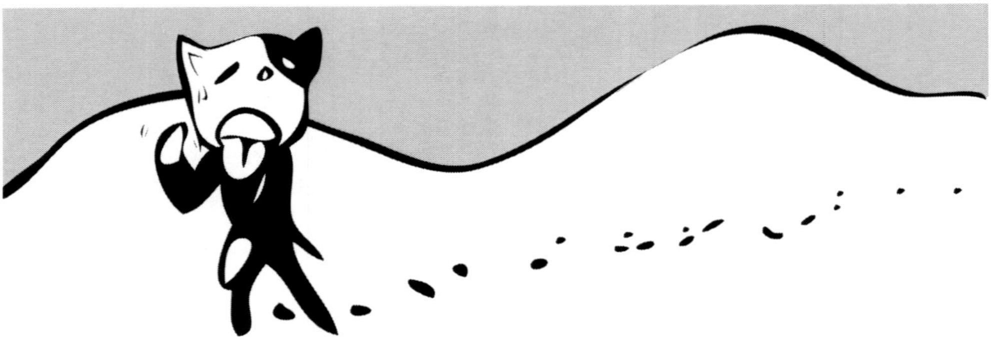

Olle Kamellen - die Vergangenheit

Wie bereits gesagt, haben nicht nur die Verben, sondern auch die Adjektive eine eigene Vergangenheitsform. Und auch diese Formen sind wieder recht einfach und recht ähnlich.

Verben enden in der Vergangenheit auf **-ta**, Adjektive auf **-katta**.

Das geht deutschen Muttersprachlern runter wie Öl, oder? So wie **nai** ein bisschen nach „Nein“ klingt, so klingt **ta** ein wenig wie die deutsche Präteritumendung in „mach-te“, „woll-te“ oder „hat-te“. Es *schmeckt* also ein bisschen nach Vergangenheit.

Natürlich hat die Sache wieder einen kleinen Haken. Die Verben werden beim Anhängen der Endung etwas verändert, lautlich angepasst, und das führt öfters mal dazu, dass man die ursprünglichen Begriffe nicht mehr wiedererkennt. Mitunter verwandelt sich das schöne **ta** auch in ein weiches **da**.

Die Vergangenheitsformen von unseren Beispielverben lauten:

wakaru →	waka**tta**
taberu →	tabe**ta**
nomu →	non**da**
hanasu →	hanashi**ta**
kaku →	kai**ta**
suru →	shi**ta**
da →	dat**ta**

Spätestens bei **kaita** und **shita** ist nicht mehr viel von den ursprünglichen **kaku** und **suru** zu erkennen, bei anderen Wörtern wie **tabeta** hat man weniger Mühe, die Grundform (**taberu**) zu erahnen. Auch hier hilft wieder nur fleißiges Üben, nicht unbedingt, indem man die Formen stundenlang stumpfsinnig vor sich her murmelt, sondern indem man viele Animes immer und immer wieder anschaut, bis man gefühlsmäßig erfasst hat, dass **kaku** und **kaita** dasselbe Wort sind.

„Schön und gut", wird vielleicht so mancher vom Fremdsprachenunterricht Geschädigte nun einwerfen, „angenommen, ich kriege das irgendwann in meinen Schädel rein - das war ja erst eine einzige Vergangenheitsform! Wo bleiben all die anderen, die Present Perfects und die Past Perfects, die Imparfaits und die Passés simples und die ganze lästige Bande?"

Nun, den Japanern ist es gelungen, mit nur einer einzigen Vergangenheitsform eine wirtschaftliche und technologische Supermacht zu werden. Es gibt nur diese eine, und damit **banzai**, äh, basta. Vorbei ist vorbei. Und um das Thema gleich abzuschließen: Auch eine Futur-Form für die Zukunft gibt es nicht. Die Zukunft wird mit der Gegenwartsform ausgedrückt - auch in der deutschen Sprache neigt man ja dazu, „ich komme morgen" zu sagen, anstatt „ich werde morgen kommen".

Habe ich noch etwas vergessen? Richtig, die Vergangenheit der Adjektive. Dabei wird nicht so viel verändert, und die ursprünglichen Wörter lassen sich noch problemlos erkennen.

ôkii →	ôki**katta**
yasui →	yasu**katta**
warui →	waru**katta**
muzukashii →	muzukashi**katta**

Wenn etwas oder jemand groß war, sagt man also ôki**katta**. Die Eigenschaft hat ihre eigene Vergangenheitsform.

Aber damit ist das Ende der Endungen noch nicht erreicht. Wenn die Gegenwart verneint werden kann, kann es die Vergangenheit natürlich schon lange (man beachte unbedingt den feinsinnigen Humor in diesem Satz). Streng genommen wird aber nicht die Vergangenheit verneint, sondern die Verneinung ... äh ... vergangenheitet. Ich will sagen: An die Verneinungsendung wird noch eine Vergangenheitsendung angehängt. Und weil das verneinte Verb (z. B. **wakaranai**) frappierend wie ein Adjektiv aussieht, mit seinem neckischen **-i** am Ende, wird die Vergangenheit davon auch genauso gebildet wie bei Adjektiven, nämlich mit **-katta**.

Und für die Adjektive gilt das natürlich auch, so dass sich die verneinten Vergangenheitsformen von Verb und Adjektiv ausgesprochen ähnlich sind.

wakaru →	wakara**nakatta**
taberu →	tabe**nakatta**
nomu →	noma**nakatta**
hanasu →	hanasa**nakatta**
kaku →	kaka**nakatta**
suru →	shi**nakatta**
da →	dewa **nakatta**
ôkii →	ôki**kunakatta**
yasui →	yasu**kunakatta**
warui →	waru**kunakatta**
muzukashii →	muzukashi**kunakatta**

Kurz gesagt: Wenn ein Satz auf **-nakatta** endet, bedeutet das „war nicht", „hat nicht". **Wakaranakatta** heißt „ich habe nicht verstanden" (oder so ähnlich), **yasukunakatta** heißt „Es war nicht billig" (oder so ähnlich).

Sate, mondai desu:

54. Welche dieser Formen ist eine Vergangenheitsform?

a. **matsu** b. **matta** c. **matte**

55. Wenn **omoi** „schwer" heißt, dann heißt **omokunakatta** vermutlich ...

a. ist nicht schwer b. war schwer c. war nicht schwer

Wo laufen sie denn gerade? - Die Verlaufsform

Wie das Englische, so hat auch das Japanische eine Verlaufsform. Vielleicht brauchen Bewohner von Inselreichen so etwas einfach zum Glücklichsein. Wie den Linksverkehr.

Wie im englischen „I am writing a letter" („ich schreibe einen Buchstaben" oder so) drückt man mit der Verlaufsform meist aus, dass ein Vorgang sozusagen gerade am Passieren ist. Etwas geschieht jetzt, in diesem Augenblick, und es hat eine gewisse Dauer. Das ist auch im Japanischen so.

Außerdem kann die japanische Verlaufsform noch andere Bedeutungen haben. Sie kann einen anhaltenden Zustand ausdrücken oder etwas, das in der Vergangenheit begann und sich bis jetzt fortsetzt - also so eine Art verkappte Present Perfect-Form. Im Grunde geht es immer um eine Dauer, um etwas, das über eine gewisse Zeit hinweg abläuft oder anhält.

Aus dieser Erklärung ergibt sich automatisch, dass Adjektive keine Verlaufsform haben, nicht einmal in der sonst so toleranten japanischen Sprache. Die Dauer steckt in den Adjektiven schon drin, sozusagen ab Werk. Es macht wenig Sinn zu sagen „Die Wand ist jetzt gerade beim Grünsein, und das dauert ziemlich lange, deshalb hat sie jetzt gerade keine Zeit, gelb zu sein. Ruf später noch einmal an."

Und auch **da** („sein") hat keine Verlaufsform. Wem eine Erklärung dafür einfällt, der kann sie mir ja schreiben ...

Also haben wir uns nur mit den Verben rumzuschlagen, und deren Verlaufsform endet im Japanischen auf **-te iru**.

Dabei werden die Wörter auf genau dieselbe Art und Weise lautlich verändert wie bei der Vergangenheitsendung **-ta**. Das führt dazu, dass die Verlaufsform manchmal auch auf **-de iru** gebildet wird. Schauen wird uns die Verben an, die sich freundlicherweise zur Verfügung gestellt haben:

wakaru →	wakat**te iru**
taberu →	tabe**te iru**
nomu →	non**de iru**
hanasu →	hanashi**te iru**
kaku →	kai**te iru**
suru →	shi**te iru**

Die normale Gegenwartsform wird also verwendet, um allgemeine oder zukünftige Ereignisse zu beschreiben („ich schreibe immer Sonntags E-Mails“ oder „ich schreibe dir morgen ein E-Mail“), während die Verlaufsform sagt: „ich bin gerade damit beschäftigt, ein E-Mail zu schreiben“. Das ist der Unterschied zwischen **kaku** und **kaite iru**.

In der Umgangssprache wird diese Endung **-te iru** fast immer zu **-te ru** verkürzt, wie in **tabete ru** oder **hanashite ru**. Ein **i** fällt also heraus. Diese Formen tauchen en masse in jedem Anime auf. Es macht Sinn, sich eine Weile auf sie zu konzentrieren, bis man sie gut heraushören kann.

Wer genügend Zeitreise-Abenteuer gesehen oder gelesen hat, weiß, dass sich ein Geschehen nicht nur in der Gegenwart über eine bestimmte Dauer erstrecken kann, sondern auch in der Vergangenheit. Und wenn man mit der Verlaufsform ausdrücken kann, dass etwas gerade stattfindet, kann man auch sagen, dass etwas gerade *nicht* stattfindet, und wenn man in der Gegenwart sagen kann, dass etwas gerade *nicht* stattfindet, dann kann man auch in der Verg- ... bitte? - Gut, ich höre ja schon auf! Wollte nur ausdrücken, dass sich die Verlaufsform mit allen weiter oben aufgeführten Formen natürlich munter kombinieren lässt. Und dies führt zu einer wahren Flut an Endungen, die auf den ersten Blick vielleicht erdrückend wirkt.

normal	Verlaufsform	Umgangssprache
taberu →	tabe**te iru** →	tabe**te ru**
tabe**nai** →	tabe**te inai** →	tabe**te nai**
tabe**ta** →	tabe**te ita** →	tabe**te ta**
tabe**nakatta** →	tabe**te inakatta** →	tabe**te nakatta**

In Wirklichkeit ist es längst nicht so schlimm. Am wichtigsten sind ja die abschließenden Endungen, und die bleiben brav so, wie sie sind. Sie zeigen Zeit und Bejahung/Verneinung an. Ob dazwischen noch eine Verlaufsform eingeklemmt ist, die man eventuell verpennt hat, weil man die Finger gerade an der Fernbedienung oder in der Chipstüte hatte, ist für die Handlung meist unerheblich. Alle Verlaufsformen herauszuhören, sollte man den Cracks überlassen. Die brauchen auch ihr Vergnügen.

Sate, mondai desu:

56. Wenn **miru** „sehen" bedeutet, was heißt dann wohl in der Umgangssprache „ich sehe gerade"?

a. mite ta　　b. mite ru　　c. mite nai

Bitte mach gefälligst! - Bitten und Befehle

Einen großen Teil von Gesprächen machen Bitten, Aufforderungen und ähnliches aus, bis hin zur strengen Anweisung und Order. Dabei muss nicht alles ein Befehl im engeren Sinne sein, was in der Befehlsform gesagt wird. Wenn ein haushoher Kampfroboter durch einen Fließkomma-Fehler plötzlich strauchelt und einen auf dem Schulweg zu erschlagen droht, nimmt man es gerne hin, wenn ein wildfremder Mensch auf jegliche Höflichkeitsfloskeln verzichtet und barsch „Renn weg!" brüllt.

Bitten und Befehle funktionieren auch im Japanischen nur bei Verben.

Bitten enden sehr oft auf **-te**. Das haben die Japaner deshalb so gemacht, damit es an das flehentlich gehauchte deutsche „Bit-te" erinnert. Nein, haben sie nicht. Aber sie haben uns auch nicht verboten, es uns so vorzustellen.

Wer gerne kompliziert denkt: Es ist die Verlaufsform ohne **iru** am Ende.

wakaru →	waka**tte !**
taberu →	tabe**te !**
nomu →	non**de !**
hanasu →	hanashi**te !**
kaku →	kai**te !**
suru →	shi**te !**

Das ist eine relativ vertrauliche Form, um jemanden um etwas zu bitten, aber nicht unbedingt schroff oder grob. Von hier aus kann man höflicher oder weniger höflich werden. Wenn Japaner es höflicher brauchen, hängen sie noch ein Wort an, wie **chôdai** oder **kudasai**. Im Kapitel über die festen Redewendungen habe ich auf Seite 33 mehr darüber geschrieben, wie Bitten formuliert werden - hier soll es nur um die Endungen gehen.

Will man eine verneinte Bitte formulieren, im Stile von „Bitte tu's nicht!", dann hängt man an die Verneinung **-nai** die Endung **-de** und kommt damit zu **-naide**.

wakaru →	wakara**naide** !
taberu →	tabe**naide** !
nomu →	noma**naide** !
hanasu →	hanasa**naide** !
kaku →	kaka**naide** !
suru →	shi**naide** !

Mit der Endung **-nasai** kann man eine Bitte etwas direkter und heftiger klingen lassen und befindet sich damit quasi an der Schwelle zum Befehl. Eltern kommandieren so gerne ihre Kids herum, und cholerische Vorgesetzte ihre Skla-... äh, Mitarbeiter. Auch wenn diese Endung ein wenig nach Verneinung klingen mag, hat sie damit nichts zu tun, denn es steckt kein **-nai** drin.

wakaru →	wakari**nasai !**
taberu →	tabe**nasai !**
nomu →	nomi**nasai !**
hanasu →	hanashi**nasai !**
kaku →	kaki**nasai !**
suru →	shi**nasai !**

Diese Form wirkt ungeduldig und autoritär. Natürlich kann sie auch lieb gemeint sein - wenn zum Beispiel die hübsche Krankenschwester dem vom Kampf mit den Außerirdischen arg malträtierten Helden mit sanfter Gewalt die Medizin einflößt, von der sein Überleben (und mehr noch: der Fortbestand der Serie) abhängt, dann tut sie das höchstwahrscheinlich mit dem ihrem Berufsstand zustehenden gestrengen **nominasai** - „trink!".

Von der Endung **-nasai** gibt es keine Verneinungsform. „**Rakkî!**" würden die Japaner sagen: „Lucky! Glück gehabt!". Schon eine Form weniger zu lernen.

Neben den relativ zivilisierten Endungen **-te** und **-nasai** gibt es auch eine echte Befehlsform, eine harte, herrische, militärische Endung. Diese wird in Lehrbüchern, die einen Ruf zu verlieren haben, meist verschwiegen - nicht auszudenken, welche Auswirkungen es auf die ohnehin kränkelnde europäische Konjunktur hätte, wenn plötzlich all die empfindsamen japanischen Geschäftspartner durch *Business Japanese* im Stile von „Los! Unterschreib diesen Fetzen!" vergrault würden, nur weil in der Druckerei die Fußnote „Achtung - Vulgärsprache" verschlampt wurde.

Wie so oft setzen auch hier die Unterhaltungsmedien dort an, wo das wirkliche Leben aufhört (oder umgekehrt), und in Mangas, Animes und Computerspielen wimmelt es geradezu von brutalen, arroganten und verletzenden Befehlen. Die Wörter können dabei seltsamerweise auf **-e** oder auf **-ro** enden.

wakaru →	wakar**e !**
taberu →	tabe**ro !**
nomu →	nom**e !**
hanasu →	hanas**e !**
kaku →	kak**e !**
suru →	shi**ro !**

Auch von dieser ruppigen Befehlsform gibt es eine Verneinung. Sie ist in Animes relativ oft zu hören und verwendet das Wörtchen **na**.

taberu →	taberu **na !**
nomu →	nomu **na !**
suru →	suru **na !**

Dieses heftige Verbot wird oft durch die angehängte Partikel **yo** etwas abgeschwächt. **Hanasu na yo!** - „Sag ja nichts!"

Sate, mondai desu:

57. Welche dieser Aufforderungen zum Essen ist die höflichste?

a. **tabete kudasai** b. **tabete** c. **tabenasai**

58. Welche dieser Bitten bedeutet wohl „frag nicht“, wenn **kiku** „fragen“ heißt?

a. **kikinasai** b. **kikanaide** c. **kike**

Let's do it together! - Vorschläge

Vorschläge sind sozusagen die besseren Befehle. Man bezieht sich selbst mit ein und tut so, als wolle man sich an etwas beteiligen. Japan hängt voll mit Schildern, auf denen Sätze stehen wie „Wir wollen doch hier nicht unseren Abfall abladen“, „Halten wir unseren Park sauber“ oder „Lasst uns die Häufchen unserer Hunde aufsammeln.“ Anstatt jemandem etwas zu befehlen oder zu verbieten, zieht man es vor, an die Gruppenpsyche zu appellieren und darauf hinzuweisen, dass alle im selben Boot sitzen.

Vorschläge sind sehr japanisch. Man hört sie häufiger als in Deutschland, sei es, dass man wirklich etwas zusammen anpacken möchte, sei es, dass man anderen eine Order geben will, ohne sie zu beleidigen. In der Tat - wenn ein Krieg das Ende aller Verhandlungen ist, so ist ein Befehl das Ende aller Vorschläge und erfolgt eigentlich erst dann, wenn es unmöglich erscheint, den anderen zu überzeugen.

Vorschläge bildet man im Japanischen mit der Endung **-ô** bzw. **-yô**.

wakaru →	wakar**ô** !
taberu →	tabe**yô** !
nomu →	nom**ô** !
hanasu →	hanas**ô** !
kaku →	kak**ô** !
suru →	shi**yô** !

Wer eifrig mitdenkt, dem wird aufgefallen sein, dass **wakarô** im Grunde nicht viel Sinn macht. „Verstehen wir“ - „let's understand“. Trotzdem - die Grammatik erlaubt diesen Satz, und warum sollten wir uns den Kopf darüber zerbrechen? Wenn man jemandem befehlen kann, etwas zu verstehen („Verstehen Sie doch endlich, Mann, meine Ehre steht ebenso auf dem Spiel wie der Ruf Ihrer Frau!“), sollte man es ihm auch vorschlagen können.

Wie dem auch sei - wichtig für uns ist, dass ein langes **ô** am Ende eines Satzes uns meist signalisiert, dass hier jemand einen Vorschlag macht. Und für Vorschläge sollten wir immer ein offenes ô haben ...

Haben will! - Wünsche

Auch wenn der Buddhismus sagt, dass alles Leiden vom Wollen herkommt, kann man im Japanischen Wünsche ausdrücken und tut dies auch.

Beim Formulieren von Wünschen unterscheidet man, ob man selbst es ist, der etwas tun möchte, oder ob man sich wünscht, dass jemand anderes etwas tut. Für jeden Fall gibt es eine eigene Form. Und das ist gut so, denn dann übersieht man nicht so leicht, dass es zwei vollkommen unterschiedliche Dinge sind ...

Die eine Endung für Wünsche heißt **-tai**. Dabei ist man selbst es, der etwas tun möchte.

wakaru →	wakari**tai**
taberu →	tabe**tai**
nomu →	nomi**tai**
hanasu →	hanashi**tai**
kaku →	kaki**tai**
suru →	shi**tai**

Wenn man selbst keinen Finger rühren möchte und sich vielmehr wünscht, dass jemand anderes „versteht", „isst" oder „schreibt", verwendet man die Endung **-te hoshii**. Das ist die altbekannte **-te**-Endung, die wir schon von der Bitte oder der Verlaufsform her kennen, plus das Wörtchen **hoshii** (gewollt sein, erwünscht sein).

wakaru →	waka**tte hoshii**
taberu →	tabe**te hoshii**
nomu →	non**de hoshii**
hanasu →	hanashi**te hoshii**
kaku →	kai**te hoshii**
suru →	shi**te hoshii**

Sagt also jemand **hanashitai**, dann meint er „ich will reden", während **hanashite hoshii** bedeuten kann: „ich will, dass du redest" oder „ich will, dass er redet", usw.

In beiden Fällen endet der Ausdruck auf **-i**, und das bedeutet, die Wörter werden verwendet, als wären es Adjektive, auch wenn ein Wunsch nach unserem Verständnis nicht viel mit einer Eigenschaft zu tun hat.

Wichtig wird dies in dem Moment, in dem man einen Wunsch verneinen („ich will nicht") oder in die Vergangenheit setzen möchte („ich wollte"), oder gleich beides („ich wollte nicht"). Dabei entsteht wieder eine riesige Zahl von Endungen, die wir eigentlich alle schon kennen und die hier schlicht mit den Wunschformen kombiniert werden.

tabe**tai**	ich *will* essen
tabe**takunai**	ich *will nicht* essen
tabe**takatta**	ich *wollte* essen
tabe**takunakatta**	ich *wollte nicht* essen
--	
tabe**te hoshii**	ich *will*, dass du isst
tabe**te hoshikunai**	ich *will nicht*, dass du isst
tabe**te hoshikatta**	ich *wollte*, dass du isst
tabe**te hoshikunakatta**	ich *wollte nicht*, dass du isst

Diese Tabelle ist trotz aller Essenswünsche nicht leicht zu schlucken. Vor allem die Veränderungen der **-tai**-Form sind oft ausgesprochen schwer zu hören, da eine Endung wie **-takatta** beim besten Willen nicht mehr nach

-tai klingt. Es braucht lange, bis man sich daran gewöhnt hat, dass sich hinter solchen endlosen Wortschwänzen wie **-takunakatta** kein Eigenschaftswort, sondern eine Wunschform verbirgt. Da hilft wieder mal nur viel Übung. Der Gesichtsausdruck der Anime-Figuren gibt oft einen wichtigen Anhaltspunkt, wenn gerade jemand **tabetakunai** sagt.

Die Vergangenheitsformen sind relativ selten und weniger wichtig.

Sate, mondai desu:

59. Wenn **neru** „schlafen" heißt, und jemand sagt zu mir **nete hoshii**, was habe ich dann darunter zu verstehen?

a. er hat geschlafen b. er will schlafen c. ich soll schlafen

60. Wenn **iku** „gehen" heißt, und jemand sagt zu mir **ikitakatta**, was will er dann damit ausdrücken?

a. er will nicht gehen b. ich soll nicht gehen c. er wollte gehen

Was ist, wenn ... - Bedingungen

Nachdem wir uns für eine Weile von den Adjektiven verabschieden mussten, begrüßen wir sie jetzt frisch und ausgeruht wieder in unserer Mitte. Bedingungen kann man nicht nur mit Tätigkeiten stellen („wenn ich Japanisch lerne"), sondern auch mit Eigenschaften („wenn das schwierig ist"). Im Japanischen gibt es zwei verschiedene Konditional-Formen, also Endungen, mit denen man eine Bedingung ausdrücken kann. Ein Wörtchen für „wenn" braucht man daher nicht unbedingt - wieder einmal ist es die Endung, die den Ausschlag gibt. Wie sich das gehört, sind die Endungen für Verben und Adjektive beinahe die gleichen.

Die eine Möglichkeit, Bedingungen zu stellen, besteht in einer Form, die der Vergangenheitsform sehr ähnlich ist. An die Vergangenheitsendung **-ta** bzw. **-katta** wird einfach noch ein **-ra** gehängt.

wakaru →	waka**ttara**
taberu →	tabe**tara**
nomu →	non**dara**
hanasu →	hanashi**tara**
kaku →	kai**tara**

suru →	shi**tara**
da →	dat**tara**
ôkii →	ôki**kattara**
yasui →	yasu**kattara**
warui →	waru**kattara**
muzukashii →	muzukashi**kattara**

Die andere Möglichkeit besteht in der Endung **-eba** oder **-reba** für Verben bzw. der Endung **-kereba** für Adjektive.

wakaru →	wakar**eba**
taberu →	tabe**reba**
nomu →	nom**eba**
hanasu →	hanas**eba**
kaku →	kak**eba**
suru →	su**reba**
da →	de ar**eba** / nara
ôkii →	ôki**kereba**
yasui →	yasu**kereba**
warui →	waru**kereba**
muzukashii →	muzukashi**kereba**

„Falls er redet" heißt also **hanashitara** oder **hanaseba**. „Falls es billig ist" heißt **yasukattara** oder **yasukereba**. Zwischen diesen beiden Formen gibt es minimale Unterschiede im Gebrauch; die brauchen uns aber nicht zu interessieren, denn die Leute, die die Animes schreiben, wissen schon, welche Form sie verwenden müssen, und in der deutschen Übersetzung gehen die Nuancen ohnehin verloren.

Gerade Bedingungssätze werden oft nicht zuende gesprochen. Oft bleibt es nur bei der Bedingung, und den Rest darf man sich denken.

Stellen wir uns eine Frau vor, die vor der Entscheidung steht, ob sie einen magischen Trank schlürfen soll, der sie zwar unsterblich, dafür aber potthässlich macht. Wie würden wir uns entscheiden? Bestimmt ringt sie minutenlang zu dramatischer Musik die Hände und keucht: **nomeba ..., nonda-**

ra ... Dabei malt sie sich die unterschiedlichen Folgen aus, die das Säftchen hätte, wenn sie, falls sie, sofern sie davon trinken würde.

Eine Bedingung kann auch ein Vorschlag oder eine Idee sein. Angenommen, man ist unschlüssig, was man tun soll, und das Teufelchen auf der Schulter zischelt einem **sureba?** ins Ohr. Das bedeutet so viel wie „...und wenn du's tun würdest ..." oder „Warum tust du's nicht einfach?".

Ein interessantes Thema sind noch die verneinten Bedingungen auf **-nakereba**. Diese machen im Japanischen nämlich die Arbeit, die im Deutschen das Hilfsverb „müssen" erledigt. Hä? Was bitte hat eine verneinte Bedingung mit einem Muss zu tun? Ganz einfach: „Ich muss kämpfen" bedeutet ja nichts anderes als „wenn ich nicht kämpfe, sieht's zappenduster für mich aus". Und so ähnlich formulieren die Japaner das auch: „Wenn man ... nicht tut, wird es nichts".

„Werden" heißt **naru**, „es wird nichts" heißt **naranai**. Aus Verneinungen wie **shinai** („nicht tun") ergeben sich Sätze wie **shinakereba naranai** – „wenn ich es nicht tue, klappt es nicht – ich *muss* es tun" oder **nomanakereba naranai** – „wenn ich es nicht trinke, geht es nicht – ich *muss* es trinken". Man kann am Ende auch andere Redewendungen verwenden, die dasselbe ausdrücken. Zum Beispiel **dame** („geht nicht"): **shinakereba dame, nomanakereba dame**.

Viele Japanisch-Lerner finden diese Formulierungen sehr poetisch, weil sie das Müssen hübsch umschreiben. Diese Wenn-nicht-dann-schlecht-Sätze haben aber einen dummen Nachteil – sie sind sehr lang und umständlich. Selbst wenn man sie nach endlosem Üben einmal intus hat, bricht man sich jedes Mal fast die Zunge dabei ab. Die Japaner empfinden das genauso und versuchen daher alles, um sie abzukürzen. Der **-nakereba naranai**-Schwanz wird einfach zu **-nakya** geschrumpft, und man erhält Formulierungen wie **shinakya** oder **nomanakya**. Eigentlich muss man sich die ganze komplizierte Geschichte mit den verneinten Bedingungen gar nicht merken. Man kann sich einfach vorstellen, die Endung **-nakya** bedeutet „müssen", und fertig.

Eine andere Möglichkeit ist, gar nicht die lästigen Konditionalformen zu verwenden, sondern stattdessen eine Partikel. Es gibt ja die Partikel **to**, mit der man auch eine Bedingung ausdrücken kann. Wenn man jetzt eine Verneinung davor stellt, hat man denselben Effekt: **shinai to** – „wenn man es nicht tut", **nomanai to -** „wenn man es nicht trinkt". Die Folge „wird nichts, klappt nicht" schenkt man sich einfach und versteht trotzdem, was gemeint ist: **hanasanai to** – „wenn du nicht redest ... – du *musst* reden".

Allen theoretischen Ballast abwerfend, könnte man sagen: „müssen“ wird in der japanischen Umgangssprache durch die Endungen **-nakya** oder **-nai to** ausgedrückt. Dabei wird leider nicht klar, ob man selbst etwas muss, oder ob man den anderen meint. Wenn man das nicht selbst herausfindet, dann wird es nichts ...

Sate, mondai desu:

61. Welche dieser Formen von **toru** („nehmen“) drückt wohl eine Bedingung aus?

a. **tottara** b. **totte** c. **toritakatta**

Schein und Sein - Endung des Anscheins

Im Hauptteil des Buches erfährt man auf Seite 67 einiges über Wörter wie **rashii** oder **mitai**, mit denen man einen Anschein ausdrücken kann. Es gibt auch eine Endung, die ähnliches vermag: die Endung **-sô da**. Hier sind erst einmal einige Formen.

taberu →	tabe**sô da**
hanasu →	hanashi**sô da**
suru →	shi**sô da**
warui →	waru**sô da**
muzukashii →	muzukashi**sô da**

Bei den Verben drückt die Endung aus, dass sich etwas im nächsten Moment erreignen könnte, im Stile von „es scheint gleich zu regnen anzufangen“. Typische Formulierungen sind **kowaresô da** - „es scheint gleich kaputtzugehen“ von **kowareru**. Oder **makesô da** - „es sieht aus, als würden wir gleich verlieren“ von **makeru**.

Im Falle der Adjektive steht der äußere Anschein im Mittelpunkt. Man spricht davon, welchen Eindruck etwas oder jemand macht. Wenn ein Kuchen vor mir steht, weiß ich noch nicht, ob er **oishii** (lecker) ist, aber ich kann schon mal vorab sagen: **oishisô da** - „sieht lecker aus“. Wer einen ersten Blick in dieses Buch wirft, denkt vielleicht: **muzukashisô da** - „sieht schwierig aus“. Erst nach dem Lesen kann man dann defintiv sagen, wie es ist: **muzukashii** oder **muzukashikunai**.

Mach schnell - Adverbialformen

Adverbien (zu Deutsch: Umstandswörter) sind Wörter, mit denen man Verben oder Adjektive näher bestimmt. Das klingt wieder einmal komplizierter, als es ist. Das einfachste Beispiel ist vielleicht das Wort „schnell": In den Sätzen „das Raumschiff ist schnell" oder „das schnelle Raumschiff" ist „schnell" ein Adjektiv, denn es drückt eine Eigenschaft aus. In dem Satz „das Raumschiff fliegt schnell" ist „schnell" ein Adverb, denn es drückt einen Umstand aus. Ein Adverb sagt, wie, wann, unter welchen Umständen etwas geschieht.

Manche Adverbien kommen schon als Adverbien auf die Welt. „Heute" zum Beispiel, „oft" oder „leider". Zusätzlich kann man aber aus jedem Adjektiv auch ein Adverb machen. In vielen Sprachen werden solche Adverbien durch eine besondere Endung markiert. Im Englischen ist das die Endung „-ly" wie in „slowly" oder „badly", im Französischen enden viele Adverbien auf „-ment".

Im Japanischen wird die Adjektiv-Endung **-i** durch die Adverbial-Endung **-ku** ersetzt.

ôkii →	ôki**ku**
yasui →	yasu**ku**
warui →	waru**ku**
muzukashii →	muzukashi**ku**

Ôkiku kaku heißt also „groß schreiben", und **muzukashiku hanasu** heißt „schwierig reden, sich kompliziert ausdrücken". Diese Formen auf **-ku** werden auch oft mit **suru** verwendet. Dann ergeben sich solche Sätze wie **yasuku suru** („billiger machen, verbilligen") oder **ôkiku suru** („größer machen, vergrößern).

Auch mit dem Verb **naru** („werden") werden die Adverbialformen gerne kombiniert: **waruku naru** („schlecht werden, sich verschlechtern") oder **muzukashiku naru** („schwieriger werden, sich verkomplizieren").

Sehr häufig stehen die **-ku**-Formen aber alleine und sind dann fast schon eine Art Befehlsform. **Hayaku!** heißt „schnell!" (von **hayai**). **Yasashiku!** heißt „Vorsichtig! Behutsam!" (von **yasashii**). In Verbindung mit dem Wort **motto** („noch mehr") werden Steigerungen befohlen: **Motto takaku!** heißt

„noch höher!“ (von **takai**). **Motto tsuyoku!** heißt „noch stärker!“ (von **tsuyoi**).

Ich gegen den Rest der Welt - die geheimnisvolle „-chau“-Form

Wer sich fleißig Animes reinzieht, stolpert ständig über die ominöse Endung **-chau**. In Lehrbüchern bekommt man selten eine Erklärung dafür, und doch wird sie am laufenden Band verwendet. Wenn man Japaner kennt, die Deutsch oder Englisch sprechen, kann man sich einen Spaß machen und sie nach der Bedeutung fragen. Vermutlich werden sie daran verzweifeln – nicht, weil die Japaner zu dumm wären, um ihre eigene Sprache zu verstehen, sondern weil es im Deutschen oder im Englischen keine guten Entsprechungen dafür gibt.

Die Endung **-chau** ist eine Verkürzung der Endung **-te shimau**. Ursprünglich benutzt man diese, um auszudrücken, dass eine Tätigkeit vollendet wird. **Tabete shimau** bedeutet also „Ich esse fertig“ oder „Ich esse auf“. Viel häufiger aber drückt **-te shimau** eine bestimmte Nuance aus: Dass man etwas „doch glatt einfach so“ tut. Dass man handelt, ohne nachzudenken. Dass man etwas tut, was man vielleicht nicht tun sollte. Mit anderen Worten: Man handelt eigenmächtig, spontan und setzt die anderen vor vollendete Tatsachen.

Wir können uns vielleicht schwer vorstellen, dass man eine eigene Endung braucht, um so etwas auszudrücken. Für uns ist es eher eine Selbstverständlichkeit, aus eigenem Antrieb heraus kurzentschlossen zu agieren. Aber in der gruppenorientierten japanischen Gesellschaft sieht das anders aus. Hier macht es Sinn, es deutlich zu sagen, wenn man nach eigenem Ermessen handelt.

wakaru →	waka**tte shimau** →	wakat**chau**
taberu →	tabe**te shimau** →	tabe**chau**
nomu →	non**de shimau** →	non**jau**
hanasu →	hanashi**te shimau** →	hanashi**chau**
kaku →	kai**te shimau** →	kai**chau**
suru →	shi**te shimau** →	shi**chau**

Nehmen wir das Wort **kaichau**. Es kommt von **kaku** (schreiben). Vielleicht wollen wir einen Brief schreiben, vor dem wir Angst haben, oder einen Brief, den wir besser nicht schreiben sollten. Wir sitzen stundenlang unentschlossen am Schreibtisch, und nachdem wir den Bleistift zur Hälfte durchgenagt haben, geben wir uns einen Ruck: **Yoshi, kaichau!** - „Los, ich schreib' jetzt einfach!" In dieser Endung steckt also immer ein Stück Mut und Entschlossenheit. Man tut etwas aus eigenem Antrieb, etwas, das in die Hose gehen könnte.

Anders ist es, wenn die ganze Chose in der Vergangenheit steht. Klar, wenn man sagt, dass man in der Vergangenheit eigenmächtig, kurzentschlossen „einfach so" gehandelt hat, dann schwingt oft eine Portion Reue darin. Oft ist das Kind dann schon in den Brunnen gefallen.

Die Vergangenheitsform heißt **-te shimatta**, und die Abkürzung lautet **-chatta**.

wakaru →	waka**tte shimatta** →	waka**tchatta**
taberu →	tabe**te shimatta** →	tabe**chatta**
nomu →	non**de shimatta** →	non**jatta**
hanasu →	hanash**ite shimatta**→	hanashi**chatta**
kaku →	kai**te shimatta** →	kai**chatta**
suru →	shi**te shimatta** →	shi**chatta**

Möglicherweise wäre es ganz gut, wenn man für die Durchquerung der Wüste noch einen Schluck Wasser in Reserve hätte, aber dummerweise hat man sich dazu hinreißen lassen, die Flasche in einem Zug zu leeren. **Nonjatta** - „ich Depp hab doch glatt alles getrunken".

Die Geheimzahl der Kreditkarte sollte man ebenfalls für sich behalten. Aber wie schnell ist es passiert, dass man sich verplappert: **Hanashichatta!**

Klar, dass Adjektive keine **-chau**-Endung bekommen. Was sollten sie auch damit?

Sate, mondai desu:

62. Wenn man beim Essen kräftig zulangt, obwohl man sich höflicherweise zurückhalten sollte, sagt man ...

a. **tabetakunai** b. **tabete** c. **tabechau**

Wenn wir nun schon bei geheimnisvollen links-pazifischen Endungen sind, die im Deutschen keine Entsprechung haben, möchte ich abschließend noch ein Büschel solcher Endungen vorstellen. Diese drücken aus, dass man etwas für jemanden tut.

Anstatt zu sagen: „Ich habe dir ein Geschenk gekauft", sagt man im Japanischen ungefähr „Ich habe ein Geschenk kaufen-gegeben". An das Wort „kaufen" hängt man das Wort „geben" an, als wäre es eine Endung. In diesem Fall mag uns das noch verständlich erscheinen, weil man ein Geschenk ja tatsächlich jemandem gibt. Aber auch ein Satz wie „Ich will dir eine Geschichte erzählen" heißt auf Japanisch „Ich will Geschichte erzählen-geben".

Immer also, wenn man etwas für einen anderen tut, verwendet man das Wort für „geben". Das Wort heißt **ageru** und wird an die **-te-Form** angehängt, die uns ja schon öfters begegnet ist.

wakaru →	waka**tte ageru**
taberu →	tabe**te ageru**
nomu →	non**de ageru**
hanasu →	hanashi**te ageru**
kaku →	kai**te ageru**
suru →	shi**te ageru**

„Urgh, ich kann diesen gebratenen Reis nicht mehr sehen!" - „Kein Problem. **Tabete ageru**. Schmatz, mampf ..."

Wenn man jemandem den Gefallen tut, etwas zu trinken, dann ist das eben **nonde ageru**. Verrät man jemanden etwas, das dieser unbedingt wissen möchte, macht man **hanashite ageru**. Wenn man jemandem etwas Gutes tut, dann gibt man ihm etwas.

Natürlich ist dieses **ageru** keine echte Endung, sondern ein vollwertiges Verb. Das bringt mit sich, dass es im Gespräch alle Endungen annehmen kann, die wir besprochen haben (und auch die, die wir nicht besprochen haben). **Shite agenai** heißt also „ich weigere mich, es für dich zu tun". **Shite ageta** bedeutet „ich habe es für dich getan". **Shite agetai** heißt „ich will es für dich tun", usw. usw.

So weit, so schlecht. Es kommt noch schlimmer. Bereit?

Für „geben“ gibt es nicht nur dieses eine Wort. Oh nein, es gibt insgesamt fünf. Schluck.

Zwei davon lassen wir mal großzügig weg. Sie gehören der Höflichkeitssprache an und kommen in den Animes selten vor. Eines (**ageru**) hatten wir schon – bleiben also noch zwei. Diese beiden Wörter heißen **kureru** und **yaru**.

Diese Begriffe sind keineswegs austauschbar. Jeder hat seinen eigenen Charakter. **Ageru** wird gebraucht, wenn der Sprecher für jemand anderes etwas tut (für seinen Gesprächspartner oder einen Dritten). **Kureru** benutzt man dagegen, wenn jemand anderes für den Sprecher etwas tut.

Wenn ich also meinen Gesprächspartner frage, ob er so nett ist, mir ein Mail zu schreiben, nehme ich nicht **kaite ageru**, sondern **kaite kureru**. Will ich ausdrücken, dass mir jemand etwas erzählt hat, sage ich **hanashite kureta**. Es kommt also auf die Perspektive an.

Vielleicht denkt jetzt jemand: „Was soll's? Wir wollen Japanisch ja nur verstehen – da können wir uns diesen kleinen Unterschied schenken.“

In diesem Fall ist es leider nicht so. Schließlich lassen die Japaner meistens das Subjekt des Satzes weg. Wenn sich zwei Leute gegenüberstehen und der eine zu schicksalsschwangerer Musik haucht: „**Shite ageta!**“, dann ist das etwas anderes, als wenn er sagt: „**Shite kureta!**“ Im ersten Fall sagt er: „Ich habe dir einen Gefallen getan“ oder „Ich habe es für dich erledigt“. Im zweiten Fall meint er: „Du hast es für mich getan“ oder „Du hast mir die Arbeit abgenommen“. Zweifellos ein Unterschied.

Jetzt müssen wir noch klären, wie **yaru** eingesetzt wird. **Yaru** hat die gleiche Perspektive wie **ageru**, also man selbst tut einem anderen einen Gefallen. Allerdings hat **yaru** einen abwertenden Beigeschmack. Ursprünglich benutzt man das Wort, wenn man Menschen oder anderen Lebewesen etwas gibt, die unter einem stehen. Wenn man zum Beispiel Pflanzen Wasser gibt. Oder Tieren ihr Fressen. Oder dem kleineren Bruder sein Spielzeug zurück, nachdem man es kaputtgemacht hat.

Sagt also jemand **hanashite yaru**, dann meint er: „Also gut, sperr mal die Lauscher auf, Kleiner, denn ich werde dir jetzt etwas verklickern, was du ohnehin nicht schnallen wirst.“ **Yaru** klingt schlichtweg überheblich.

Natürlich kann man das auch im Spaß unter Freunden sagen: „Paß gut auf, Junge! Jetzt werde ich dir mal zeigen, wie man Karten spielt!“

Sate, mondai desu:

63. Wenn **tasukeru** „retten“ heißt und ich sagen will „Ich rette dich“, dann sage ich auf Japanisch ...

a. **tasukete** b. **tasuketara** c. **tasukete ageru**

64. Wenn mich jemand gerettet hat, und ich bedanke mich dafür, dann danke ich ihm für ...

a. **tasukete ageta** b. **tasukete kureta** c. **tasukete yatta**

Mind your manners, please! - Höfliches Japanisch

Eines haben alle bisher genannten Endungen gemein: Sie gehören zum neutralen, informellen Japanisch - jenes Japanisch, das man in der Familie, unter guten Freunden oder überall dort anwendet, wo besondere Höflichkeit und Förmlichkeit fehl am Platze ist. Im Umgang mit fremden Leuten, in der Öffentlichkeit, unter erwachsenen Menschen werden höfliche Formen benutzt.

Für fast jede Endung, die ich vorgestellt habe, gibt es eine entsprechende höfliche Endung. Höflichkeit im Japanischen bedeutet aber etwas anderes als in der deutschen Sprache. Die Höflichkeit, die ich zu benutzen habe, hängt von meinem Gesprächspartner ab, nicht von meiner Aussage. Es ist nicht einfach nur ein Unterscheiden zwischen „du“ und „Sie“. Nicht nur bei einem Satz wie „Hast du Zeit?“ oder „Haben Sie Zeit?“ muss ich unterscheiden. Auch wenn ich sage „Es sieht nach Regen aus“, verwende ich zwei verschiedene Endungen, je nachdem, mit wem ich spreche. Das gesamte Gespräch wird in die Höflichkeitsform gesetzt, auch wenn ich mein Gegenüber gar nicht direkt einbeziehe.

Wenn man die neutralen Formen gut kennt, hat man sich die höflichen relativ schnell gemerkt. Lernt man Japanisch aus einem Lehrbuch, wird man ohnehin zuerst mit diesen Formen konfrontiert.

In der Gegenwart enden Verben auf **-masu**. Wer zuerst das Kapitel mit den festen Redewendungen gelesen hat, dem ist diese Endung schon des öfteren begegnet. Einer in Japanisch gehaltenen Rede zu lauschen, kann sehr witzig sein. Die meisten Sätze enden nämlich auf **-masu**.

Die große Ausnahme ist wieder einmal **da** („sein“) - das wird zu **desu**.

wakaru →	waka**rimasu**
taberu →	tabe**masu**
nomu →	nomi**masu**
hanasu →	hanashi**masu**
kaku →	kaki**masu**
suru →	shi**masu**
da →	**desu**

Adjektive erhalten in der Höflichkeitssprache ein **desu** - eigentlich nichts anderes als die Höflichkeitsform von **da**.

ôkii →	ôkii **desu**
yasui →	yasui **desu**
warui →	warui **desu**
muzukashii →	muzukashii **desu**

Zu beachten ist, dass sowohl bei **-masu** als auch bei **desu** das **u** am Ende nicht (oder kaum) gesprochen wird, so dass die Wörter klanglich auf „mas" oder „des" zu enden scheinen.

Die Verneinungen der Verben enden auf **-masen**. Das e wird sehr deutlich gesprochen („masén"), damit man die Verneinung nicht überhört.

wakarimasu →	wakari**masen**
tabemasu →	tabe**masen**
nomimasu →	nomi**masen**
hanashimasu →	hanashi**masen**
kakimasu →	kaki**masen**
shimasu →	shi**masen**
desu →	dewa ari**masen**

„Ich verstehe nicht" heißt also entweder **wakaranai** (neutrale Form) oder **wakarimasen** (höfliche Form).

Bei den Adjektiven gibt es ausnahmsweise zwei verschiedene Möglichkeiten der Verneinung. Entweder auf **-ku arimasen** oder auf **-kunai desu**.

ôkii →	ôki**ku arimasen,**	ôki**kunai desu**
yasui →	yasu**ku arimasen,**	yasu**kunai desu**
warui →	waru**ku arimasen,**	waru**kunai desu**
muzukashii →	muzukashi**ku arimasen,**	muzukashi**kunai desu**

Kennzeichen für eine Verneinung ist also entweder ein **nai** oder ein **masen** irgendwo im Wort. In der Bedeutung gibt es keine Unterschiede.

Diese Formen waren mit Abstand die schwierigsten. Die nun folgenden sind viel leichter zu merken, sobald man sich erst einmal an die **-masu**-Endungen und das Wörtchen **desu** gewöhnt hat.

Als Kennzeichen für die Vergangenheit haben wir die Endung **-ta** kennengelernt. Auch bei den höflichen Formen bleibt das **-ta** seiner Aufgabe, die Vergangenheit anzuzeigen, treu. Aus der Endung **-masu** der Verben wird **-mashita**, und aus **desu** wird schlicht **deshita**. In beiden Fällen wird das **i** kaum gesprochen, so dass es wie „maschta" bzw. „deschta" klingt.

wakarimasu →	wakari**mashita**
tabemasu →	tabe**mashita**
nomimasu →	nomi**mashita**
hanashimasu →	hanashi**mashita**
kakimasu →	kaki**mashita**
shimasu →	shi**mashita**
desu →	**deshita**

Die höfliche Vergangenheit der Adjektive wird gebildet, indem man an die neutrale Vergangenheitsform einfach das höfliche **desu** anhängt - nicht schwierig.

ôkikatta →	ôki**katta desu**
yasukatta →	yasu**katta desu**
warukatta →	waru**katta desu**
muzukashikatta →	muzukashi**katta desu**

Hier ergeben sich richtige Bandwurmwörter, wenn man Verneinung und Vergangenheit miteinander kombiniert. Da kann man anfangs schon ins

Stolpern kommen. An die Verneinungsendung **-masen** wird **deshita** angehängt, und schon hat man die Vergangenheit der Verben: „Ich habe nicht ..." usw.

wakarimashita →	wakari**masen deshita**
tabemashita →	tabe**masen deshita**
nomimashita →	nomi**masen deshita**
hanashimashita →	hanashi**masen deshita**
kakimashita →	kaki**masen deshita**
shimashita →	shi**masen deshita**
deshita →	dewa ari**masen deshita**

Einfacher ist es bei den Adjektiven. Wir kennen ja unsere verneinten Vergangenheitsformen aus dem Kapitel über neutrales Japanisch. Für die Höflichkeit reicht es aus, ein **desu** anzuhängen.

ôkikatta desu →	ôki**kunakatta desu**
yasukatta desu →	yasu**kunakatta desu**
warukatta desu →	waru**kunakatta desu**
muzukashikatta desu →	muzukashi**kunakatta desu**

Als nächste in der Reihe wartet schon die Verlaufsform, bis auch ihr die Ehre zuteil wird, in den Rang der Höflichkeitssprache aufgenommen zu werden. Klar, dass hier nichts Weltbewegendes passiert. Aus **-te iru** wird einfach **-te imasu**.

wakat**te iru** →	wakat**te imasu**
tabe**te iru** →	tabe**te imasu**
non**de iru** →	non**de imasu**

Ich hatte darauf hingewiesen, dass in der Umgangssprache das **i** der Verlaufsform einfach wegfällt, dass man also meist **tabete ru** statt **tabete iru** sagt. Man will es kaum glauben - auch die Höflichkeitssprache ist gegen solche Faulheiten nicht gefeit. Im Anime wird man also viel häufiger Formen wie **wakatte masu, tabete masu, nonde masu** oder **hanashite masu** hören.

Wer Tabellen mag, darf sich die nächste auch noch reinziehen. Da habe ich zum Wort **kaku** („schreiben“) die verschiedenen Formen von Gegenwart und Vergangenheit aufgelistet, jeweils bejaht und verneint, die schriftliche Form und die Umgangssprache.

normal	Verlaufsform	Umgangssprache
kaki**masu** →	kai**te imasu** →	kai**te masu**
kaki**masen** →	kai**te imasen** →	kai**te masen**
kaki**mashita** →	kai**te imashita** →	kai**te mashita**
kaki**masen deshita** →		
	kai**te imasen deshita** →	kai**te masen deshita**

Für Bitten und Befehle gibt es keine **-masu**-Formen. Ich habe ja weiter oben schon geschrieben, dass höfliche Bitten meist auf **kudasai** enden, wie zum Beispiel **nonde kudasai** („bitte trinken Sie“) oder **shite kudasai** („bitte machen Sie“).

Dass man die derben Befehle auf **-e** oder **-ro** nicht in die Höflichkeitsform setzen kann, dürfte niemanden überraschen ...

Ganz anders natürlich bei Vorschlägen. Die drängen sich regelrecht vor, um in noch taktvollerer, ehrerbietigerer Form glänzen zu dürfen. Wir erinnern uns: Vorschläge endeten auf **-ô**, und daran ändert sich auch in der höflichen Sprache nichts. Die **-masu**-Endung kneten wir einfach einfach zu **-mashô** um, und schon haben wir Höflichkeit und Vorschlag hübsch in einer Endung verpackt.

wakar**ô** →	wakari**mashô** !
tabe**yô** →	tabe**mashô** !
nom**ô** →	nomi**mashô** !
hanas**ô** →	hanashi**mashô** !
kak**ô** →	kaki**mashô** !
shi**yô** →	shi**mashô** !

In unserem Schnelldurchlauf kommen wir jetzt zu den Wünschen.

„Ich will tun“ hieß ja **shitai**. Als wir uns damit beschäftigt hatten, mussten wir schon feststellen, dass die Wunschform **-tai** wegen ihrer Endung **-i** wie ein Adjektiv behandelt wird (sogar in der Sprache zählen Äußerlichkeiten mehr als innere Werte, ts ts). Das erinnert mich an etwas: Meine Frau erhält in Deutschland immer wieder Post an „Herrn Maho Watanabe-Clauß". Ich bin eigentlich ziemlich sicher, dass ich eine Frau geheiratet habe, aber wer es sich in Deutschland erlaubt, einen Vornamen zu tragen, der auf „o" endet, wird eben zu den Männern gerechnet. So ähnlich muss sich ein Wort wie **tabetai** fühlen, wenn es zu den Eigenschaften gesteckt wird, obwohl es doch nichts anderes heißt als „ich möchte essen".

Also können wir schon vermuten, dass die Wunschform in der Höflichkeitssprache nicht auf **-masu** endet wie die Verben, sondern ein **desu** bekommt wie die Adjektive.

Und - banzai! - wir haben richtig vermutet (na ja, ein bisschen habe ich geholfen, zugegeben).

wakaru →	wakari**tai desu**
taberu →	tabe**tai desu**
nomu →	nomi**tai desu**
hanasu →	hanashi**tai desu**
kaku →	kaki**tai desu**
suru →	shi**tai desu**

Für die andere Form des Wunsches (man wünscht sich, dass jemand anderes etwas tut) gilt dasselbe. Auch auf **hoshii** folgt das **desu**, und damit entstehen Formen wie **wakatte hoshii desu** („Ich möchte, dass du verstehst") oder **shite hoshii desu** („ich möchte, dass du es tust"), usw.

Und auch alle anderen Formen wie Vergangenheit und Verneinung schnappen sich einfach die neutrale Form und erheben sie mit einem **desu** am Ende zur Höflichkeit.

kaki**tai desu**	ich *will* schreiben
kaki**takunai desu**	ich *will nicht* schreiben
kaki**takatta desu**	ich *wollte* schreiben
kaki**takunakatta desu**	ich *wollte nicht* schreiben
------------------------------	------------------------------
kai**te hoshii desu**	ich *will*, dass du schreibst
kai**te hoshikunai desu**	ich *will nicht*, dass du schreibst

kai**te hoshikatta desu**	ich *wollte*, dass du schreibst
kai**te hoshikunakatta desu**	ich *wollte nicht*, dass du schreibst

Damit sind wird schon mit dem Gröbsten durch. Die höflichen Varianten der Konditionalformen (Bedingungen) können wir getrost vergessen. Grundsätzlich wird die Höflichkeit erst am Ende des Satzes ausgedrückt, und da die Bedingungen meistens mitten im Satz stehen, werden sie auch in höflicher Sprache nicht verändert.

„Wenn du es trinkst, wirst du verstehen“ heißt in der neutralen Form **nondara, wakaru**. In der höflichen Sprache wird daraus **nondara, wakarimasu**. Die Höflichkeit wird erst am Satzende ausgedrückt.

Nun gibt es Menschen, die Bücher wie dieses nur lesen, um Fehler darin zu finden, und einige dieser freundlichen Zeitgenossen werden mir vielleicht ein Mail schreiben, das ungefähr so klingt:

„Lieber ‚Japan-Fachmann'. Ihre Ausführungen in Ehren, aber wenn Sie die gewagte Behauptung aufstellen, es gebe keine höflichen Varianten von Konditionalformen, dann haben Sie sich geschnitten. Wie erklären Sie sich Formen in der Art von **nomimashitara** oder **kakimashitara**, die durchaus Bestandteile der japanischen Sprache sind?“

Okay, okay. Auch die **-masu**-Endung und das Wörtchen **desu** haben ihre Konditionalform **-mashitara** und **deshitara**. Korrekt. Nur finden diese Formen ausschließlich in extrem höflicher Ausdrucksweise Verwendung und sind ausgesprochen selten.

Schlussendlich bleiben uns noch die **-te shimau**-Formen und die Ausdrücke **-te ageru**, **-te kureru** und **-te yaru**. Hier geschieht in der höflichen Sprache nichts Atemberaubendes. Die Endverben werden eben in ihre höflichen **-masu**-Formen gesetzt. Beispiele gefällig? Aber gerne doch:

hanasu →	hanashi**te shimaimasu**
	hanashi**te agemasu**
	hanashi**te kuremasu**
	hanashi**te yarimasu**

„Da habe ich es doch tatsächlich ausgesprochen“ würde also heißen: **hanashite shimaimashita**. „Ich verrate es Ihnen gerne“ wäre **hanashite agemasu**. „Sie hat es mir netterweise gesagt“ heißt **hanashite kuremashita**. Und „Ich hab dem Kerl gesagt, wo's lang geht“ könnte man mit **hanashite yarimashita** übersetzen.

Sate, mondai desu:

65. Das Wort **tobu** („fliegen“) heißt in der höflichen Form ...

a. **tonde iru** b. **tobimasu** c. **tobimasen**

66. **Wakarimasen deshita** bedeutet ...

a. habe verstanden b. wollte verstehen c. habe nicht verstanden

67. **Nomimashô** ist die höfliche Form von ...

a. **nomu** b. **nomô** c. **nomitai**

Ein Satz mit n - die etwas andere Höflichkeitsform

Puh! Jetzt, wo wir durch sind, kann ich es ja verraten: Manchmal wird die Höflichkeitsform auch ein wenig anders gebildet als oben erklärt.

Leute, die Japanisch gelernt haben, erwarten, dass die Japaner **tabeta** oder **tabemashita** sagen, wenn sie ausdrücken wollen, dass sie gegessen haben. Es gibt eine neutrale Form und eine höfliche, und damit sollte es eigentlich fertig sein. Plötzlich aber sagt jemand etwas ganz Extravagantes: **tabeta n desu**. Bei ersten Mal glaubt man vielleicht noch, man könnte sich verhört haben. Vielleicht sollte es ja **tabetai desu** heißen, oder es ist irgendein anderes Missverständnis im Spiel. Aber da ist es schon wieder: **tabeta n desu**. Und dann, in einem anderen Zusammenhang, sagt jemand: **hanasu n desu**, und wieder ein anderer **nonde iru n desu**.

Was hat es mit diesem ominösen **n desu** auf sich? Es ist eine andere Möglichkeit, aus einer neutralen Form eine höfliche Form zu machen. Anstatt **kakimasu** kann man auch sagen: **kaku n desu**.

Gibt es einen Unterschied zwischen diesen beiden Formen? Jain. Prinzipiell bedeuten sie dasselbe, in diesem Fall: „ich schreibe“. Die Form **kaku n desu** klingt ein wenig emotionaler und erklärender, manchmal auch etwas zögernd und rechtfertigend. Im Deutschen gibt es die Einleitung: „Es ist so, dass ...“ Viel Sinn macht diese nicht. Wenn mich ein Bekannter fragt, warum ich als Fan der japanischen Küche eigentlich nicht jeden Tag ins Sushi-Restaurant gehe, dann könnte ich kurz und bündig antworten: „Weil ich nicht reich genug bin, um jeden Mittag 50 Euro für ein Mittagessen hinzublättern.“ Stattdessen sage ich vielleicht: „Äh, na ja, ehrlich gesagt ist es so, dass das Preis-Leistungs-Verhältnis mir eher zweifelhaft erscheint, und ... tja ... ich will sagen ...“ Das wäre ein Fall für das eher zögerliche, erklärende **n desu**.

Aber **n desu** kann auch umgekehrt belehrend und beinahe altklug wirken. Frage: „Was malen Sie denn da für komische Bildchen aufs Papier?“ Antwort: **ji o kaku n desu!** „Wissen Sie, ich schreibe Schriftzeichen!“ Hier klingt es angriffslustig, manchmal auch erstaunt oder interessiert. In jedem Fall steckt mehr Emotion drin, und viele Leute verwenden diese Sätze auf **n desu** ständig. Beim Hören ist es wichtig, das **n desu** am Ende zu ignorieren und auf sich auf das zu konzentrieren, was davor gesagt wird.

Und nicht nur in der Höflichkeitsform kommt das **n** zum Tragen. Auch in der neutralen, familiären Sprechweise werden solche Sätze gebildet. In diesem Fall verwendet man **n da**. In einem Satz wie „Hey, ich dachte, der versteht kein Japanisch. Aber der versteht es ja!“ könnte **wakaru n da** vorkommen. Einfach nur **wakaru** bedeutet: „er versteht“, aber **wakaru n da** bringt Emotion ins Spiel und drückt in diesem Fall Überraschung oder Bewunderung aus.

Sate, mondai desu:

68. **Nomanai n desu** bedeutet annähernd dasselbe wie ...

a. **nomimashita** b. **nomimasen** c. **nomimasu**

Lost in Grammar - was wir nicht behandeln konnten

Auch wenn ich mir einbilde, die wesentlichen Endungen aufgelistet und erklärt zu haben, konnte ich natürlich nicht alle Formen anführen, die die japanische Sprache zu bieten hat.

Da wären noch einige nette Sachen zu nennen gewesen:

Passivformen (**nomareru** - „es wird getrunken“)

Kausativformen (**nomaseru** - „ich lasse es ihn trinken“)

Potenzialformen (**nomeru** - „ich kann es trinken“)

Spezielle Höflichkeits- und Bescheidenheitsformen (**o-nomi ni narimasu - nomaremasu** - „Sie haben die Güte, es zu trinken“, **o-nomi shimasu - nomasete itadakimasu** - „ich erlaube mir, es zu trinken“)

Diese Formen und noch einige mehr lassen sich in guten Lehrbüchern und Grammatiklexika nachlesen, lernen und üben. Im Grammatikteil dieses Buches ging es darum, die wichtigsten Endungen einmal gehört zu haben, damit man weiß: Wenn man irgendwo ein **-katta** hört, muss es Vergangenheit sein, wenn es sogar nach **-nakatta** klang, war es wohl auch noch verneint. Wenn irgendwo ein **-mashô** im Raum schwebt, war es der höfliche Vorschlag, irgendetwas zu tun, und wenn es gelingt, ein **-tai** oder -**tai desu** herauszuhören, dann drückt da gerade jemand einen Wunsch aus.

Sate, mondai desu:

69. Welche dieser Endungen deutet auf eine Bitte hin?

a. -yô b. -te c. -tara

6. Fremdwörter verstehen

Der Wortschatz des Japanischen besteht nicht nur aus reinjapanischen Begriffen. In den vergangenen 1500 Jahren haben Zigtausende von Wörtern aus dem Chinesischen Eingang in die Sprache gefunden. Sie kamen zusammen mit den chinesischen Schriftzeichen, mit chinesischer Kultur, Wissenschaft und Philosophie nach Japan - doch auch sie, fürchte ich, helfen uns nicht weiter. Selbst wer Chinesisch beherrscht, erkennt die Wörter im gesprochenen Japanischen nicht wieder, so sehr hat sich ihre Aussprache (und manchmal auch ihre Bedeutung) verändert. Für uns „Uneingeweihte" ist es ohnehin Jacke wie Hose, ob ein Wort aus dem Japanischen oder Chinesischen stammt: **tomodachi** (das urjapanische Wort für „Freund") klingt für unsere Ohren ebenso fremdartig wie **yûjin** (das aus dem Chinesischen übernommene Wort für „Freund").

Aber dann sagt in einem Anime plötzlich jemand **gâru-furendo** oder **bôi-furendo** ... und die Sonne geht auf!

Seit 1853 der amerikanische Kommodore Perry mit seinen vier schwarzen Schiffen vor Japans Küste erschien, um das sich abschottende Japan für den Westen zu öffnen, saugt Japan die amerikanische und europäische Kultur in sich auf. Mit der Kultur kommt die Sprache, und das Japanische füllt sich allmählich mit westlichen, vor allem mit englischen Begriffen. Anfangs sind es noch vereinzelte Wörter wie **kêki** (cake) oder **jûsu** (juice), aber spätestens seit Ende des 20. Jahrhunderts, im Zeitalter der Computer und des Internets, werden täglich neue Begriffe aus dem Englischen in das Japanische eingegliedert.

Konpyûtâ, monitâ, kîbôdo, mausu, disuku, furoppî, fairu, intânetto, mêru, chatto - das sind nur einige gebräuchliche Begriffe aus der Welt des Computers. Die meisten technischen Vokabeln, aber auch viele Wörter aus Kultur und Alltagsleben, gehen auf die englische Sprache zurück. Von manchen Gesprächen kann man schon die Hälfte verstehen, wenn man alle englischen Begriffe darin erkennt. Allerdings muss man sie erst einmal heraushören, und das ist leider nicht immer einfach. Habt ihr alle Fremdwörter am Anfang dieses Absatzes erkannt?

Man sollte sich nicht von der Schreibweise irritieren lassen, sondern versuchen, die Wörter mehrmals laut auszusprechen, bis das Originalwort klar wird.

Im Deutschen geht man mit Fremdwörtern ja etwas anders um: man behält die Schreibweise bei, und jeder darf selbst entscheiden, wie man das Wort ausspricht. So etwas treibt interessante Blüten. Meine selige Oma (die nie Englischunterricht hatte), sprach das schöne Wort „starfighter" immer „schtarfigger" aus, was uns als Kinder schon zum Lachen reizte - und als Jugendliche noch viel mehr ... Aber Probleme mit dem Englischen haben nicht nur alte Leute - bis heute sind wir den Tücken dieser Sprache nicht gewachsen. Das beweist etwa das beliebte Computerspiel „Tomb Raider", das vor einiger Zeit in aller Munde war. Kids wie Erwachsene sprachen es mit teutonischer Hartnäckigkeit ungefähr [tomp ra-ider] aus, obwohl es eigentlich [tuum re-ider] heißen müsste - das sind immerhin drei Aussprachefehler in zwei Wörtern, eine reife Leistung. Selbst im Fernsehen und unter Fachhändlern habe ich selten die korrekte englische Aussprache gehört.

In Japan ist das etwas anders. Anstatt die Aussprache demokratisch-freiheitlich jedem einzelnen Bürger zu überlassen, wird das englische Wort in das japanische Lautssystem umgewandelt. Es wird mit den im Japanischen verfügbaren Lauten und Silben geschrieben, jeder Japaner spricht es daher gleich aus.

Den Japanern wird oft vorgeworfen, schlechtes Englisch zu sprechen. Das mag insofern stimmen, als die Lautstruktur des Japanischen schlecht geeignet ist, englische Begriffe wiederzugeben. Wie ich im Aussprache-Kapitel beschrieben habe, gibt es nur die fünf Vokale a, i, u, e, o, und dazu eine kleine Zahl von Konsonanten. Damit lassen sich viele englische Laute einfach nicht nachahmen. Manchmal sind die Ergebnisse schlicht lächerlich: Das Wort **sôsêji** soll den englischen Begriff „sausage" darstellen. Unter **mâburu-kêki** hat man sich einen „marble cake", einen Marmorkuchen, vorzustellen. Aber es gibt auch Erfolgserlebnisse: Unser Computerspiel von eben steht mit der Aufschrift **Tûmu Reidâ** in den Regalen der japanischen Läden, und das ist deutlich näher am Original als der deutsche „Tomp-Reiter". (Andererseits wird Titelheldin „Lara" zu **Rara** umgewandelt.)

Wie schafft man es also, möglichst viele englische Begriffe in der japanischen Verballhornung zu erkennen? Natürlich helfen gute Englischkenntnisse weiter. Wenn man nicht weiß, dass „pattern" „Muster" und „escalator" „Rolltreppe" heißt, kann man auch nicht drauf kommen, was die Figur im Anime mit **patân** und **esukarêtâ** meint.

Vor allem aber sollte man die wichtigsten Probleme kennen, die es bei der Umsetzung von englischen Begriffen ins Japanische gibt. Denn die Punkte, an denen die Japaner Ausspracheschwierigkeiten haben, sind dieselben, an denen wir umgekehrt bei der Rückübersetzung ins Stocken geraten.

1. Zwischen r und l wird kein Unterschied gemacht. Beides wird notgedrungen als japanisches r ausgesprochen.

Das Wort **pûru** kommt von „pool", **bîru** von „beer". Das **reiauto** ist das „layout" und **rêsu** kann sowohl „race" als auch „lace" bedeuten.

2. Vokale werden nur unklar wiedergegeben.

Kônâ meint einen „corner", und unter einer **shoppingu môru** versteht man eine „shopping mall", ein Einkaufszentrum. **Bôru** hat zwei verschiedene Bedeutungen – „ball" und „bowl". Ebenso könnte **hôru** „hall" oder „hole" bedeuten. Die Unterschiede zwischen den beiden Vokalen werden nicht ins Japanische rübergerettet.

Um das englische a in manchen Wörtern wiederzugeben, versucht man es mit einer Hilfskonstruktion. Aus „candy" wird **kyandî**, aus „campain" wird **kyanpên**. (Übrigens: Warum „n" und nicht „m" bzw. „mu"? Weil das „n" vor „p" wie „m" ausgesprochen wird – das wissen wir aus dem Aussprachekapitel.)

3. Zwischen Konsonanten werden Bindevokale geschoben.

Da es im Japanischen außer dem **n** keine alleinstehenden Konsonanten geben kann, werden die Begriffe mit Vokalen vollgestopft, um sie überhaupt schreiben und aussprechen zu können. Meistens wird ein **u** eingefügt, denn dies ist der schwächste Laut im Japanischen, aber manchmal ist es auch ein **i** oder ein **o**. Diese Vokale werden auch gesetzt, wenn das Wort auf einen Konsonanten endet.

Kurabu bedeutet „club", **supûn** heißt „spoon", und aus dem Radsport „cycling" wird **saikuringu**. Wenn wir schon beim Sport sind: **sukî** heißt „ski" und **sukêtingu** bedeutet „skating".

Wörter, die im Original auf „t" enden, enden in der japanischen Version auf **to**. Beispiele: **tento** (tent), **pâsento** (percent), **pasupôto** (passport).

Begriffe, die im Englischen auf den Laut „ch" enden, erhalten ein **chi**. Beispiele: **benchi** (bench), **ranchi** (lunch).

4. Konsonanten ändern sich.

Leider existieren im Japanischen die Laute „si" und „ti" ursprünglich nicht. An ihrer Stelle verwendet man „shi" und „chi". Dadurch wird aus

„seafood“ **shîfûdo**, aus „single“ **shinguru**, aus „tip“ **chippu** und aus „ticket“ **chiketto**.

In neuerer Zeit wurde das „ti“ allerdings eingeführt, so dass jetzt endlich so wichtige Begriffe wie **tî-baggu** (tea-bag) und **tî-bakku** (T-back-Tanga) möglich sind. Wörter wie **chippu** und **chiketto** sind aber bereits Bestandteile der Sprache geworden und werden weiterhin so ausgesprochen.

Da das „v“ der japanischen Sprache fremd ist, wird dieser Laut meistens mit **b** wiedergegeben. Der Vatikan etwa heißt **Bachikan**, einen Schleier („veil“) nennt man **bêru**, und ein Video wird **bideo** ausgesprochen.

Klar, dass es im Japanischen den Lispellaut „th“ nicht gibt. 3D wird damit zu **surî-dî** (von „three-d“).

5. Konsonanten werden verdoppelt.

Nach kurzen Vokalen fügen Japaner manchmal einfach einen Doppelkonsonanten ein (man hat's ja) – uns ist das schon mehrmals begegnet, bei den Tangas, den Teebeuteln und davor beim Trinkgeld. Wenn man sich also beim **basuketto-bôru** (basket ball) an der **hippu** (hip) verletzt, sollte man sich ins **beddo** (bed) legen und einen **shiroppu** (*holländisch:* siroop) trinken. (Nein, ich bin nicht besonders stolz auf diesen sinnentleerten Beispielsatz ...)

6. Manche Begriffe werden verballhornt.

Einige Wörter beruhen auf extremen Abkürzungen und Verstümmelungen des Originalbegriffs. Um diese zu verstehen, braucht man etwas Schützenhilfe, denn Abkürzungen funktionieren im Japanischen anders als in europäischen Sprachen. Wir reduzieren ein langes Wort wie „television“ auf die zwei Buchstaben „TV“ und sprechen diese einzeln aus: „tiivii“ oder „TeVau“. Im Japanischen aber gibt es ja keine einzelnen Buchstaben in unserem Sinne, deshalb werden die Wörter meist an einer beliebigen Stelle abgeschnitten – auch eine Form des Kürzens. Fernsehen heißt in Japan **terebi**, die Abkürzung von „television“.

Andere Beispiele sind **depâto** (department store), **apâto** (apartment), **rimokon** (remote control), **rajikase** (radio cassette recorder) oder **pasokon** (personal computer – PC). Besonders häufig sind solche Abkürzungen in der Jugendsprache. Das **gêmu-sentâ** (game center) wird zum **gêsen**, die Play Station zur **puresute**. Auch der uns allen bekannte Begriff **anime** ist ein gutes Beispiel für diese Art des Kürzens.

Das waren die wichtigsten Fallstricke, die uns den Zugang zu den zahllosen englischen Begriffen im Japanischen verwehren. Manche Wörter sind so weit weg vom Original, dass man einen siebten Sinn, ein drittes Auge und einen fünften Schokoriegel braucht, um zu erkennen, was sich hinter ihnen verbirgt. Wer erkennt schon in **shatsu** noch das Wort „shirt"?

Nebenbei bemerkt: Neben Fremdwörtern aus dem Englischen haben auch Begriffe aus dem Deutschen, dem Französischen oder anderen europäischen Sprachen den weiten Weg nach Japan gefunden. Was das Deutsche angeht, sind es vor allem Wörter aus der Medizin und aus dem Wintersport. Jeder Japaner weiß, was eine **arerugî** (Allergie) oder ein **bitamin** (Vitamin) ist. In Krankenhäusern gibt es eine **karute** (Krankenkarte), und wenn man sich was gebrochen hat, bekommt man unter Umständen einen **gipusu** (Gips). In den Bergen findet man eine **hyutte** (Skihütte), beim Langlauf fährt man in der **shupûru** (Spur), und zum Bergsteigen braucht man **zairu** (Seil) und **hâken** (Haken).

Geschrieben werden alle Fremdwörter aus europäischen Sprachen mit der Silbenschrift Katakana. Katakana wird auch verwendet, um Namen von Personen oder Orten aus Ländern zu schreiben, die nicht zum Dunstkreis der chinesischen Schriftzeichen gehören (China, Korea, Japan).

Zum Abschluss noch einige englisch-japanische Begriffe zum Üben. Weitere Wörter sind in den Vokabellisten enthalten.

shawâ	(shower - Dusche)
shîzun	(season - Saison)
enjin	(engine - Motor)
kauntâ	(counter - Theke)
magajin	(magazine - Magazin, Zeitschrift)
rokkâ	(locker - Schließfach; rocker - Rocker)
têpu	(tape - Band, Musik/Videokassette)
bôto	(boat - Boot)
jazu	(jazz - Jazzmusik)

7. Japanische Namen

Die Namen von Personen und Orten muss man nicht verstehen - wir wissen ja auch nicht unbedingt, was „Franziska" bedeutet oder warum „Dortmund" „Dortmund" heißt und nicht „Hiernase". Trotzdem kann es nichts schaden, ein paar grundlegende Dinge zu wissen, auch, um Namen besser erkennen und merken zu können.

Bei Personennamen steht zuerst der Familienname und dann der Vorname. In „Hayashi Katsuhiro" ist „Hayashi" der Familienname. In Japan gibt es keine Doppelnamen und keine Zweitnamen. Das bedeutet, dass jeder Mensch genau zwei Namen hat, nicht mehr und nicht weniger. In christlichen Familien ist es zwar üblich, einen zusätzlichen Taufnamen zu geben (einen biblischen Namen wie „Ruth" oder „Lukas"), aber dieser Name wird im täglichen Leben nicht benutzt. In früheren Jahrhunderten war es in Japan allgemein Brauch, dem Kind zunächst einen vorläufigen „Kindernamen" zu geben und diesen später durch einen endgültigen „Erwachsenennamen" zu ersetzen. Diese Sitte ist im 19. Jahrhundert verschwunden und braucht uns nicht zu kümmern. Auch heute noch erhalten Menschen, die nach buddhistischem Ritus bestattet werden (also die meisten) einen posthumen Namen. Aber dieser ist nur eine Formalität und spielt im Alltag keine Rolle.

Familiennamen bestehen meistens aus zwei Wortteilen, und diese Wörter sind in vielen Fällen Begriffe aus der Natur. Während viele Deutsche als Nachnamen Berufe (Müller, Kaufmann) oder Eigenschaften (Klein, Schwarz) tragen, heißen Japaner „Baumdorf", „Flussinsel" oder „Großwald". Die wichtigsten Naturbegriffe in japanischen Familiennamen sind:

yama (Berg), **kawa** (Fluss), **oka** (Hügel), **tsuka** (Haufen), **ta/da** (Feld), **hara** (Feld, Wiese), **no** (Feld, Wiese), **ki** (Baum), **hayashi** (Wäldchen), **mori** (Wald), **mura** (Dorf), **machi** (Stadt), **hashi** (Brücke), **matsu** (Kiefer), **i** (Brunnen), **shima** (Insel), **ike** (Teich), **ishi** (Stein), **saka** (Hang), **take** (Bambus), **hama** (Strand) und **fuku** (Glück).

Dazu kommen solche Wörter wie **ue** (oben), **shita** (unten), **mae** (vorne), **naka** (in, innen), **moto** (Ursprung), sowie die Vorsilben **o-** oder **ko-** (klein) und **ô-** (groß).

Aus Kombinationen entstehen Namen wie **Yamamura** (Bergdorf), **Ishikawa** (Steinfluss), **Ômori** (Großwald) oder **Maeda** (Vorfeld). John Lennons Witwe trägt den Familiennamen **Ono** (Kleines Feld), und die bekannte Firma „Mazda“ heißt eigentlich **Matsuda** (Kiefernfeld). Daneben gibt es einige Namen, die auf die chinesischen Lesungen der verwendeten Zeichen zurückgreifen. Das sind Namen wie **Satô**, **Itô** oder **Kondô**. Sehr kurze, aus einem Symbolzeichen bestehende Familiennamen wie in China oder Korea gibt es in Japan nur sehr selten. Wenn jemand also **Chô, Ba** oder **Kin** (Kim) heißt, deutet das oft auf chinesische oder koreanische Herkunft oder Abstammung hin.

Viele Städtenamen sind ähnlich aufgebaut wie Familiennamen. So gibt es Städte wie **Matsuyama** („Kiefernberg“) oder **Fukushima** („Glücksinsel“), aber auch Namen, die den chinesischen Lesungen folgen, wie **Tôkyô** („östliche Hauptstadt“) oder **Kôchi** („hohes Wissen“).

Bei den Vornamen ist die Sache etwas komplizierter. Während es in Japan ca. 7000 Familiennamen gibt (weniger als bei uns), ist die Zahl der Vornamen quasi unendlich. Die Eltern schöpfen bei der Namensgebung nicht aus einem vorgegebenen Topf, sondern können sich die Namen selbst ausdenken. Bedingung ist natürlich, dass die Vornamen sich auf Japanisch aussprechen und schreiben lassen müssen. Außerdem sollen sie das Geschlecht erahnen lassen und den Träger des Namens nicht verunglimpfen. So wollte vor einigen Jahren ein Ehepaar seinen Sohn **Akuma** (Teufel) nennen. Nach einem langen Prozess und viel Medienrummel wurde der Name von den Behörden endgültig abgelehnt. Der Name **Juon** (ein Phantasiewort, geschrieben mit den Zeichen für „Fluch“ und „Groll“) allerdings wurde genehmigt - der große Erfolg des gleichnamigen Horrorfilms hat offenbar einige Eltern dazu inspiriert, ihrem Filius diesen Namen mit auf den Lebensweg zu geben.

Kommen wir zu weniger bizarren Namen: Bei den Vornamen spielen oft wichtige Tugenden oder Eigenschaften eine Rolle. Am deutlichsten erkennt man das bei Männernamen wie **Isamu** („Mut bekommen“), **Makoto**

(„Wahrheit“) **Mamoru** („beschützen“) oder **Satoshi** („Ermahnung“). Hier werden bestehende Vokabeln direkt als Namen verwendet, ein bisschen wie unser deutscher „Ernst“.

Meistens aber verstecken sich die Bedeutungen der Namen gut. Manche Jungen haben relativ kurze, knackige Namen wie **Yô**, **Jun**, **Sô** oder **Ryô**, andere heißen **Kenta**, **Taizô**, **Hayato** oder **Ikki**, und wieder andere tragen viersilbige Namen wie **Masatoshi**, **Takanori**, **Mitsunari** oder **Tomoaki** - für uns besonders schwer zu merken. (Ich kann mich an einen Jungen erinnern, der über einen Austausch der Sportjugend nach Deutschland kam und den Namen **Terumasa** hatte. Da sich die deutschen Gastgeber schwertaten, seinen Namen zu behalten, wurde der arme Tropf bald nur noch Tiramisu gerufen ...) In all diesen Fällen kann man nicht auf Anhieb sagen, welche Bedeutung sich hinter den Namen versteckt. Es gibt zum Beispiel mehr als 50 Kanji-Zeichen, die **Yô** gelesen werden. Auch wenn einige davon häufiger in Namen verwendet werden als andere, ist es unmöglich zu sagen, für welche Variante sich die Eltern entschieden haben, solange man den Namen nur hört. Wenn man also irgendwo eine Liste japanischer Namen sieht, in der steht: „Der japanische Name **Yô** bedeutet ‚Ozean'“, dann darf man skeptisch sein, denn **Yô** könnte auch mit dem Zeichen für „Sonne“, „Laub“, „notwendig“, „tanzen“ oder vielen anderen Zeichen geschrieben sein. Die Bedeutung eines Namens kann man erst erkennen, wenn man das benutzte Symbolzeichen gesehen hat.

Im Mittelalter endeten die Männernamen häufig auf **-mon**. Dabei entstanden Namen wie **Monzaemon** oder **Goemon**. In der heutigen Generation der Väter und Großväter gibt es extrem viele Leute, die **Tarô**, **Kôtarô**, **Shôtarô**, **Kintarô** oder ähnlich heißen. Solche Namen auf **-tarô** (ungefähr: „starker Bursche“) sind auch heute noch in Gebrauch, aber seltener geworden. Ähnliches gilt für die Namen auf **-suke** („Helfer“), wie **Daisuke**, **Sôsuke**, usw. Sie sind etwas aus der Mode gekommen. Am Endvokal kann man Männernamen nicht erkennen, denn **Akira**, **Haruki**, **Kaoru**, **Gennosuke** sowie **Hayao** sind alles Männernamen.

Bei den Frauennamen ist es natürlich ähnlich. Welche Bedeutung sich hinter einem Namen verbirgt, erkennt man erst, wenn man die Zeichen vor sich hat. Es gibt unzählige Frauen, die **Yuki** heißen, und trotzdem heißt kaum eine davon „Schnee“, obwohl das die Bedeutung des Wortes **yuki** ist. Die Eltern haben aus den vielen Möglichkeiten für **yu** und **ki** diejenige herausgefischt, die ihnen am besten gefiel und die eine günstige Strichzahl ergab (Horoskope aufgrund der Strichzahlen von Namen zu erstellen, ist eine beliebte Beschäftigung bei werdenden Eltern).

Viele Jahrzehnte lang endeten die meisten Frauennamen auf **-ko**. Dafür wurde das Zeichen für „Kind“ verwendet. Viele der heute lebenden Frauen heißen deshalb „Sommerkind“, „schönes Kind“, „trauriges Kind“, „Blumenkind“, usw. Zu den häufigsten Namen auf **-ko** gehören solche wie **Akiko**, **Hanako**, **Hideko**, **Junko**, **Keiko**, **Michiko**, **Naoko**, **Reiko, Yôko** oder **Yûko**. Doch die Blütezeit der **-ko**-Namen ist vorüber. Schon seit ein, zwei Jahrzehnten lösen Namen wie **Kana**, **Rie**, **Yuka**, **Kaori, Miki** oder **Sayaka** die „Kindchen“-Namen ab. In letzter Zeit geben viele Eltern ihren Kindern Namen, die man in europäischen Sprachen ebenfalls kennt. So manche Mutter träumt vielleicht von einer internationalen Karriere ihrer Tochter, wenn sie sie **Erika**, **Hana** oder **Mari** nennt ...

Es gibt also leider keinen todsicheren Trick, um männliche und weibliche Vornamen eindeutig voneinander zu unterscheiden. Gut, die Endung **-ko** weist meist auf einen Frauennamen hin, und ein viersilbiger Name wie **Masahiro** lässt auf einen Männernamen schließen, ebenso ein einzelnes **-o** am Ende wie in **Tetsuo, Yukio** oder **Takao**. Ich kenne ein Ehepaar, bei dem zufällig die Frau **Nobuko** und der Mann **Nobuo** heißt - das ist, als würde eine Alexandra einen Alexander heiraten. Leider ist es nicht immer so einfach. In den meisten Fällen entscheidet die Erfahrung. So wie ich im deutschsprachigen Raum eben irgendwann einmal mitbekomme, dass „Irene“ ein Frauenname und „René“ ein Männername ist ...

8. Die Welt des Anime

Schon wenn man sich amerikanische Filme oder Serien ansieht, wundert man sich manchmal über Dinge, die man von Zuhause nicht kennt. Was genau ist eine „Prom Night“, warum haben die Straßen Nummern statt Namen, warum kann man nachts um 2 Uhr noch in den Supermarkt rennen, und ... äh ... warum liegt der Zipfel der Bettdecke immer genau auf den Brüsten der nackt schlafenden Frau?

Auch die japanischen Spielfilme und Animes ziehen einen in eine Welt, die man nicht immer nachvollziehen kann. Merkwürdige Rituale in der Familie, in der Schule oder am Arbeitsplatz befremden einen, manche Sachen wirken faszinierend exotisch, andere sind einfach nur unverständlich. Um alle Feinheiten zu verstehen, müsste man längere Zeit in Japan gelebt haben. Es gibt gute und spannende Bücher über die japanische Kultur, deshalb möchte ich hier nur kurz auf die Punkte eingehen, die in Animes ständig auftauchen und die bei europäischen Zuschauern vielleicht für Verwirrung sorgen.

Beginnen wir bei der Familie. Dass die Japaner meist beengter wohnen als wir, ist bekannt. Aber auch die Häuser selbst unterscheiden sich von den unseren.

Das traditionelle japanische Holzhaus, in dem auch heute noch viele Japaner leben (nicht nur auf dem Land), ist mit **Tatami**-Matten aus Schilf ausgelegt. Die Zimmer sind nicht so fest abgegrenzt wie bei uns, sondern lassen sich durch das Verschieben von Schiebetüren und Schiebewänden öffnen oder abtrennen. Auch nach außen hin sind nicht alle Wände fest. Viele davon lassen sich verschieben, vor allem zum Garten hin, so dass sich Häuser zu manchen Seiten hin fast ganz öffnen lassen. Der Fußboden ist erhöht, und es entsteht daher eine recht hohe Schwelle - der Ort, wo man die Schuhe auszieht und das eigentliche Haus betritt. Die Zimmer haben nicht immer eine feste Funktion, und was tagsüber ein Wohnzimmer oder Arbeitszimmer ist, kann nachts in ein Schlafzimmer umgewandelt werden. Man braucht dazu nur die spärlichen kleinen Möbelstücke zur Seite zu rücken, das Bettzeug aus dem Schrank zu holen und auf dem Boden auszubreiten. Dieses Bettzeug (**futon**) hat nicht viel mit den Futon-Betten zu tun, die es bei uns zu kaufen gibt. Man liegt normalerweise auf zwei Matten (die untere meist mit Schaumstoff, die obere mit Watte gefüllt) ohne

Bettgestell direkt auf dem Boden. Ursprünglich schlief die ganze Familie in einem Zimmer, und auch wenn das heute sehr selten geworden ist, kann man es in Filmen, die in der Vergangenheit spielen, häufig sehen. In den traditionellen Häusern gibt es riesige Wandschränke, die mit ihren Schiebetüren fast wie ein eigenes kleines Zimmer wirken können. Natürlich gibt es in Zimmern mit **Tatami**-Matten keine Stühle, sondern Sitzkissen (**zabuton**), und die Tische sind niedrig und klein und ihre Beine so gefertigt, dass sie das empfindliche Schilfgeflecht nicht zerstören. Auch die kurzen, geschlitzten Vorhänge (**noren**), die oben an den Türen angebracht sind, sind ein typischer Bestandteil von japanischen Häusern und Geschäften.

Solche Häuser haben keinen Keller, aber meistens einen Dachboden. Deshalb ist in japanischen Gruselgeschichten der schaurigste Ort entweder dieser Dachboden (**yane-ura**) oder das Innere des Wandschranks (**oshiire**).

Die leichte, elastische Bauweise bewährt sich bei Erdbeben und ist auch für den schwülheißen japanischen Sommer gut geeignet. Im Winter wird es in den kaum isolierten Räumen empfindlich kalt, und wegen der reinen Holzkonstruktion ist die Brandgefahr hoch. Oft gibt es keine Heizung in unserem Sinne. Man beheizt nur das Zimmer, in dem man sich gerade aufhält, und das mit kleinen, tragbaren Kerosin- oder Elektroöfen. Da die Winter je nach Region recht mild sein können, findet man in japanischen Häusern oft teure, hypermoderne Klimaanlagen neben uralten Heizöfen.

In vielen älteren Häusern gibt es einen **kotatsu**. Das ist ein niedriger, quadratischer Tisch, an dessen Unterseite eine Wärmequelle angebracht ist. Weit über den Tisch hinaus breitet sich eine Decke aus, die die Wärme unter dem **kotatsu** hält. Wenn sich die Familienmitglieder um den Tisch versammeln, strecken sie ihre Beine unter die Decke und haben es beim Teetrinken, Fernsehen, Bücherlesen usw. mollig warm. Es gibt zwei Arten von **kotatsu** – solche, die man wie einen Tisch überall hin stellen kann, und solche, die fest ins Haus integriert sind, mit einer Vertiefung darunter, so dass man bequemer sitzt.

Das traditionelle Haus verfügt normalerweise über kein Badezimmer, denn die Japaner gingen früher zum Baden in ein Badehaus. Auch heute gibt es diese Badehäuser (**sentô**) noch, wo man sich gegen eine Gebühr in einem gemeinsamen Raum (natürlich nach den Geschlechtern getrennt) wäscht und anschließend ein gemeinsames heißes Bad nimmt. Selbst das Bad (**o-furo**) in einer Privatwohnung sieht anders aus als bei uns. Die Badewanne ist kleiner, aber tiefer als bei uns, meistens quadratisch. Eine Handdusche ist *vor* der Wanne angebracht, und man wäscht sich zunächst *außerhalb* der Wanne ab. Damit das Haus nicht unter Wasser steht, wenn man das tut, vertieft sich der Fußboden auf einen Abfluss hin. Ist man völlig schmutz- und seifenfrei geworden, steigt man in die Wanne, wo man eher sitzt als liegt. Das Badewasser ist sehr heiß, und das Wannenbad dient nur der Entspannung. Da es viel Zeit und viel heißes Wasser braucht, bis diese tiefe Wanne bis an den Rand gefüllt ist, benutzen alle Familienmitglieder das eingelassene Bad nacheinander, ohne das Wasser zu wechseln. Kein Zeichen mangelnder Hygiene, denn man glänzt ja vor Sauberkeit, wenn man ins Bad steigt.

Nirgendwo wird so viel und so gerne gebadet wie in Japan. Ein Tag, der nicht durch ein heißes Bad am Abend abgeschlossen wird, ist für viele Japaner unvorstellbar - ganz gleich, ob es Sommer oder Winter ist. Denn ein Bad muss *heiß* sein. Wenn man bedenkt, dass Japan ein Inselstaat ist, fällt auf, dass recht wenig im Meer gebadet wird. Stattdessen besucht man lieber die unzähligen heißen Quellen (**onsen**) und lässt sich im dampfenden, über 40 Grad warmen Wasser verschrumpeln. In den Mangas und Animes sind Badeszenen daher nicht einfach nur eine Möglichkeit, die weiblichen Charaktere stark entblößt zu zeigen, ein Bad - egal, ob alleine oder in Gemeinschaft - steht für Entspannung und Wohlfühlen, das Vergnügen nach getaner Arbeit.

Heute lebt ein großer Teil der Japaner in modernen Häusern, die vor allem der amerikanischen Architektur nachempfunden sind. Man schläft in Betten, sitzt auf Stühlen, hat fest abgegrenzte Zimmer und Möbelstücke im westlichen Stil. Doch einige Besonderheiten haben sich erhalten. Auch moderne Häuser verfügen meist über keinen Keller und haben sich die hohen Schwellen am Eingang bewahrt. Die Bauweise ist leichter und billiger als in Europa, und Wohnraum ist knapper. In Japan ist vieles kleiner als bei uns, nicht nur die Häuser, Autos und Straßen, auch Bücher zum Beispiel sind kompakter, und nirgendwo besitzen so viele Leute ein Notebook anstelle eines großen PCs. Obwohl die Japaner bei uns gerne als Volk von Reichen dargestellt werden, leben viele Japaner in Häusern, die man bei uns als Baracken bezeichnen würde. Ich habe selbst ein Jahr in einer wackligen, zugigen Hütte ohne Bad verbracht, habe meine Wäsche in einer Kaltwasser-Waschmaschine gewaschen, die draußen neben der Tür stand, und bin jeden Morgen um 5.30 Uhr aufgewacht, weil das Haus heftig hin und her schwang, als der Zeitungsausträger draußen die Stufen hoch rannte ...

In vielen modernen Häusern gibt es noch ein traditionelles japanisches Zimmer (**zashiki**) mit **Tatami**-Matten, kunstvoll bemalten Schiebetüren, Rollbildern, einer Ziernische und allem, was dazugehört. In dieses Zimmer bittet man Gäste oder zieht sich dorthin zurück, wenn man bei einem Tässchen grünem Tee abschalten möchte.

Während Katzen durchs Haus tigern dürfen, hält man in Japan Hunde außerhalb des Hauses. Da traditionell das Leben im Haus auf dem Fußboden stattfand (man saß oder lag zum Essen, Lesen, Reden, Schlafen auf dem Boden), empfand man es als unhygienisch, diesen Lebensraum mit Hunden teilen zu müssen. Diese Einstellung hat sich bis heute nicht geändert. Auch die empfindlichen **Tatami**-Matten sind nicht für Bello geschaffen worden. Obwohl viele Japaner gerade auf dem Land Hunde halten, sind Hunde oft nicht so sehr Familienmitglieder wie bei uns, eher Nutztiere.

Von den drei Mahlzeiten des Tages ist das Frühstück die wichtigste. Die Familie nimmt entweder ein japanisches Frühstück (Reis, Miso-Suppe, dazu Fisch, Fleisch, Gemüse, Tee) oder ein westliches Frühstück (Brot, Marmelade, Corn Flakes, Obst, Kaffee) ein. Da die Schule und die Firma in Japan etwas später beginnen als in Deutschland, bleibt meistens genug Zeit, um gemeinsam in Ruhe zu frühstücken. Das Mittagessen ist mehr eine kurze Zwischenmahlzeit, die jeder für sich einnimmt: die Mutter zu Hause oder unterwegs, der Vater in der Firma, die Kinder in der Schule.

Als Mittagessen reichen ein Süppchen oder ein paar Reisbällchen (**o-nigiri**). In vielen Fällen bereitet die Mutter für die schulpflichtigen und berufstätigen Familienmitglieder ein **o-bentô** zu. Das ist normalerweise eine Box mit Reis und verschiedenen Beilagen. Diese **o-bentô** werden kalt gegessen und sind auch die typische Verpflegung für Ausflüge, Reisen und dergleichen. Überall in den Städten locken Garküchen und Restaurants zu schnellen Mittagssnacks. Das extremste Beispiel sind kleine Suppenküchen, wo eilige Geschäftsleute in ein, zwei Minuten ein Schälchen Nudelsuppe (**soba** oder **udon**) hinunterschlingen – laut schlürfend und im Stehen. Manche Japaner fahren auch auf Sandwiches oder italienische Pasta ab. Und das vielleicht beliebteste aller einfachen Essen ist **karê-raisu**, ein auf den japanischen Geschmack abgestimmter Curry-Reis mit einer dicken, dunklen Soße.

Für das Abendessen nimmt man sich wieder mehr Zeit. Im Idealfall schart sich die Familie gemeinsam um den mit vielen unterschiedlichen Gerichten in kleinen Schälchen gedeckten Tisch und füllt sich gemütlich den Bauch – möglicherweise gebannt von dem in der Nähe laufenden Fernseher ... Zum Abendessen kommt die ganze Vielfalt und Schönheit der japanischen Kochkunst zum Tragen, und die Hausfrau hat unter Umständen den größten Teil des Nachmittags auf die Zubereitung verwendet. Der Abend ist die Zeit für das Nationalgericht **Sushi** oder ähnliche Leckereien. Leider kehren die Väter (und immer häufiger auch die Mütter) oft sehr spät aus ihren Büros und Fabriken zurück, und auch die Kinder haben nach der Schule heutzutage eine Menge Verpflichtungen und Verabredungen, so dass das gemeinsame Abendessen oftmals ins Wasser fällt ...

In vielen Familien gilt der Sonntag als Familientag, und da die meisten Geschäfte sonntags geöffnet sind, wird daraus oft ein Einkaufsbummel. In den Parks sieht man sonntags aber auch viele Väter, die mit ihren Söhnen Baseball üben.

War früher der Vater das unumstrittene Familienoberhaupt (Japan gilt ja als typische Macho-Gesellschaft) und die Frau das Heimchen am Herd, wandelt sich das Bild heute. Nicht nur in den Animes erlebt man die Väter immer öfter als ausgebrannte, weltfremde, kindische Geschöpfe, die das schwächste Glied in der Familiengemeinschaft sind. Tatsache ist, dass der harte und lange Arbeitstag vielen Familienvätern gar keine Möglichkeit lässt, sich als Mensch zu entfalten, Hobbys nachzugehen, Freundschaften zu pflegen oder sich um die Familie zu kümmern.

Dagegen ist der Schulalltag der Kinder trotz aller Härte vielleicht noch erträglich. Das Schuljahr teilt sich in drei Abschnitte und fängt nicht im Herbst an, sondern im April. Übrigens beginnt auch die Universität im April, und auch die Firmen stellen neue Mitarbeiter hauptsächlich im April ein. Damit ist das Frühjahr nicht nur die romantische Zeit der Kirschblüte (**sakura**), sondern auch die Zeit für große Veränderungen und damit die anstrengendste Zeit im Jahr.

Der Bildungsweg der Kinder sieht in vielen Fällen so aus: 3 Jahre Kindergarten (**yôchi-en**), 6 Jahre Grundschule (**shôgakkô**), 3 Jahre Mittelschule (**chûgaku**), 3 Jahre Oberschule (**kôkô**) und 4 Jahre Universität (**daigaku**).

Es gibt keine Auffächerung in Hauptschule, Realschule und Gymnasium, sondern die einzelnen Schularten werden nacheinander durchlaufen. Trotzdem ist der Leistungsdruck groß, denn man geht nicht einfach auf *irgendeine* Grund-, Mittel- oder Oberschule. Das Niveau der Schulen ist nämlich sehr unterschiedlich. Private Schulen sind besser und angesehener als staatliche oder städtische Schulen, und jede Schule hat eine bestimmte Rangstufe, über die offen geredet wird.

Dabei sind die Abschlussprüfungen nicht das große Problem. Wenn ich zum Beispiel die Mittelschule mit einer guten Note abgeschlossen habe, muss ich dennoch Aufnahmeprüfungen für diverse Oberschulen ablegen, um eine möglichst gute zu erwischen. Durchschnittlich bewirbt man sich für vier, fünf verschiedene Schulen. Ein guter Kindergarten ist ein Sprungbrett für eine gute Grundschule, diese wiederum hilft mir, in eine gute Mittelschule zu kommen, und so weiter, bis ich - hoffentlich - irgendwann einmal von einer guten Uni den Sprung in eine Topfirma schaffe. Für manche Kindergärten gibt es tatsächlich Aufnahmeprüfungen. Das bedeutet nicht, wie manchmal überspitzt behauptet wird, dass sich das ganze Leben eines Menschen in Japan bei der Aufnahmeprüfung zum Kindergarten entscheidet. Aber es bedeutet, dass es in Japan für eine tolle Karriere nicht so wichtig ist, was und mit welchem Erfolg ich an der Uni studiere. Viel wichtiger ist, auf welcher Uni ich überhaupt lande. Die Schüler, die die Aufnahmeprüfung für eine bestimmte Schule geschafft haben, werden dort öffentlich aufgelistet.

Die Unterrichtszeit pro Tag ist in Japan länger als bei uns. Nehmen wir mal einen möglichen Schultag eines Mittelschülers - je nach Schule und Klassenstufe gibt es freilich Unterschiede. Gegen 8.30 Uhr könnten sich die Schüler im sogenannten **hômurûmu** (vom englischen „home room") treffen, wo der Klassenlehrer eine kleine Ansprache hält. Unmittelbar danach beginnt der Unterricht - vier Stunden zu je 50 Minuten. Nach 12 Uhr gibt es eine Mittagspause mit gemeinsamem Mittagessen. Viele Schulen haben eine Schulkantine, in der gegessen wird, oder das Essen wird in den Klassenzimmern ausgeteilt und dort verspeist (in beiden Fällen spricht man von **kyûshoku**). In manchen Schulen bringen die Schüler stattdessen von Zuhause ein **o-bentô** mit. Danach heißt es wieder: ab in den Unterricht für weitere zwei Unterrichtsstunden, bis etwa 15.30 Uhr. Geht es auf die Zeit der Aufnahmeprüfungen zu, kann sich noch ein spezieller Prüfungs-Vorbereitungskurs anschließen. Nach dem Unterricht steht Putzen an. Die Schüler werden dazu in Gruppen aufgeteilt, die bestimmte Bereiche des Klassenzimmers und der Flure säubern. Damit ist der Schultag offiziell beendet, aber viele Schüler gehen noch nicht nach Hause, sondern beginnen jetzt ihre Clubaktivitäten (**kurabu-katsudô**, kurz: **bu-katsu**). Je nach Größe der Schule steht den Schülern eine Anzahl von möglichen Vereinen (**kurabu**) zu Verfügung, die alle zur Schule gehören. Viele davon sind Sportvereine - besonders beliebt sind bei den Mädchen Volleyball, Basketball oder Badminton, bei den Jungen Baseball, Fußball und Tennis. Aber es gibt auch Clubs, in denen man sich künstlerisch betätigen, musizieren, Theater spielen oder Kalligraphie üben kann. Aus Zeitgründen gehört jeder Schüler nur einem Club an. Manchmal gibt es in den Sportclubs auch ein **asa-ren**, das ist ein morgendliches Training vor Unterrichtsbeginn. Welche Aktivitäten gerade „in" sind, wird oft auch durch beliebte Animes oder Mangas beeinflusst. Als Mitte der 80er Jahre die Serie „Captain Tsubasa" die japanische Jugend begeisterte, erlebten die Fußballclubs der Schulen einen riesigen Boom. Später waren es dann beispielsweise Basketball-, Jûdô- oder Tennis-Animes, die einen Einfluss auf die sportlichen Interessen der Schüler hatten. Ähnliches lässt sich auch bei Eltern beobachten. Väter, die in ihrer Kindheit begeistert Baseball-Mangas gelesen haben, tendieren dazu, ihre Sprösslinge in die Baseballclubs zu scheuchen. Immerhin ist die Manga-Begeisterung der Japaner schon ein paar Generationen alt. Himmel! Wenn ich bedenke, dass mein Vater hauptsächlich Karl May gelesen hat, muss ich im Nachhinein noch froh sein, dass er mich nicht in die Reitschule gesteckt hat ...

Auch am späten Nachmittag oder am Abend können für japanische Kids noch schulische Aktivitäten auf dem Programm stehen. Die meisten besuchen nämlich mehrmals in der Woche eine sogenannte **juku**. Das Wort wird auf Deutsch gerne mit „Nachhilfeschule" übersetzt. Teilweise stimmt die Übersetzung, denn dort werden Unterrichtsinhalte der Schule nachbereitet, vertieft und über Drills eingeübt. Da aber fast alle Schüler eine **juku** besuchen, unterscheiden sie sich schon von unseren Nachhilfeschulen. Außerdem bietet manche **juku** auch Fächer an, die in den normalen Schulen nicht unterrichtet werden, z. B. traditionelle japanische Musikinstrumente oder Kunsttechniken. Es gibt zwar auch in Japan Hausaufgaben, die fallen aber verständlicherweise weniger umfangreich aus – schließlich hat man ja fast den ganzen Tag Unterricht.

Auch das Wort **yobikô** hört man oft. Darunter versteht man meistens die Kurse innerhalb einer **juku**, die der Vorbereitung auf eine Aufnahmeprüfung dienen. Wenn jemand bei der Aufnahmeprüfung zu der gewünschten Oberschule oder Universität durchfällt und sich nicht mit einer anderen Schule zufrieden gibt, sondern ein Jahr lang **yobikô**-Kurse besucht, um die Prüfung noch einmal wiederholen zu können, spricht man von einem **rônin. Rônin** war in der japanischen Feudalzeit das Wort für herrenlose Samurai.

Zum Schulalltag kommen mehrmals im Jahr diverse Festlichkeiten wie **undô-kai** und **bunka-sai**. Das **undô-kai** ist ein sonntägliches Sportfest, bei dem ein paar Mal im Jahr alle Schüler einer Schule so nette Dinge wie

Wettrennen oder Seilziehen praktizieren dürfen. Laute Marschmusik ist eine obligatorische Zutat des Gewusels, und dazu kommt ein absolut unbeschreibliches Wettschreien der Anfeuerungstruppe (**ôen-dan**) - es ist also schwierig, ein solches Sportfest zu überhören. Unter einem **bunka-sai** versteht man eine Art Mischung aus einem Schulfest und Projekttagen. Die wörtliche Übersetzung ist „Kultur-Fest", und die Schüler bereiten dafür Leckereien, Vorführungen, Spiele und dergleichen vor, an denen sich Schüler, Lehrer und Eltern ergötzen können.

In den meisten japanischen Schulen, vor allem in Mittel- und Oberschulen, ist das Tragen einer Uniform (**seifuku**) Pflicht - es gibt aber auch genügend Ausnahmen von der Regel. Da der Wunsch, die bestmöglichen Schulen zu besuchen, die Jugendlichen manchmal weit weg von Zuhause führt, wohnen nicht nur viele Studenten, sondern auch manche Oberschüler in Wohnheimen (**ryô**). Das Leben in diesen Wohnheimen wird in Mangas und Animes gerne thematisiert. Zwischen den Schülern der höheren Klassen und der niedrigen Klassen herrscht eine klare Hierarchie. Die älteren Schüler heißen **senpai** und werden von den jüngeren (**kôhai**) in höflicher Sprache angesprochen. Diesen Unterschied gibt es auch in den japanischen Firmen.

Die meisten Studenten und viele Oberschüler verdienen sich mit Nebenjobs (**arubaito** oder **baito**) etwas dazu. Vor allem an der Uni, wo es weniger stressig zugeht als in den Schulen davor, bleibt viel Zeit für Jobs und Freizeit. Studenten gehen natürlich gerne abends zusammen einen trinken. Das geschieht oft sogar geschlossen mit dem ganzen Seminar, gut durchorganisiert - man nennt das **konpa** und klappert dabei mitunter mehrere Kneipen nacheinander ab. Man nummeriert die Stationen der feuchtfröhlichen Tour durch und spricht dann vom ersten Treffen (**ichi-ji-kai**), zweiten Treffen (**ni-ji-kai**), usw.

Wenden wir uns langsam von dem Thema Schule ab. Auch über die japanischen Firmen mit ihren Großraumbüros, ihren riesigen Wohnheimen und ihren familienähnlichen Strukturen könnte man sich lange auslassen, doch da sie in den Animes selten eine Rolle spielen, ignorieren wir sie einfach.

Recht unverständlich für uns sind die vielen japanischen Festlichkeiten. Da die japanische Bevölkerung bis auf wenige Ausnahmen dem Buddhismus (**bukkyô**) und der japanischen Naturreligion **shintô** angehört, findet man christliche Feiertage kaum. Zwar ist Weihnachten (**kurisumasu**) bekannt und wird auch in den Geschäften mit Kitschartikeln kommerziell ausgeschlachtet, aber mit dem Familienfest, das wir kennen, hat es wenig zu tun, und es ist kein Feiertag in Japan.

Dafür wird das Neujahrsfest (**o-shôgatsu**) am 1. Januar im Kreis der Familie gefeiert. Dazu gehört zum Beispiel **hatsumôde**, der erste Besuch des Jahres im Tempel oder Schrein. Als Neujahrsspezialität gibt es **o-zôni**, eine Suppe mit Reiskuchen (**o-mochi**). Und nicht nur Kinder freuen sich über **o-toshidama**, ein liebevoll eingepacktes Geldgeschenk von Verwandten. Rechtzeitig im alten Jahr wurde eine gigantische Menge von Grußkarten verschickt, die man **nenga-jô** nennt. Der 1. Januar ist so ziemlich der einzige Tag im Jahr, an dem wirklich fast alle Firmen und Geschäfte geschlossen haben.

Die zweite große Festlichkeit ist das **o-bon** im Hochsommer. Das buddhistische Toten- oder Seelenfest findet, von Jahr zu Jahr unterschiedlich, zwischen Mitte Juli und Mitte August statt und wird auch nicht im ganzen Land gleichzeitig gefeiert. In den Tagen des **o-bon** kehren die Seelen der Toten, vor allem der im letzten Jahr verstorbenen Familienmitglieder, in die Familien zurück. Man ehrt sie mit speziellen Tänzen (**bon-odori**) und durch Grabbesuche (**o-haka-mairi**). Dass der Sommer die gruseligste Zeit im Jahr ist, hat aber nicht nur mit **o-bon** zu tun, sondern auch damit, dass man versucht, die schwüle Sommerhitze durch eine wohlige Gänsehaut zu vertreiben. Fernsehen und Zeitschriften überbieten sich gegenseitig mit schaurigen Programmen und Reportagen über Spukphänomene.

Zum japanischen Sommer gehört aber auch das **hanabi**, ein kleines Feuerwerk, das man jederzeit im eigenen Garten oder – wenn man in der Großstadt wohnt – auf dem Dach des Hochhauses abbrennen kann. Kinder sind verrückt danach. Große Feuerwerke heißen **hanabi-taikai** und werden hauptsächlich Ende August veranstaltet – zu Silvester wird in Japan nicht geböllert.

Mit **hanabi** gar nichts zu tun hat das **hana-mi**, das „Blumenschauen". So nennt man es, wenn erwachsene Leute sich im Frühjahr zur Zeit der Kirschblüte in die Parks unter die blühenden Kirschbäume lümmeln und rauschende Picknicks mit viel Alkohol abhalten.

Jede japanische Stadt hat irgendwann im Jahr ihr Stadtfest (**o-matsuri**). Dabei geht es noch viel bunter, chaotischer und lauter zu als bei jedem deutschen Stadt- oder Bürgerfest. Die ganze Stadt ist auf den Beinen, überall knistern die Nudel- und Oktopusbratereien. Vor allem aber marschieren gewaltige Züge halbnackter Männer durch die Straßen, die gemeinsam schwere Trageschreine stemmen und laut singend von einem Ort zu andern transportieren. Das bekannteste dieser Feste ist das einzigartige Gion-Matsuri in Kyôto – es findet im Juli statt und entführt in die vergangene Welt der alten Kaiserstadt, mit ihren Geishas und allem, was dazugehört.

Neben den **o-matsuri** gibt es noch sogenannte **ennichi**, das sind Tempel- und Schreinfeste, die unseren Jahrmärkten ähneln und Jung und Alt mit ihren vielen Buden anlocken. Man stopft sich mit **tako-yaki** (gebratener Oktopus), **ika-yaki** (gebratener Tintenfisch), **yaki-soba** (gebratene Buchweizennudeln), **tai-yaki** (fischförmige Waffeln mit süßer Bohnenmusfüllung) und **o-konomi-yaki** (Gemüsepfannkuchen) voll, bis der Magen oder der Geldbeutel „Stopp“ ruft. Nebenbei besucht man Tempel und Schreine und besorgt sich neue **o-mamori** (Talismane).

Ach ja, fast hätte ich es vergessen: In keinem Anime, in dem es um Liebe geht, darf der japanische Valentinstag (**barentain dê**) fehlen. Am 14. Februar schenken nicht die Männern den Frauen Blumen, sondern die Frauen den Männern Schokolade. An der Schule zeichnet sich an der Menge der süßen Geschenke sehr schnell ab, welche Jungs die meisten Mädchenherzen zum Schmelzen bringen. In der Firma sieht das etwas anders aus: Damit niemand leer ausgeht und in seinem männlichen Stolz getroffen wird (was zu Reibungen am Arbeitsplatz führen könnte), sehen sich viele berufstätige Frauen gezwungen, einen großen Teil der männlichen Belegschaft zu beschenken. Ein Schokoladengeschenk, das ehrlich gemeint ist und eine behutsame Liebeserklärung darstellt, nennt man **honmei-choko** (Favoriten-Schokolade). Diese Schokolade ist selbstgemacht oder zumindest etwas kostspieliger. Der Rest, der für ein, zwei Euro in Massen eingekauft und nach dem Gießkannenprinzip verteilt wird, heißt **giri-choko** (Pflicht-Schokolade). Genau einen Monat später, am sogenannten **howaito dê** (White Day) haben die Männer die Möglichkeit, sich für die Schokolade zu revanchieren. Sie tun das zum Beispiel mit Keksen, aber auch wertvollere Geschenke werden nicht zurückgewiesen.

Wenn wir schon bei den Liebeserklärungen sind: Ein Teil der Heiraten in Japan sind noch immer keine Liebesheiraten (**ren’ai kekkon**), sondern arrangierte Heiraten (**miai kekkon**). Die Sitte wird bei uns oft missverstanden. Während es früher tatsächlich einmal so war, dass die Eltern über den Kopf ihrer Kinder hinweg eine Heirat vereinbarten und den Betreffenden wenig Mitspracherecht blieb, muss man sich ein solches **miai** oder **o-miai** heute ganz anders vorstellen. **O-miai** bedeutet „sich ansehen und treffen“. Viele Japaner, die heiraten möchten, tun sich mit der Partnersuche schwer, sei es, dass sie schüchtern sind, dass sie kaum Freizeit haben oder anderweitig abgelenkt sind. Verwandte, gute Freunde oder Vorgesetzte nehmen sich solcher Leute an und stellen ihnen einen Partner vor, der zu ihnen passen könnte. Das Treffen, das zwischen den beiden arrangiert wird, verpflichtet sie zu nichts. Es gibt Menschen, die zwanzig **o-miai** gehabt haben und beim einundzwanzigsten endlich ihren Traumpartner finden. Statistisch gesehen werden arrangierte Ehen nicht unglücklicher oder häufiger geschieden als Liebesheiraten. Das **o-miai** ist also kein barbarisches Überbleibsel aus einer unkultivierten Zeit, sondern eine echte Hilfe für Menschen, die ernsthaft einen Partner fürs Leben suchen. Da die Vermittler die Kandidaten persönlich kennen und darauf achten, dass sie möglichst viel übereinander erfahren, ist ein **o-miai** eine wesentlich solidere, vertrauenswürdigere Angelegenheit als irgendeine Partnervermittlung über das Internet, Bekanntschaftsanzeigen oder eine professionelle Ehevermittlung.

Ja, womit beschäftigen sich die Japaner so sehr, dass sie keine Zeit finden, ihren Partner kennen zu lernen? Zum einen bleibt ihnen durch die langen Schul- und Arbeitszeiten pro Tag weniger Freizeit als uns, zum anderen nutzen sie ihre Freizeit anders.

Man bewegt sich gerne in gleichgeschlechtlichen Gruppen durch die Stadt und macht Einkaufsbummel (**shoppingu**) durch riesige Kaufhäuser. Japaner sind sehr modeinteressiert, und die unzähligen Modezeitschriften beliefern ihre Leser/innen ständig mit neuen Kaufanreizen. Die meisten Magazine vertreten eine eigene Moderichtung, und vor allem junge Frauen in den Großstädten scheuen sich nicht, ihre Vorlieben auszuleben.

Zwischendurch kehren sie in Cafés und Eisdielen ein oder trällern ein paar Liedchen beim **Karaoke**. Straßencafés gibt es in Japan praktisch nicht, dafür findet man kein Kaufhaus, kein Shoppingcenter, keinen größeren Supermarkt ohne ein anständiges Café. Da man in allen Restaurants und Cafés kostenlos mit Wasser (**o-mizu**) oder Tee (**o-cha**) versorgt wird, sobald man auch nur irgendetwas bestellt, kann man dort Stunden verbringen, ohne viel Geld zu investieren. Ganz kostenlos kann man sich in Buchläden vergnügen, indem man dort die neusten Zeitschriften und Mangas liest, ohne sie zu kaufen. Man nennt das **tachi-yomi** („stehend Lesen"), und kein Buchhändler wagt es, seine Kunden zurechtzuweisen. Typisch japanisch sind auch die vielen **furuhon-ya**, die Läden für gebrauchte Bücher. Man findet sie fast an jeder Ecke, und sie verkaufen keineswegs nur wertvolle alte Schinken wie viele unserer Antiquariate. Viele **furuhon-ya** haben sich auf Mangas spezialisiert und bieten neben vielen Einzelnummern auch komplette Serien an. In den meisten **furuhon-ya** bekommt man auch CDs, DVDs und Videos.

In den größeren Städten locken gigantische Vergnügungsparks (**yûenchi**) oder die Spielhallen an jeder Ecke. Während man Spielhallen bei uns mit zwielichtiger Beleuchtung, Tabakqualm und mit Betrunkenen assoziiert, die sich an Spielautomaten festhalten, sind die Game Center (**gêmu sentâ** oder **gêsen**) in Japan ein bunter, freundlicher Ort, wo sich junge Leute an einarmigen Banditen, Schießspielen, Konsolen oder Pferderenn-Simulationen vergnügen können. Da man für Geld Chips bekommt, aber für Chips kein Geld mehr, sind es keine Glücksspiele in unserem Sinne. Man weiß also von Anfang an, dass man nichts gewinnen kann, daher besteht das Publikum nicht aus gescheiterten Existenzen und Spielsüchtigen, die auf die Villa im Süden hoffen, sondern aus Jugendlichen, die kurz mal ihren Spaß haben wollen. Ein Dauerbrenner ist seit vielen Jahren der auch in anderen Ländern beliebte „UFO-Catcher", bei dem vor allem Mädchen mit einer Kralle Plüschtiere zu schnappen versuchen. Dazu kommen ständig neue Ableger von Konsolenspielen, Tanz- und Trommelspiele zum Beispiel.

In den riesigen **Pachinko**-Hallen geht es anders zu. Diese glitzernden, blinkenden Glaspaläste an den Ortsrändern mit ihren dicht aneinandergereihten Spielautomaten und der lauten Marschmusik sind nichts für Gruppen, die sich gemeinsam amüsieren wollen, sondern etwas für Einzelgänger. Bei dem lärmintensiven Spiel, bei dem man Metallkugeln an aufrechtstehenden Geräten in die richtigen Öffnungen lenken muss, kann man sich nicht mit den Nachbarn unterhalten. **Pachinko** ist für viele Japaner eine Hauptfreizeitbeschäftigung. Wenn man gut spielt, kann man die gewonnenen Kugeln gegen Waren eintauschen, doch selbst wenn es Menschen geben soll, die davon leben können – im Grunde geht es nur um Stressabbau. Auch wenn die Geräte auf den ersten Blick gleich aussehen, gibt es Hunderte von Modellen, es gibt **Pachinko**-Zeitschriften und **Pachinko**-Mangas (die vermutlich nie in deutscher Sprache erscheinen werden). Der typische **Pachinko**-Spieler ist männlich und in mittlerem Alter, aber auch viele Jugendliche und Frauen erliegen der schwer zu erklärenden Faszination dieses monotonen Spiels.

Viel mehr Ruhe hat man beim **Mâjan** (vom chinesischen Májiàng, zu Deutsch als Mah Jongg bekannt). In speziellen **Mâjan**-Stuben kann man sich zu viert diesem Legespiel hingeben und nebenbei eine Kleinigkeit trinken oder knabbern. Es gibt auch Clubs für das ebenfalls aus China stammende Go-Spiel (auf Japanisch **go** oder **igo** genannt) oder für das japanische Schach (**shôgi**). Diese klassischen chinesisch-japanischen Brett- und Legespiele sind bei älteren Leuten beliebter als bei der Jugend, haben aber in allen Generationen ihre glühenden Anhänger.

9. Anime- und Manga-Fachbegriffe

Nicht unbedingt wichtig zum Verständnis von Animes, aber umso wichtiger, wenn man darüber reden oder lesen möchte, sind die japanischen Fachbegriffe. Manche davon haben längst den Weg zu uns gefunden, und richtige Anime-Freaks gehen ganz natürlich mit Wörtern wie **dôjinshi** oder **kosupurei** um. Ich habe einige gebräuchliche Begriffe zusammengestellt und möchte sie kurz erklären.

amekomi - der japanische Begriff für amerikanische Comics. Auch wenn US-Comics in Japan kaum verkauft werden, ist der Einfluss amerikanischer Comics und Zeichentrickfilme auf japanische Künstler groß. Umgekehrt gilt natürlich dasselbe.

anime-ban - die Zeichentrickversion eines Mangas oder Romans. Den Prozess, ein Manga oder einen Roman in ein Anime umzusetzen, nennt man **anime-ka**.

animêtâ - der Beruf des Animezeichners, der arme Tropf, der die ganzen Einzelbilder zeichnen muss.

bangumi - heißt „Programm" und meint meistens ein Fernsehprogramm. Das Wort wird oft in Verbindungen wie **shin'ya bangumi** („Spät-Abend-Programm") oder **kodomo no bangumi** („Kinderprogramm") gebraucht.

BGM / bî-jî-emu - die Abkürzung des englischen Begriffes „background music". Hintergrundmusik von Animes und Computerspielen wird in Japan viel häufiger auf CD angeboten als bei uns.

bijuaru-kei (visual-kei) - wörtlich „visuelle Richtung". Dieses Wort wird für die vielen japanischen Pop- und Rock-Bands gebraucht, bei denen meist phantasievolle Kostüme und schöne, androgyne junge Männer im Vordergrund stehen.

bishôjo - bedeutet „schöne Mädchen". Theoretisch sind damit auch all die harmlosen Mangas/Animes für Kinder und Jugendliche gemeint, in denen niedliche Mädchen die Hauptrolle spielen. Meistens werden jedoch erotische Inhalte für etwas erwachsenere, männliche Leser/Zuschauer als **bishôjo** bezeichnet. Auch **bishôjo**-Spiele erfreuen sich großer Beliebtheit.

bishônen - heißt „schöne Jungs" und bezeichnet Mangas und Animes, in denen es hauptsächlich um verträumte Darstellungen hübscher, zarter, mädchenhafter Jungs geht.

bôizu rabu (boys love) - siehe **shônen ai**

bôken mono - „Abenteuer-Sachen". Abenteuer-Animes und -Mangas.

dezain - kommt vom englischen Wort „design" und taucht zum Beispiel in Begriffen wie **kyarakutâ dezain** (character design) auf.

dôga - das eigentliche fachsprachliche Wort für **anime**, das sich aber im allgemeinen Sprachgebrauch nie richtig durchgesetzt hat.

dokusha - Leser/in, nicht nur von Mangas.

dorama - meint eigentlich Soap Operas im Fernsehen, kann aber auch auf Animes und Mangas angewandt werden. Geschichten, in denen es hauptsächlich um zwischenmenschliche Beziehungen und Probleme geht, nennt man **ningen dorama** („Menschen-Drama"), und wenn das ganze zu Hause spielt, spricht man von **hômu dorama** - okay, das ist bei Animes die große Ausnahme.

dôjinshi - sind Amateurcomics oder -zeitschriften von Fans für Fans. Theoretisch können sie jedes Thema behandeln und eigene Charaktere enthalten, aber in den meisten Fällen sind es erotisch angehauchte Geschichten über schon existierende Charaktere. Eigentlich sind die meisten **dôjinshi** illegal, da sie geschützte Personen und Namen verwenden, doch die Verlage machen deswegen normalerweise keine Schwierigkeiten. Der japanische **dôjinshi**-Markt ist gigantisch.

endingu têma - von englisch „ending" und deutsch „Thema". Die Schlussmelodie einer Anime-Folge, die zum Abspann läuft. Ist es ein gesungenes Lied, spricht man eher von **endingu songu**.

esu-efu mono (SF mono) - „SF-Sachen". Science Fiction-Animes und -Mangas.

etchi - „erotisch, sexy" von der japanisierten englischen Aussprache des Buchstabens „h", des Anfangsbuchstabens von **hentai** („pervers"). **Etchi anime** sind erotische Animes, harmloser als **hentai anime**.

fantajî mono - „Fantasy-Sachen". Fantasy-Animes und -Mangas.

fukidashi - eine Sprechblase.

fukikae - Synchronisierung. Die synchronisierte Version eines Filmes heißt **fukikae-ban**.

gakkô mono - „Schul-Sachen“. Animes und Mangas, die hauptsächlich in der Schule spielen.

gekiga - heißt wörtlich übersetzt „Theater-Bilder“ und ist das Wort für Mangas, die eine lange Geschichte erzählen, ursprünglich vor allem groß-angelegte historische Mangas. Heute werden lange, ernste, eher auf Erwachsene zugeschnitte Mangas als **gekiga** bezeichnet. Oft enthalten diese Geschichten ein großes Maß an Erotik und Gewalt. Sie lassen sich mit den amerikanischen „graphic novels“ vergleichen.

gekkanshi - („Monatszeitschrift“) sind monatlich erscheinende Zeitschriften und Mangas.

gensaku - heißt „ursprüngliches Werk“. Wird zum Beispiel ein Roman verfilmt oder als Manga umgesetzt, wäre das ursprüngliche Buch das **gensaku**.

guzzu - die japanisierte Version des englischen „goods“. Gemeint sind Merchandisingprodukte zu Animes oder Mangas.

gyagu manga - von „gag“. Mangas, die weniger eine Geschichte erzählen, sondern kurze Witze darstellen. Obwohl es in Japan sehr viele dieser Mangas gibt, werden sie kaum in westliche Sprachen übersetzt.

hentai - das japanische Wort für „pervers“ wird hauptsächlich für harte pornographische Mangas und Animes benutzt.

i-sekai mono - „Andere-Welt-Sachen“. Animes und Mangas, in denen die Helden in eine Parallelwelt reisen oder gerissen werden.

japanime - in der englischsprachigen Welt der gebräuchliche Begriff für japanische Zeichentrickfilme. In Japan und im deutschsprachigen Raum wird das Wort kaum verwendet.

jidai mono - „Zeitalter-Sachen“. Animes und Mangas, die in der japanischen Feudalzeit (Zeit der Samurai) spielen.

jimaku - „Buchstaben-Vorhang“. Untertitel.

kantoku - der Regisseur.

koma - ein Einzelbild (Panel) in einem Manga. Unter **yon-koma-manga** versteht man ein in Japan häufiges **gyagu manga** (Witzcomic), das aus vier Bildern besteht.

komike (dôjin komike) - die Abkürzung von „komikku mâketto“. Eine Art Verkaufsbörse, bei der die Hobby-Comiczeichner ihre Werke (**dôjinshi**) an den Mann und die Frau bringen.

kosupurei (cosplay) - Abkürzung von „costume play“. Sich verkleiden, bestimmte ungewöhnliche Klamotten und Uniformen anziehen. Eine Art Hobby, dem manche Fans vor allem auf den Fantreffen nachgehen. Viele schneidern sich ihre phantasievollen Kostüme selbst. Die **kosupurei**-Verrücktheit der Japaner reicht von dem kleinen Jungen, der zu Hause ein Ultraman-Kostüm trägt, bis zu speziellen Etablissements, wo erwachsene Männer von Damen in Krankenschwester- oder Schuluniformen verhätschelt werden.

kyakuhon - Drehbuch. Der Drehbuchautor heißt **kyakuhon-ka**.

kyarakutâ / kyara - Charakter. Eine Figur in einem Anime oder Manga.

mahô shôjo - „Magie-Mädchen“. Ein normales Mädchen, das magische Kräfte erhält, eines der häufigsten Themen in Mangas und Animes.

manga-ka - Comickünstler. Jemand, der Mangas zeichnet (und meistens auch schreibt).

manga zasshi - Mangazeitschrift. Die dicken, telefonbuchartigen Magazine aus billigem, oft leicht eingefärbtem Papier, in denen viele Serien gleichzeitig laufen. Die erfolgreichsten diesen Serien werden später in Taschenbüchern (**tankô-bon**) noch einmal gesammelt herausgegeben. In Japan waren die **manga zasshi** vor den **tankô-bon** da, in Europa und Amerika dagegen hatten die **tankô-bon** die Nase vorn, und die **manga zasshi** etablieren sich erst langsam. In Deutschland hat jemand das Gerücht aufgebracht, die Mangazeitschriften hießen *„tomabukan“*, doch dieses Wort ist in Japan gänzlich unbekannt.

maniakku - von „maniac“. Fans, die für ihre geliebte Serie, ihren verehrten Autor oder ihren heißgeliebten Charakter notfalls sterben würden. Sie kaufen alle **guzzu** mehrfach, stellen drei Wecker, um die Folge im TV nicht zu verpassen, und benennen ihre Kinder und Haustiere nach ihren Lieblingsfiguren.

...-muke - „gerichtet auf ..., gedacht für ...". **Josei-muke** heißt „für Frauen", **dansei-muke** „für Männer", **kodomo-muke** „für Kinder", **otona-muke** „für Erwachsene". Wie man weiß, gibt's Animes und Mangas für jeden, und nachher schauen oder lesen's sowieso die, für die's gar nicht gedacht war ...

neta - ist die Idee oder der grundlegende Inhalt einer Story.

ôpuningu têma - von englisch „opening" und deutsch „Thema". Die Anfangsmelodie eines Animes. Normalerweise ist es ein gesungenes Lied, dann spricht man von **ôpuningu songu**.

o-taku - ist in Japan jemand, der die meiste Zeit seines Lebens in seinen vier Wänden verbringt, fernsieht, Computerspiele macht, Mangas liest und Animes anschaut. In Japan wird das Wort oft in negativer, spöttischer Bedeutung verwendet, bei uns hat es sich eher als neutraler Begriff festgesetzt.

OVA (ô-bui-ê) - „Original Video Animation". Ein Anime, das nicht fürs Fernsehen, sondern speziell für den Videomarkt produziert wird. Manchmal auch **OAV (ô-ê-bui)** „Original Animation Video" genannt.

pakuri - ist ein Plagiat, eine sehr enge Nachahmung von Inhalten oder visuellen Elementen einer anderen Geschichte. Bei der Menge von Mangas und Animes, die auf dem Markt sind, ist es kaum zu vermeiden, dass sich manche den Vorwurf des Ideenklaus gefallen lassen müssen.

rekishi mono - „Geschichts-Sachen". Animes oder Mangas, die sich mit Geschichte beschäftigen.

ren'ai mono - „Liebes-Sachen". Animes oder Mangas, in denen es hauptsächlich um Liebe geht.

ren'ai shimyurêshon gêmu - „Liebes-Simulations-Spiele". Für Mädchen gedachte Computerspiele, in denen sie Seite an Seite mit süßen Jungs gefährliche Abenteuer bestehen und romantische Gespräche führen können. Manche dieser Spiele sind so beliebt, dass die Manga- oder Anime-Umsetzungen nicht lange auf sich warten lassen.

seinen manga - Mangas für männliche Jugendliche, meist reich an Action.

seiyû - „Stimm-Schauspieler". Synchronsprecher für Animes, von denen manche in Japan ebenso berühmt sind wie „richtige" Schauspieler.

seru - von „celluloid". Das meist handgezeichnete Einzelbild eines Animes. Nicht selten ein begehrtes Sammlerobjekt für Fans.

shirîzu - von englisch „series". Eine Serie.

shôjo manga - Mangas für Mädchen.

shônen ai / bôizu rabu (boys love) - leicht erotische Mangas, in denen es um Liebe zwischen Jungs geht. Ursprünglich gab es solche Geschichten hauptsächlich als Amateurproduktionen, also als **dôjinshi**, heute sind aber auch professionelle **shônen ai**-Mangas, -Animes und -Spiele auf dem Markt.

shônen manga - Mangas für Jungen.

shudai-kyoku / shudai-ka - die Erkennungsmelodie oder der Themasong eines Animes. Auch **têma kyoku** bzw. **têma songu** genannt.

shujinkô - Hauptperson, Held, Protagonist.

shûkanshi - eine wöchentlich erscheinende (Manga-)Zeitschrift.

suiri mono - „Vermutungs-Sachen". Krimi-Animes und -Mangas (natürlich auch Realfilme und Romane in diesem Genre).

supôtsu mono - „Sport-Sachen". Animes und Mangas, in denen es um Sport geht.

tankô-bon - die Taschenbücher, in denen die beliebtesten Serien aus den **manga zasshi** gesammelt werden.

têma kyoku / têma songu - siehe **shudai-kyoku / shudai-ka**

tôjô jinbutsu - „auftretende Personen". Die Handlungspersonen einer Geschichte.

yaoi - meint heute annähernd dasselbe wie **shônen ai**, ist aber die Abkürzung von **yama nashi, ochi nashi, imi nashi** (ungefähr: „keine Höhepunkte, keine Auflösung, kein Sinn"), ist also ursprünglich eine wenig schmeichelhafte Bezeichnung für Fan-Geschichten, die ohne richtigen Inhalt und Dramatik einfach so dahinplätschern.

yuri - das Gegenstück zu **shônen ai**, also Mangas bzw. **dôjinshi**, bei denen es um erotische Liebe zwischen Mädchen geht.

10. Grundwortschatz

Dieser Grundwortschatz umfasst ca. 1000 Vokabeln. Die Zusammenstellung beruht auf meinen persönlichen Erfahrungen, und Ziel war eine Mischung aus allgemein wichtigen Wörtern (Mensch, Tier, Haus, Auto, kommen, gehen, groß, klein) und speziellen Begriffen, die in Animes und Mangas häufig auftauchen (Magie, Dämon, Schwert, Raumschiff, besiegen, toll). Der Umgangssprache wurde dabei Vorrang gegeben. Besonders umgangssprachliche Wörter sind mit *Ugs* markiert, Wörter aus der Kindersprache mit *Ki*.

Da stets zwanzig Wörter zu einem Thema zusammengefasst werden mussten, kann die Gliederung manchmal etwas willkürlich erscheinen. Trotzdem war es mir wichtig, den Wortschatz nicht einfach nur alphabetisch zu ordnen. In Themenblöcken merkt man sich Vokabeln leichter, und im alphabetischen Index am Ende des Buches hat man sowieso die Möglichkeit, alle Wörter schnell zu finden.

Es schien mir nicht sinnvoll, Wörter, die an anderen Stellen im Buch bereits erklärt werden, im Wortschatz noch einmal aufzuführen. Deshalb gibt es hier beispielsweise kein Kapitel über die Personalpronomen oder die Grußformeln. All das wurde im Hauptteil ausführlich durchgenommen.

Bei den Beispielsätzen ging es mir darum, kurze, möglichst typische Sätze zu finden, die man häufig hören kann. Ich habe darauf geachtet, die Sätze hauptsächlich aus Wörtern zu bilden, die im Wortschatz oder anderswo im Buch erklärt werden. Trotzdem sind eine Handvoll unbekannter Wörter enthalten - ihre Bedeutung sollte aber aus der Übersetzung klar werden.

Japanische Sätze verzichten meistens auf ein Subjekt. Damit kann man den Satz **makenai** mit „*ich* werde nicht unterliegen“, „*du* wirst nicht unterliegen“, „*er* wird nicht unterliegen“ usw. übersetzen. Hätte ich alle Übersetzungsmöglichkeiten aufgeführt, wären aus 48 Seiten einige hundert geworden, und der Wortschatz wäre unlesbar gewesen. Deshalb habe ich jeweils eine naheliegende Übersetzung gewählt. Also bitte nicht an der Übersetzung kleben! Auch Einzahl und Mehrzahl können variieren.

Bei den Verben habe ich die Grundform (gleichzeitig Gegenwartsform in der neutralen Sprache) aufgeführt und zusätzlich die Te-Form hinzugefügt, wo immer Platz dafür war. Die Te-Form hört man besonders häufig, und manchmal unterscheidet sie sich stark von der Grundform.

Der menschliche Körper

karada	**Körper**
kono hito, karada dekai ne!	Wow, der Typ ist aber groß!
kata	**Schulter**
kata ga kotta	meine Schultern sind verspannt
ude	**Arm**
ude o otta no?	hast du dir den Arm gebrochen?
hiji	**Ellbogen**
hiji de harai-noketa	ich habe ihn mit den Ellbogen weggestoßen
te	**Hand**
hoshii hito, te o agete	wer etwas möchte, hebt die Hand
yubi	**Finger**
yubi o kitchatta	ich hab mir in den Finger geschnitten
tsume	**Fingernagel**
tsume o kande wa ikenai	du sollst nicht an den Nägeln kauen
mune	**Brust**
muna ga dokidoki suru	mir klopft das Herz
o-naka	**Bauch**
o-naka ga suita	ich habe Hunger
hara *(Ugs)*	**Bauch**
hara ga hetta!	hab ich einen Kohldampf!
senaka	**Rücken**
senaka ga kayui	mein Rücken juckt
koshi	**Hüfte, Kreuz**
itsumo koshi ga itai	mir tut immer das Kreuz weh
o-shiri	**Po**
kawaii o-shiri da ne	das ist aber ein süßer Hintern
ashi	**Fuß; Bein**
ashi ga shibireta	mir sind die Füße eingeschlafen
hiza	**Knie**
hiza o utchatta	ich habe mir das Knie angeschlagen
hada	**Haut**
anata, hada ga kuroi	du hast dunkle Haut /du bist braungebrannt
ke	**(Körper-) Haar**
kore wa inu no ke da	das ist ein Hundehaar
hone	**Knochen; Gräten**
hone o jôbu ni shitai	ich möchte meine Knochen stärken
kinniku	**Muskeln**
kinniku-tsû da	ich hab' Muskelkater
kakkô	**Aussehen, Äußeres**
kono haiyû, kakkô ii	der Schauspieler sieht geil aus

Der Kopf

atama	**Kopf**
atama ga ii yatsu	ein kluges Kerlchen
kami (no ke)	**Kopfhaar**
kare wa kami no ke ga nagai	er hat lange Haare
kao	**Gesicht**
ano hito, hen na kao	der hat ein komisches Gesicht
hitai	**Stirn**
bôru ga hitai ni atatta	der Ball ist mir gegen die Stirn geprallt
hoppe *(Ugs)*	**Wange**
hoppe ni chû shite ageru	ich geb dir ein Küsschen auf die Wange
me	**Auge**
aoi me o shite ru	sie hat blaue Augen
mayuge	**Augenbraue**
mayuge o sotta	ich hab mir die Brauen rasiert
mimi	**Ohr**
neko no mimi ga ugoita	das Ohr der Katze hat sich bewegt
hana	**Nase**
kimi, hana ga takai ne	du bist ganz schön hochnäsig
kuchi	**Mund**
kuchi o ôkiku akenasai	mach den Mund weit auf
kuchibiru	**Lippen**
kuchibiru o kande ru	der beißt sich auf die Lippen (vor Ärger)
shita	**Zunge**
shita o dashitara dame	du darfst die Zunge nicht rausstrecken
ha	**Zahn**
ha ga nukete ru	dem fehlt ein Zahn
nodo	**Kehle, Hals (von innen)**
nodo ga kawaita	ich habe Durst
kubi	**Hals (von außen); Kopf**
kemono no kubi o kitte!	schlag der Bestie den Kopf ab!
ago	**Kinn, Kiefer**
ago ni panchi o ateru	jmd einen Schlag aufs Kinn verpassen
hige	**Bart**
mukashi, hige o hayashite ita	früher hatte ich einen Bart
miru *(mite)*	**sehen**
kotchi o mite!	schau mal her!
nagameru *(nagamete)*	**betrachten**
dôshite sora o nagamete ru no?	warum beobachtest du den Himmel?
kiku *(kiite)*	**hören**
sakki no o kiita?	hast du das eben gehört?

Körperfunktionen

koe	**Stimme**
kare wa koe ga hikui	er hat eine tiefe Stimme
chi	**Blut**
kimi, chi ga dete ru!	du blutest!
ase	**Schweiß**
natsu wa ase o kaku	im Sommer schwitzt man
namida	**Tränen**
namida ga deru ne!	da kommen einem ja die Tränen!
naku *(naite)*	**weinen**
naite mo ii yo	du darfst ruhig weinen
tsuba	**Spucke, Speichel**
tsuba o haku	ausspucken
hanamizu	**Nasenschleim, Rotz**
hanamizu o fukinasai	wisch dir gefälligst die Nase ab
hanaji	**Nasenbluten**
hanaji ga tomaranai	meine Nase hört nicht auf zu bluten
iki	**Atem**
kanojo, iki o shite ru?	atmet sie noch?
akubi o suru	**gähnen**
akubi o suru no wa shitsurei	Gähnen gehört sich nicht
kushami o suru / ... ga deru	**niesen / niesen müssen**
ippai kushami ga deta	ich musste wahnsinnig niesen
seki o suru / ... ga deru	**husten / husten müssen**
kaze o hiite, seki o shite ru	er hat sich erkältet und hustet
itai	**schmerzhaft; es tut weh**
itai kara, yamete!	hör auf, das tut doch weh!
kayui	**juckend; es juckt**
aa, sugoi kayui!	Mann, das juckt wie verrückt!
kibun ga warui	**es ist einem übel**
kibun ga warui no?	ist dir schlecht?
memai ga suru	**es wird einem schwindelig**
memai ga shite kita	mir wird langsam schwindelig
yopparau *(yopparatte)*	**betrunken werden**
anta, yopparatte ru kai?	bist du besoffen?
o-nara	**Wind, Furz**
o-nara shita deshô	du hast doch einen gelassen, oder?
unchi *(Ki, Ugs)*	**Kot, Stuhlgang**
a, unchi o funjatta	oh, ich bin in Scheiße getreten
o-shikko *(Ki, Ugs)*	**Urin, Pipi**
o-shikko ni ikitai	ich muss mal Pipi

Gesundheit und Krankheit

kenkô (na)	**Gesundheit; gesund**
kenkô wa ichiban	die Gesundheit ist das wichtigste
genki (na)	**gesund, wohlauf**
genki da ne!	du bist aber gut in Form!
byôki (no)	**Krankheit; krank**
byôki ja nai?	bist du vielleicht krank?
netsu	**Fieber**
netsu ga aru yo!	hey, du hast Fieber
kaze	**Erkältung**
kaze o hiita kamo	vielleicht habe ich mich erkältet
kizu	**Verletzung, Wunde**
kizu ga nai kai?	bist du auch nicht verletzt?
yakedo	**Verbrennung, Brandwunde**
itai, yakedo shichatta!	aua, jetzt hab' ich mich verbrannt!
naosu *(naoshite)*	**(etw/jmd) heilen; korrigieren; reparieren**
naoseru?	kannst du das flicken?
naoru *(naotte)*	**heilen; gut werden**
sugu naoru	das ist bald verheilt
kusuri	**Medikament, Arznei**
kusuri o nondara ii	du solltest etwas einnehmen
chûsha	**Spritze, Injektion**
watashi, chûsha ga kowai	ich habe Angst vor Spritzen
byôin	**Arztpraxis, Krankenhaus**
byôin wa doko?	wo ist das Krankenhaus?
isha	**Arzt**
isha ni naritai	ich möchte Arzt werden
kangofu	**Krankenschwester**
kangofu o yonde, hayaku!	ruf die Schwester, schnell!
kanja	**Patient(in)**
kanja ga kieta	der Patient ist verschwunden
nyûin suru	**ins Krankenhaus kommen**
imôto ga nyûin shite ru	meine kleine Schwester ist im Krankenhaus
inochi	**Leben, Lebenskraft**
inochi ga abunai	dein Leben steht auf dem Spiel
ikiru *(ikite)*	**leben**
daijôbu, ikite ru yo	keine Sorge, ich lebe noch
shi	**Tod**
shi no wakusei	der Planet des Todes
shinu *(shinde)*	**sterben**
shindara komaru	du darfst nicht sterben

Menschen

hito	**Person, Leute**
hito ga inai	es ist niemand da
kata	**Herr; Dame (höflich)**
kono kata o shitte imasu ka?	kennen Sie diese Person?
ningen	**Mensch**
boku wa ningen da kara ...	weil ich ein Mensch bin ...
jinrui	**Menschheit**
jinrui ga horobiru	die Menschheit wird ausgelöscht
otoko no hito	**Mann**
otoko no hito wa zenzen inai	es sind überhaupt keine Männer da
onna no hito	**Frau**
onna no hito-dôshi	unter Frauen
dansei	**Mann; männlich**
dansei-rashii ne	das ist sehr männlich
josei	**Frau; weiblich**
josei ni mo dekiru	das können auch Frauen
kodomo	**Kind**
kimi, kodomo-ppoi yo!	du bist echt kindisch!
otoko no ko, shônen	**Junge**
otoko no ko wa zurui	Jungen sind gemein
onna no ko, shôjo	**Mädchen**
o-mae, onna no ko mitai	du bist wie ein Mädchen
aka-chan	**Baby**
aka-chan ga naite ru	da weint ein Baby
wakamono	**junge Leute**
wakamono da kara wakaru	du bist ein Jugendlicher, du verstehst das
otona	**Erwachsene(r)**
otona no hanashi	ein Gespräch unter Erwachsenen
o-toshiyori	**ältere Leute**
kare wa o-toshiyori ni yasashii	er ist nett zu älteren Leuten
jibun	**man selbst, ich selbst, ...**
jibun mo wakaranai	ich weiß es selbst nicht
tomodachi	**Freund, Freundin (freundschaftlich)**
Reiko wa tomodachi da	Reiko ist eine Freundin
koibito	**Freund, Freundin (Liebespartner)**
mada koibito ga inai no?	hast du noch keinen Freund?
shiriai	**Bekannte(r)**
Itaria-jin no shiriai ga iru	ich habe einen italienischen Bekannten
o-kyaku	**Gast; Kunde, Kundin**
saikin, o-kayku ga sukunai	in letzter Zeit haben wir wenig Kunden

Familie

kazoku	**Familie**
kimi no kazoku tte kanemochi?	ist deine Familie reich?
shinseki	**Verwandtschaft, Verwandte(r)**
watashi, shinseki inai	ich habe keine Verwandten
oya	**Eltern**
boku to oya wa naka ga warui	ich verstehe mich nicht mit meinen Eltern
chichi	**(eigener) Vater**
chichi wa kaisha-in	mein Vater ist Angestellter
haha	**(eigene) Mutter**
haha ga tsukutta	das hat meine Mutter gemacht
kyôdai	**Geschwister**
kyôdai ga inai no?	hast du keine Geschwister?
ani	**(eigener) älterer Bruder**
kono yatsu wa ani da	der Kerl ist mein älterer Bruder
otôto	**(eigener) jüngerer Bruder**
otôto wa chibi da	mein kleiner Bruder ist ein Knirps
ane	**(eigene) ältere Schwester**
uchi no ane ga suki kai?	stehst du auf meine ältere Schwester?
imôto	**(eigene) jüngere Schwester**
imôto minakatta?	hast meine kleine Schwester gesehen?
musuko	**Sohn**
musuko ni kiite miru	ich frag mal meinen Sohn
musume	**Tochter**
musume ga kawaisô	meine Tochter tut mir Leid
mago	**Enkel(in)**
mago ga dekita	ich habe einen Enkel bekommen
fûfu	**Ehepaar**
kare-ra wa fûfu de kita	sie sind zusammen gekommen (als Paar)
danna	**(eigener) Ehemann**
danna wa baka da	mein Mann ist ein Trottel
tsuma	**(eigene) Ehefrau**
tsuma o kaeshite!	gib mir meine Frau zurück!
oi	**Neffe**
kore wa oi e no purezento da	das ist ein Geschenk an meinen Neffen
mei	**Nichte**
watashi no mei wa go-sai desu	meine Nichte ist fünf
itoko	**Cousin; Kusine**
Aiko wa kimi no itoko datta?	Aiko ist also deine Kusine?

Für weitere Verwandschaftsbezeichnungen und Anredeformen siehe Seite 29 im Hauptteil

Berufe

shigoto	**Arbeit; Beruf**
mainichi shigoto shite ru	ich arbeite jeden Tag
gakusei	**Schüler(in), Student(in)**
anata, gakusei-san?	sind Sie Student?
daigakusei	**Student(in) (Uni oder Fachhochschule)**
daigakusei wa ii ne	Studenten haben's gut
seito	**Schüler(in) (meist privat)**
seito-tachi ga mada kite nai	die Schüler sind noch nicht da
sensei	**Lehrer(in), Meister(in)**
sensei, yurushite kudasai!	Meister, bitte verzeihen Sie mir!
kôchô-sensei	**Schulrektor(in)**
kôchô-sensei wa sugoku kibishii	der Rektor ist wahnsinnig streng
kyôju	**Professor(in)**
kyôju ni naritai	ich möchte Professor werden
gakusha	**Wissenschaftler(in)**
boku wa gakusha ja nai kedo	ich bin zwar kein Wissenschaftler, aber ...
joshu	**Assistent(in)**
joshu o sagashite imasu ka?	Sie suchen einen Assistenten?
hisho	**Sekretär(in), Sachbearbeiter(in)**
kyô, hisho ga o-yasumi da	heute hat meine Sekretärin frei
unten-shi	**Fahrer(in), Chauffeur(in)**
unten-shi-san, isoide kudasai!	Fahrer, bitte beeilen Sie sich!
pairotto	**Pilot(in)**
kono hikôki, pairotto inai!	Dieses Flugzeug hat keinen Piloten!
enjinia	**Ingenieur(in)**
enjinia wa omoshiroi yo	Ingenieur (sein) ist echt interessant
kisha	**Journalist(in)**
kisha ni ki o tsukete	sei vorsichtig mit den Journalisten
tsûyaku	**Dolmetscher(in)**
tsûyaku ga inai ka?	gibt's hier denn keinen Dolmetscher?
haiyû	**Schauspieler**
kanojo wa haiyû o neratte ru	sie hat's auf Schauspieler abgesehen
joyû	**Schauspielerin**
joyû mitai ni kirei	so schön wie eine Schauspielerin
kashu	**Sänger(in)**
saikin no kashu wa minna onaji	die Sänger sind in letzter Zeit alle gleich
tarento	**Fernsehstar**
tarento wa raku	Stars haben's leicht
senshu	**Sportler(in), Athlet(in)**
kare wa yakyû-senshu da	er ist Baseballspieler

Haus

basho	**Ort, Platz**
zenzen basho ga nai	hier ist überhaupt kein Platz
tokoro, toko (*Ugs*)	**Ort, Stelle**
ironna tokoro o mita	ich hab' an allen möglichen Orten geschaut
uchi	**Haus, das Zuhause, bei uns zu Hause**
uchi wa chotto semai	bei uns ist es ein bisschen eng
ie	**Wohnhaus**
kore wa dare no ie?	wessen Haus ist das?
tatemono, biru	**Gebäude**
kore wa nan no tatemono?	was für ein Gebäude ist das?
niwa	**Garten**
niwa de badominton o shiyô!	komm, spielen wir Badminton im Garten!
apâto, manshon	**Wohnung, Appartment**
kono manshon, takai	diese Wohnung ist (zu) teuer
heya	**Zimmer**
kurai heya da ne	ist das aber ein dunkles Zimmer
daidokoro	**Küche**
daidokoro o sôji shiyô ka?	sollen wir die Küche saubermachen?
toire, o-tearai	**Toilette**
toire ni itte kuru	ich geh mal kurz auf's Klo
o-furo, furoba	**Bad, Badezimmer**
o-furo ni hairitai	ich möchte ein Bad nehmen
yuka	**Fußboden**
yuka ni suwarô	setzen wir uns auf den Boden!
kabe	**Wand**
kono kabe, boroboro	die Wand hier ist total brüchig
doa	**Tür**
doa o akete!	mach die Tür auf!
mon	**Tor**
mon no mae de matte ru	ich warte vor dem Tor
mado	**Fenster**
kono mado ga kowarete ru	dieses Fenster ist kaputt
kaidan	**Treppe**
kaidan o orite miru?	sollen wir die Treppe runter gehen?
kagi	**Schlüssel**
kagi o kashite!	gib mir mal den Schlüssel!
sumu (*sunde*)	**wohnen**
doko ni sunde ru no?	wo wohnst du eigentlich?
tomaru (*tomatte*)	**übernachten**
koko ni wa tomaritakunai	hier möchte ich nicht übernachten

Gebäude und Orte

hiroba	**(großer) Platz**
kono hiroba wa yûmei	dieser Platz ist bekannt
kôen	**Park**
kôen de pikuniku shiyô ka?	machen wir ein Picknick im Park?
(o-)mise	**Laden, Geschäft; Restaurant**
o-mise wa mô aite nai	die Läden haben nicht mehr auf
depâto	**Kaufhaus**
depâto de wa utte nai	im Kaufhaus gibt es das nicht zu kaufen
sûpâ	**Supermarkt**
sûpâ de kaô ka?	sollen wir's im Supermarkt kaufen?
pan-ya	**Bäckerei**
kono pan-ya, oishii yo	diese Bäckerei ist echt lecker
kusuri-ya, yakkyoku	**Apotheke**
yakkyoku wa doko?	wo ist die Apotheke?
ginkô	**Bank (Geldinstitut)**
atashi, ginkô de hataraite ru	ich arbeite in einer Bank
hoteru	**Hotel (im westlichen Stil)**
hoteru ni tomatta	ich hab im Hotel übernachtet
resutoran	**Restaurant**
ii resutoran shitte ru?	kennst du ein gutes Restaurant?
kissaten	**Café**
kissaten de aô	treffen wir uns im Café!
nomi-ya, saka-ba	**Kneipe, Bistro**
kono saka-ba, chotto ayashii	die Spelunke ist ein bisschen seltsam
pûru	**Schwimmbad, Pool**
pûru de oyogu to kimochi ii	im Pool zu schwimmen, ist angenehm
eiga-kan	**Kino**
atarashii eiga-kan ga dekita	ein neues Kino hat aufgemacht
kaisha	**Firma**
kyô kaisha o-yasumi?	hast du heute frei?
kôjô	**Fabrik**
kono kôjô wa jû o tsukutte iru	diese Fabrik stellt Schusswaffen her
eki	**Bahnhof**
eki made issho ni ikô	gehen wir zusammen bis zum Bahnhof!
basu-tei	**Bushaltestelle**
kokora-hen basu-tei nai	in der Gegend gibt's keine Haltestelle
kûkô	**Flughafen**
takushî de kûkô made itta	ich bin mit dem Taxi zum Flughafen gefahrn
chûsha-jô	**Parkplatz**
hayaku chûsha-jô o sagasô	suchen wir schnell einen Parkplatz

Verkehr

michi	**Weg**
michi ga wakaranai	ich kenne den Weg nicht
dôro	**Landstraße**
dôro ga konde iru	auf den Straßen staut sich der Verkehr
tôri	**Straße (in der Stadt)**
kono tôri wa doko ni tsuzuku?	wohin führt diese Straße?
hashi	**Brücke**
ano hashi o watarô	gehen wir über die Brücke da
densha	**Zug**
densha wa itte shimatta	der Zug ist weg
chika-tetsu	**U-Bahn**
ima chika-tetsu aru no?	gibt's jetzt gerade eine U-Bahn?
kuruma	**Auto**
kuruma o motte ru?	hast du ein Auto?
torakku	**Lkw**
dekai torakku ga kita yo!	da kommt ein riesiger Laster!
takushî	**Taxi**
takushî de iku?	fahren wir mit dem Taxi?
basu	**Bus**
basu no hô ga hayai	der Bus ist schneller
baiku	**Motorrad**
ko-zukai de baiku o katta	ich hab vom Taschengeld 'n Bike gekauft
jitensha	**Fahrrad**
furui jitensha ni notte ru	sie fährt ein altes Fahrrad
hikôki	**Flugzeug**
hikôki wa kyanseru sareta	das Flugzeug wurde gecancelt
fune	**Schiff**
fune ga noroi	das Schiff ist (zu) langsam
jiko	**Unfall**
jiko ga atta mitai	da scheint es einen Unfall gegeben zu haben
shingô	**Ampel, Signal**
shingô ga mienakatta?	hast du die Ampel nicht gesehen?
ryokô	**Reise**
zutto ryokô shitai	ich möchte immer nur reisen
kippu	**Fahrkarte**
kippu o mada katte nai	ich hab' noch keine Fahrkarte gekauft
unten suru *(unten shite)*	**(selbst) fahren, Auto steuern (to drive)**
unten dekiru?	kannst du Auto fahren?
noru *(notte)*	**mitfahren, einsteigen, aufsteigen (to ride)**
hayaku notte!	steig schnell ein!

Natur

shizen	**Natur**
shizen ga ippai	hier gibt es viel Natur
mori	**Wald**
kurai mori ni majo ga sunde ru	im dunklen Wald wohnt eine Hexe
shima	**Insel**
kare wa shima no hito da	er kommt von einer Insel
yama	**Berg**
kono atari yama ga ôi	in dieser Gegend gibt's viele Berge
kawa	**Fluss**
kawa mitai ni nagareru	es fließt wie ein Fluss
umi	**Meer**
koko kara umi ga chikai	von hier aus ist das Meer nahe
ishi	**Stein**
ishi o nagetewa ikenai	du darfst nicht mit Steinen werfen
hokori	**Staub**
kono heya hokori-darake	dieses Zimmer ist voll mit Staub
tetsu	**Eisen**
tetsu no yô ni katai	so hart wie Eisen
kin	**Gold**
honmono no kin da yo!	Hey, das ist echtes Gold!
onsen	**Heiße Quelle**
onsen-ryokô wa saikô da	Reisen zu den heißen Quellen sind super
jishin	**Erdbeben**
kuso, kore wa jishin da!	Scheiße, das ist ein Erdbeben!
shokubutsu	**Pflanze**
atashi, shokubutsu ga shumi	mein Hobby sind Pflanzen
ki	**Baum; Holz**
ki de dekite ru	das ist aus Holz
kusa	**Gras**
ushi wa kusa o taberu	Kühe fressen Gras
hana	**Blume**
kare wa itsumo hana o kureru	er schenkt mir immer Blumen
tane	**Samen(korn), Kern**
chiisai tane ga haitte ru	da ist ein kleines Samenkorn drin
kudamono	**Obst**
kudamono o motte kita	ich habe Obst mitgebracht
yasai	**Gemüse**
motto yasai o tabenasai	iss mehr Gemüse!
chizu	**Landkarte**
chotto chizu o miyô	schauen wir mal kurz auf die Karte!

Tiere

dôbutsu	**Tier**
ningen demo dôbutsu demo nai	weder Mensch noch Tier
kemono	**wildes Tier, Bestie**
kemono da, kemono da!	eine Bestie, eine Bestie!
petto	**Haustier**
watashi, petto o katte ru	ich habe (halte) ein Haustier
ôkami	**Wolf**
kare wa ôkami-ningen kamo	vielleicht ist er ein Werwolf
saru	**Affe**
kono hito no kao wa saru mitai	der hat ein Gesicht wie ein Affe
usagi	**Hase**
tanjôbi ni usagi ga hoshii	zum Geburtstag möchte ich einen Hasen
nezumi	**Maus, Ratte**
kono atari, nezumi iru?	gibt es hier Ratten?
uma	**Pferd**
uma ni notte oi-kakeyô	folgen wir ihm zu Pferd!
buta	**Schwein**
o-mae, buta mitai ni taberu ne	du isst echt wie ein Schwein, Mann
inu	**Hund**
inu wa ningen no tomo	der Hund ist der Freund des Menschen
neko	**Katze**
neko ga suki desu ka?	Mögen Sie Katzen?
tori	**Vogel**
tori ga tonde iru	da fliegt ein Vogel
sakana	**Fisch**
sakana-ryôri wa kirai	Fischgerichte mag ich nicht
mushi	**Insekt, Ungeziefer**
mushi o funjatta	ich bin auf ein Insekt getreten
ka	**Moskito, Mücke**
ka ni sasareta	mich hat eine Mücke gestochen
kumo	**Spinne**
iya da, kumo ga iru!	igitt, da ist ne Spinne!
hebi	**Schlange**
are tte, doku-hebi?	ist das da eine Giftschlange?
shippo	**Schwanz**
inu wa shippo o futte iru	der Hund wedelt mit dem Schwanz
tsuno	**Horn**
tsuno ni ki o tsukete!	nimm dich vor den Hörnern in Acht!
hane, tsubasa	**Flügel, Schwingen**
rippa na tsubasa da	das sind prächtige Schwingen

Wetter und Himmel

sora	**Himmel**
sora wa murasaki-iro	der Himmel ist violett
uchû	**Weltraum**
yume wa uchû-ryokô desu	mein Traum ist eine Reise durchs All
uchû-sen	**Raumschiff**
ko-ko-kore, uchû-sen da yo!	da-da-das ist ein Raumschiff!
uchû-jin	**Außerirdische(r)**
kanojo wa uchû-jin da to ka ...	sie ist nicht vielleicht eine Außerirdische?
hi, taiyô	**Sonne**
hi ga dete iru	die Sonne scheint (*ist draußen*)
hoshi	**Stern**
ano hoshi ga bakuhatsu shita	der Stern ist explodiert
tsuki	**Mond**
tsuki ga mittsu aru	es gibt drei Monde
chikyû	**Erde (der Planet)**
chikyû wa mô dame da	die Erde hat keine Chance mehr
wakusei	**Planet**
shiranai wakusei da	das ist ein unbekannter Planet
kûki	**Luft**
kûki ga tarinai	die Luft reicht nicht
tenki	**Wetter**
chotto tenki ga warui	das Wetter ist nicht ganz optimal
hare	**schönes Wetter, wolkenloser Himmel**
asa kara ban made hare datta	von morgens bis abends war schönes Wetter
kumori	**Bewölkung**
kumori dattara, kaerô	kehren wir zurück, falls es bewölkt ist
kaze	**Wind**
kyô, kaze ga tsuyoi	heute ist es sehr windig
ame	**Regen**
ame ga furu kamo	vielleicht wird es regnen
yuki	**Schnee**
kinô mo yuki ga furanakatta	auch gestern hat es nicht geschneit
kiri	**Nebel**
kono kiri de wa muri da	bei diesem Nebel hat es keinen Sinn
kaminari	**Donner**
kaminari ga natta	es hat gedonnert
niji	**Regenbogen**
niji ga mieru	da sieht man einen Regenbogen
kôri	**Eis**
ike ni kôri ga hatte ru	der Teich ist von Eis bedeckt

Lebensmittel

(o-)kome	**Reis (in ungekochter Form)**
chotto o-kome katte kuru	ich geh mal kurz Reis kaufen
daikon	**Rettich**
daikon wa haitte nai	Rettich ist keiner drin
ninjin	**Karotte**
ninjin wa me ni ii	Möhren sind gut für die Augen
tama-negi	**Zwiebel**
tama-negi mo ireru?	tun wir auch Zwiebeln rein?
tomato	**Tomate**
tomato ga kirai dattara ...	wenn du keine Tomaten magst ...
kinoko	**Pilz**
kore, tokubetsu na kinoko da	das ist ein besonderer Pilz
ringo	**Apfel**
konna ringo wa mita koto nai	so einen Apfel hab ich noch nie gesehen
momo	**Pfirsich**
kono momo wa kusatte iru	der Pfirsich ist faulig
orenji	**Orange**
orenji-jûsu wa dô?	wie wär's mit Orangensaft?
ume	**jap. Pflaume**
ume-shu de yopparatte ru	sie ist von Pflaumenwein betrunken
suika	**Wassermelone**
natsu wa suika no shîzun	Sommer ist die Saison der Wassermelonen
ichigo	**Erdbeere**
ichigo-kêki ga ichiban	Erdbeerkuchen ist das beste
(o-)niku	**Fleisch**
o-niku wa tabenai	Fleisch esse ich nicht
tamago	**Ei**
kore wa kyôryû no tamago da	das ist das Ei eines Dinosauriers
nori	**getrockneter Seetang**
gaijin wa nori ga kirai	Ausländer mögen keinen Seetang
hamu	**Wurstaufschnitt, Schinken**
hamu to chîzu, dotchi ga ii?	was möchtest du, Wurst oder Käse?
(o-)shio	**Salz**
o-shio o watashite yo!	reich mir endlich das Salz!
(o-)satô	**Zucker**
o-satô o takusan ireru	ich nehme viel Zucker
(o-)shôyu	**Soyasoße**
kono sûpu wa shôyu-aji da	diese Suppe schmeckt nach Soyasoße
miso	**Soyapaste**
miso de itameta	ich hab's mit Miso angebraten

Gerichte

gohan	**gekochter Reis; Essen**
gohan, chanto tabeta?	hast du auch richtig gegessen?
shokuji	**Mahlzeit**
shokuji ga owatta	wir sind fertig mit dem Essen
ryôri	**Gericht, Speise**
kono ko, ryôri ga jôzu	die Kleine kann gut kochen
asa-gohan	**Frühstück**
asa-gohan ni nani o taberu?	was isst du zum Frühstück?
(o-)bentô	**Essen für Unterwegs, Lunchbox**
eeee, o-bentô motte kita no?	was, du hast dein Essen mitgebracht?
miso-shiru	**Misosuppe**
haha wa miso-shiru no fan da	meine Mutter ist ein Misosuppen-Fan
tenpura	**in Öl Gesottenes im Eierteig**
tenpura ni shiyô ka?	sollen wir Tempura nehmen?
soba	**Buchweizennudeln (und Suppe damit)**
soba wa ichiban yasui	Soba ist am billigsten
udon	**Weizennudeln (und Suppe damit)**
tsukimi-udon ga tabetai	ich möchte Tsukimi-Udon (mit Ei) essen!
râmen	**Nudelsuppe nach chinesischer Art**
atsu-atsu no râmen	dampfend heiße Nudelsuppe
kappu-men	**Instantnudeln aus dem Becher**
ban-gohan wa kappu-men da	das Abendessen sind Instantnudeln
karê-raisu	**Reis mit Currysoße**
kyô wa nasu-karê o tsukutta	heute habe ich Auberginen-Curry gemacht
o-nigiri	**Reisbällchen**
o-nigiri motte, hana-mi shiyô	nehmen wir Reisbällchen zum Hanami mit
yaki-tori	**Bratspießchen mit Hühnerfleisch**
yaki-tori-ya ga hayatte ru	Bratspieß-Restaurants sind „in“
poteto chippusu (potechi)	**Kartoffelchips**
shio-aji no potechi	Chips mit Salz-Geschmack
pan	**Brot**
mainichi pan o taberu	ich esse jeden Tag Brot
sandoitchi, sando	**Sandwich**
tamago-sando ni shiyô ka?	soll ich ein Eiersandwich nehmen?
sarada	**Salat**
râmen ni sarada wa awanai	zum Râmen passt kein Salat
kêki	**Kuchen, Torte**
nihon no kêki wa chîsai	die japanischen Kuchenstücke sind klein
dezâto	**Dessert, Nachtisch**
dezâto iru?	brauchst du einen Nachtisch?

Essen und Trinken

taberu *(tabete)*, kuu *(kutte)*	**essen**
tabetai kedo, tabenai	ich würd's gern essen, aber ich ess' es nicht
nomu *(nonde)*	**trinken**
sonna ni nonda no?	hast du so viel getrunken?
kamu *(kande)*	**beißen; kauen**
kono inu kamu yo	der Hund beißt!
nameru *(namete)*	**lecken; für dumm verkaufen**
sensei o nameru na!	verkauf deinen Lehrer nicht für dumm!
mizu	**Wasser**
mizu no kawari o kudasai	bitte noch ein Wasser
o-cha	**Tee (meist grüner Tee)**
o-cha dôzo	hier ist Tee, bitte
kôcha	**Schwarztee**
kono kôcha wa kôkyû da	dieser Schwarztee ist edel
kôhî	**Kaffee**
kôhî ni o-satô o ireru?	nimmst du Zucker in den Kaffee?
gyûnyû, miruku	**Milch**
gyûnyû nondara se ga nobiru	wenn man Milch trinkt, wächst man
jûsu	**Saft; Limonadengetränk**
amai jûsu, nigate	ich steh nicht so auf süße Getränke
(o-)sake	**alkoholische Getränke**
atashi, o-sake nomenai n desu	ich vertrage keinen Alkohol
bîru	**Bier**
hieta bîru motte kite!	bring mir ein gekühltes Bier!
bin	**Flasche**
kore, kara no bin ja nai?	ist das nicht eine leere Flasche?
naifu	**Messer**
naifu de sase!	stich mit dem Messer zu!
fôku	**Gabel**
a, fôku o otoshite shimatta	upps, ich hab die Gabel fallen gelassen
supûn	**Löffel**
kore, supûn de taberu n da yo!	he, das isst man mit dem Löffel!
o-hashi	**Essstäbchen**
gomen, o-hashi shika nai	sorry, wir haben nur Stäbchen
(o-)sara	**Teller**
dare ga o-sara o arau?	wer wäscht die Teller ab?
koppu	**Glas, Becher**
koppu ga mittsu aru	wir haben drei Becher
(o-)nabe	**Topf**
ôkii o-nabe aru?	hast du einen großen Topf?

Kleidung

fuku	**Kleidung, Klamotten**
kyô wa fuku o kai ni iku	heute gehe ich Klamotten kaufen
yôfuku	**westliche Kleidung**
kekkon-shiki ni yôfuku de iku	auf die Hochzeit gehe ich in westl. Kleidern
shitagi	**Unterwäsche**
kono shitagi no dezain dô?	wie ist das Design von dieser Wäsche?
uwagi	**Jacke, Sakko**
sono uwagi totte kureru?	kannst du mir die Jacke da reichen?
shatsu	**Unterhemd, Hemd**
sono shatsu wa ni-awanai	das Hemd steht dir nicht
waishatsu	**Hemd**
waishatsu o kurîningu ni dasu	das Hemd gebe ich in die Reinigung
sêtâ	**Pullover**
kono sêtâ kayui	der Pulli kratzt
zubon	**Hose**
hen na zubon haite ru	die hat eine komische Hose an
pantsu	**Unterhose, Slip**
kono kuroi pantsu ga kawaii	dieser schwarze Slip ist niedlich
burajâ, bura	**BH**
kanojo wa burajâ o tsukete nai	sie trägt keinen BH
mizugi	**Badeanzug, Badehose**
mizugi motte kita?	hast du deinen Badeanzug dabei?
bôshi	**Hut, Mütze**
iya da, bôshi o oite kita!	nein, ich hab meinen Hut liegen gelassen!
kutsu	**Schuhe**
sore, suteki na kutsu da ne	das sind aber tolle Schuhe
tebukuro	**Handschuhe**
tebukuro o wasurenaide	vergiss die Handschuhe nicht
hankachi	**Taschentuch**
kono hankachi, Igirisu de katta	das Taschentuch hab ich in England gekauft
taoru	**Handtuch**
taoru dôzo!	da, nimm das Handtuch!
handobaggu	**Handtasche**
handobaggu ni ki o tsukete!	pass auf deine Handtasche auf!
poketto	**Tasche (an der Kleidung)**
saifu wa poketto ni haitte ru	der Geldbeutel ist in der Tasche
botan	**Knopf (auch Schaltknopf)**
botan ga toreta	ein Knopf ist abgegangen

Viele englische Begriffe: kôto (Mantel), sukâto (Rock), burausu (Bluse), nekutai (Krawatte), pajama (Pyjama), sutokkingu (Strümpfe)

Gebrauchsgegenstände

mono	**Ding, Zeug**
mono o katazukenasai!	räum das Zeug auf!
kagami	**Spiegel**
kagami o mite, bikkuri shita	ich sah in den Spiegel und erschrak
matchi	**Streichholz**
matchi ga oreta	das Streichholz ist abgebrochen
raitâ	**Feuerzeug**
raitâ o kashite kureru?	kannst du mir dein Feuerzeug leihen?
rôsoku	**Kerze**
shiroi rôsoku ga ippai	da gibt's viele weiße Kerzen
dôgu	**Werkzeug**
dôgu wa nani mo nai	wir haben überhaupt kein Werkzeug
sekken	**Seife**
sekken de aratte miru	ich versuch's mit Seife zu waschen
ha-burashi	**Zahnbürste**
koko de ha-burashi ga utte ru?	werden hier Zahnbürsten verkauft?
kami	**Papier**
kami ni kaita	ich habe es auf ein Papier geschrieben
pen	**Stift**
pen o motte kite nai	ich habe keinen Stift mitgebracht
fude	**Pinsel**
fude de kaite mite	versuch es mit dem Pinsel zu schreiben
enpitsu	**Bleistift**
enpitsu de mo ii yo	ein Bleistift tut's auch
bôru-pen	**Kugelschreiber**
kono bôru-pen wa kakenai	dieser Kuli schreibt nicht
nôto	**Schreibheft**
nôto dake areba ii	ein Heft reicht (wenn es da ist, ist es gut)
kaban	**Tasche**
kaban wa buki de ippai	die Tasche ist voll mit Waffen
hata	**Fahne, Flagge**
doko no hata?	von wo ist die Flagge? (welches Land, ...)
tokei	**Uhr**
tokei ga tomatta	die Uhr ist stehengeblieben
megane	**Brille**
sono megane, atarashii?	ist die Brille neu?
kasa	**Schirm**
kasa wa iranai	wir brauchen keinen Schirm
hari	**Nadel**
hari ga ochite iru	da liegt eine Nadel (ist hinuntergefallen)

Möbel und Geräte

tsukue	**Schreibtisch**
shinbun wa tsukue no ue ni aru	die Zeitung liegt auf dem Schreibtisch
isu	**Stuhl**
modan na isu da ne	das ist aber ein moderner Stuhl
tana	**Regal**
tana wa mono de ippai	das Regal ist voll mit Zeug
to-dana	**Schrank**
kono to-dana ni himitsu ga aru	dieser Schrank hat ein Geheimnis
tansu	**Kommode**
tansu o akenasai	öffne die Kommode
hako	**Schachtel, Kiste**
kono hako ni nani ga haitte ru?	was ist in dieser Kiste drin?
jûtan, kâpetto	**Teppich**
jûtan ga chi de yogoreta	der Teppich ist von Blut beschmutzt
denki	**elektr. Licht; Elektrizität**
denki ga kieta	das Licht ist ausgegangen
kikai	**Maschine**
kikai-ningen da	das ist ein Maschinen-Mensch
jidô-hanbai-ki, ji-han-ki	**Verkaufsautomat**
ji-han-ki wa zenbu kowarete ru	die Automaten sind alle kaputt
denwa	**Telefon**
denwa ga natte ru	das Telefon klingelt
keitai (denwa)	**Handy**
furui keitai o kare ni ageta	ich habe mein altes Handy ihm gegeben
rusuban-denwa, rusu-den	**Anrufbeantworter**
rusu-den datta	der Beantworter war dran
denwa-bangô	**Telefonnummer**
denwa-bangô, oboete ru?	weißt du die Telefonnummer noch?
chikara	**Kraft**
chikara ga naku natta	meine Kraft ist versiegt
koshô	**Defekt**
terebi ga koshô shite ru - neyô!	der Fernseher ist defekt - gehn wir schlafen!
hi	**Feuer**
mahô na hi da	das ist ein magisches Feuer
kemuri	**Rauch**
kemuri ga dete kuru	da kommt Rauch heraus
gomi	**Abfall**
gomi o sutete kuru	ich geh mal den Müll raustragen

Viele englische Begriffe: têburu (Tisch), beddo (Bett), buraindo (Jalousie), ranpu (Lampe), suitchi (Schalter), mikisâ (Mixer), tôsutâ (Toaster).

Militärisches

tatakau *(tatakatte)*	**kämpfen**
tatakaitai kai?	will du kämpfen oder was?
sensô	**Krieg**
sensô ni natte hoshikunai	ich will nicht, dass es zum Krieg kommt
heiwa	**Frieden**
heiwa o mamoru	ich bewahre den Frieden
shinryaku	**Invasion**
uchû-jin no shinryaku da	das ist eine Invasion der Außerirdischen
osou *(osotte)*, kôgeki suru	**angreifen, attackieren**
kôgeki no jikan da	es ist Zeit für den Angriff
teki, kataki	**Feind**
teki wa minna nigeta	die Feinde sind alle geflohen
mikata, nakama	**Freund, Verbündter**
kimi wa teki ka, mikata ka?	bist du Freund oder Feind?
guntai	**Armee, Heer, Militär**
guntai ni hairitai	ich will in die Armee eintreten
gunjin, heitai, heishi	**Soldat**
ano hito wa heishi ja nai	der dort ist kein Soldat
buki / heiki	**Waffe (allgemein / im Krieg)**
fushigi na buki da	das ist eine wundersame Waffe
senshi	**Krieger**
senshi ni kowai mono wa nai	ein Krieger kennt keine Angst
yumi / ya	**Bogen / Pfeil**
yumi-ya de kôgeki shiyô	attackieren wir mit Pfeil und Bogen
katana, ken	**Schwert**
densetsu no ken da!	das Schwert aus der Legende!
jû	**Gewehr**
jû o motte haittewa ikenai	mit dem Gewehr darf man nicht reingehen
kenjû, pisutoru	**Pistole, Revolver**
hannin wa kenjû o motte ita	der Täter hatte einen Revolver
utsu *(utte)*	**schlagen; (Waffe) abdrücken, schießen**
ute, bakayarô!	schieß schon, Dummkopf!
bakudan	**Bombe**
bakudan o nageyô	werfen wir Bomben
sensha	**Panzer**
sensha o tsukatte iru!	die setzen Panzer ein!
gunkan	**Kriegsschiff**
teki no ichiban dekai gunkan	das größte Kriegsschiff des Feindes
sensuikan	**U-Boot**
sensuikan wa monitâ kara kieta	das U-Boot ist vom Monitor verschwunden

Verbrechen

hanzai	**Verbrechen**
anna koto wa hanzai ja nai	so etwas ist kein Verbrechen
hanzai-sha	**Verbrecher**
minna hanzai-sha da yo!	das sind doch alles Verbrecher!
hannin	**Täter**
hannin wa ore ja nai	der Täter bin nicht ich
yôgi-sha	**Verdächtiger**
yôgi-sha no namae o oshiete	verrate mir den Namen des Verdächtigen
jiken	**Vorfall, Kriminalfall**
mata jiken ga atta	es hat schon wieder einen Vorfall gegeben
satsujin	**Mord**
satsujin ja nai kamo	vielleicht ist es gar kein Mord
dorobô	**Diebstahl; Dieb**
dorobô ni natte shimatta	ich bin zum Dieb geworden
suri	**Taschendiebstahl; Taschendieb**
koko wa suri no tengoku da	das hier ist ein Paradies für Taschendiebe
bôryoku	**Gewalt**
bôryoku o tsukaitakunai kedo	ich will keine Gewalt anwenden, aber ...
yûkai	**Entführung**
yûkai-jiken desu ka?	handelt es sich um einen Entführungsfall?
sagi	**Betrug**
kore wa sagi da!	das ist Betrug!
mayaku	**Drogen**
kare, mayaku o utte ru	er verkauft Drogen
keisatsu	**Polizei**
keisatsu wa mada kite nai	die Polizei ist noch nicht da
kôban	**kleiner Polizeiposten**
chikaku no kôban wa doko?	wo ist der nächste Polizeiposten?
keisatsu-kan	**Polizeibeamter**
haha wa keisatsu-kan da	meine Mutter ist Polizistin
keiji	**Kriminalbeamter**
shiroi kami no hito ga keiji	der Weißhaarige ist ein Kripo-Beamter
saiban	**Gerichtsverhandlung**
tabun saiban ni naru to omou	ich denke, die Sache kommt vor Gericht
bengoshi	**Rechtsanwalt**
bengoshi o yobitai	ich möchte einen Rechtsanwalt rufen
shôko	**Beweis**
shôko wa hitotsu mo nai	es gibt keinen einzigen Beweis
keimusho, musho *(Slang)*	**Gefängnis, Justizvollzugsanstalt**
musho ni irete yaru!	dich werf ich in den Knast!

Fantasy

mahô	**Magie**
mahô o tsukau shika nai	es bleibt nichts übrig als Magie einzusetzen
majin	**Dämon, Zauberwesen**
majin o yobô	rufen (beschwören) wir den Dämon
kaibutsu	**Monster**
osoroshii kaibutsu da!	das ist ein schreckliches Ungeheuer!
tenshi	**Engel**
tenshi no yô na hito	ein Mensch wie ein Engel
kami / kami-sama	**Gott / Herr Gott**
kami ga tasukete kureta	Gott hat mich gerettet
bakeru	**sich verwandeln**
kanojo wa nezumi ni baketa	sie hat sich in eine Maus verwandelt
(o-)majinai	**Zauberei, Zauberspruch**
o-majinai de kare o te ni ireta	ich habe ihn mit Zauberei gekriegt
uranai	**Wahrsagen, Hellsehen**
Chiyo-chan, uranai shinjite ru?	Chiyo, glaubst du an Wahrsagerei?
tengoku	**Paradies**
tengoku ni kite shimatta mitai	es scheint, wir sind im Paradies gelandet
jigoku	**Hölle**
jigoku da!	das ist die Hölle!
kaijû	**Riesenmonster**
kaijû ga osotte kuru	ein Monster greift an
ryû	**Drache**
ryû ni notte nigeyô	steigen wir auf den Drachen und fliehen wir
yôkai	**Naturgeist**
yôkai dai-sensô	der große Krieg der Naturgeister
oni	**Kobold, Teufelchen**
kokoro no yasashii oni mo iru	es gibt auch Kobolde mit gutem Herz
o-bake	**Spuk, Gespenst**
o-bake ga deru to kiita	ich habe gehört, es spukt
yûrei, bôrei	**Totengeist**
yûrei o mita koto nai	ich habe noch nie ein Gespenst gesehen
tamashii	**Seele**
kono e ni tamashii ga aru	dieses Bild hat eine Seele
taiji suru *(taiji shite)*	**austreiben/bekämpfen von Dämonen**
hayaku akuma o taiji shiyô	vertreiben wir schnell den Teufel
fûin suru *(fûin shite)*	**bannen**
dô yatte fûin dekiru?	wie kann man ihn bannen?
bôken	**Abenteuer**
tanoshii bôken datta	das war ein tolles Abenteuer

Sport

supôtsu	**Sport**
supôtsu kurabu ni haitte ru?	bist du in einem Sportverein?
undô	**Bewegung, Sport**
saikin undô shite nai	in letzter Zeit treibe ich keinen Sport
shiai	**Wettkampf, Spiel**
shiai ga hajimatta	der Wettkampf hat begonnen
katsu *(katte)*, yûshô suru	**siegen, gewinnen**
zettai katsu!	ich werde hundertprozentig siegen!
taosu *(taoshite)*	**besiegen; umstoßen**
kimi o taosu yo, yakusoku suru!	ich werde dich bezwingen, versprochen!
makeru *(makete)*	**unterliegen, verlieren**
makeru n ja nai yo	eine Niederlage kommt nicht in Frage!
kessen, kesshô-sen	**Finalkampf**
iyoiyo kessen no jikan da	die Zeit des Finales ist endlich gekommen
(shin-)kiroku	**(neuer) Rekord**
uso! kore shin-kiroku da!	Unmöglich! Das ist ein neuer Rekord!
shinpan	**Schiedsrichter**
kono shinpan wa wakatte nai	dieser Schiedsrichter hat keine Ahnung
kantoku	**Trainer**
kare ga kantoku ni naru nante	also, dass *er* Trainer wird ...
kisoku, rûru	**Regel**
kisoku o mamorinasai!	halte dich an die Regeln!
sakkâ	**Fußball**
sakkâ wa ninki da	Fußball ist in
yakyû	**Baseball**
yakyû wa chô-ninki da	Baseball ist mega-in
basuketto-bôru, basuke	**Basketball**
se ga hikui kara basuke ga heta	ich bin klein, deshalb bin ich schlecht in Bb
barê-bôru	**Volleyball**
barê-bôru hajimetai	ich möchte mit Volleyball anfangen
takkyû, pinpon	**Tischtennis**
takkyû tte kekkô tsumaranai	Tischtennis ist ziemlich öde
kyûdô	**japanisches Bogenschießen**
Asami-chan wa kyûdô ga tokui	Asami ist gut in Bogenschießen
kendô	**japanisches Stockfechten**
kendô de hito no michi o shiru	mit Kendô den Weg der Menschen erlernen
sumô	**Sumo, japanisches Ringen**
kono daigaku, sumô-bu ga aru	in dieser Uni gibt es einen Sumô-Verein
kakutôgi	**Kampfsport**
kakutôgi wa tanoshii	Kampfsport macht Spaß

Hobby und Freizeit

hima	**Freizeit**
hima ga attara, uchi ni kite	wenn du Zeit hast, komm zu mir
shumi	**Hobby**
ore no shumi wa kuruma da	mein Hobby sind Autos
asobu *(asonde)*	**spielen, sich vergnügen**
issho ni asobu?	sollen wir zusammen was machen?
o-kane	**Geld**
o-kane o tsukatte shimatta	ich habe (viel) Geld verbraucht
yume	**Traum**
anata no yume o mita	ich habe von dir geräumt
shashin	**Foto, Photographie**
shinrei-shashin da	das ist ein Spukfoto
shashin o toru *(totte)*	**ein Foto machen**
shashin totte ii?	darf ich ein Foto machen
satsuei suru *(satsuei shite)*	**einen Film drehen**
ima satsuei-chû desu	hier wird gerade ein Film gedreht
kamera	**Kamera, Fotoapparat**
yasui deji-kame o katta	ich habe eine billige Digitalkamera gekauft
fuirumu	**Film (für die Kamera)**
fuirumu ga haitte nakatta	da war kein Film drin
eiga	**Kinofilm**
eiga miyô ka?	sollen wir uns einen Film ansehen?
omocha	**Spielzeug**
oi! sore wa omocha ja nai zo!	hey! das ist kein Spielzeug!
yûenchi	**Rummelplatz, Vergnügungspark**
yûenchi de dêto o shita	wir hatten ein Date auf dem Rummel
janken	**Knobeln**
janken shiyô	knobeln wir's aus!
saikoro	**Würfel**
saikoro ga yottsu aru	es gibt vier Würfel
toranpu	**Karten(spiel)**
toranpu-uranai shite ageyô ka?	soll ich dir die Karten legen?
geki	**Theater(stück)**
hen na geki datta naa	das war aber ein seltsames Stück
ongaku	**Musik**
donna ongaku ga suki desu ka?	welche Musik mögen Sie?
odoru *(odotte)*	**tanzen**
odorô ka?	wir wär's mit tanzen?
kaimono	**Einkaufen, Einkäufe**
doko de kaimono shiyô ka?	wo sollen wir einkaufen?

Schule

gakkô	**Schule**
kyô kara gakkô ga hajimaru	ab heute fängt die Schule an
shô-gakkô	**Grundschule (1. - 6. Schuljahr)**
chikaku ni shô-gakkô ga nai	in der Nähe gibt es keine Grundschule
chû-gakkô, chû-gaku	**„Mittelschule" (7. - 9. Schuljahr)**
kare, chû-gaku no tomodachi	er ist ein Freund aus der Mittelschule
kôkô (*Abk. v. kôtô gakkô*)	**„Oberschule" (10. - 12. Schuljahr)**
kôkô wa tsurakatta	in der Oberschule hatte ich's schwer
daigaku	**Universität, Fachhochschule**
ii daigaku ni hairitai	ich möchte auf eine gute Uni gehen
juku	**private Nachhilfeschule**
juku wa go-ji kara	die Juku fängt um fünf an
kumi, kurasu	**Klasse**
uchi no kurasu wa baka bakari	in unserer Klasse sind nur Dummköpfe
jugyô	**Unterricht**
kyô wa jugyô ga nai	heute gibt es keinen Unterricht
benkyô suru *(benkyô shite)*	**lernen, studieren**
tosho-kan de benkyô suru	ich lerne in der Bibliothek
kenkyû suru *(kenkyû shite)*	**forschen, erforschen**
DNA no kenkyû o shite imasu	ich betreibe Forschungen über Dann
shukudai	**Hausaufgaben**
shukudai ga takusan aru	wir haben eine Menge Hausaufgaben
shiken	**Prüfung, Klausur**
ashita mo asatte mo shiken da	morgen und übermorgen sind Prüfungen
tesuto	**(kurzer) Test**
kyô no tesuto wa ikinari datta	der heutige Test war unerwartet
taiiku	**Sport (als Schulfach)**
taiiku no sensei ga kawatta	der Sportlehrer hat gewechselt
taiiku-kan	**Turnhalle, Sporthalle**
asa-ren wa taiiku-kan de aru	das Morgentraining ist in der Turnhalle
kyôkasho	**Lehrbuch**
kyôkasho wasureta	ich habe mein Lehrbuch vergessen
tosho-kan	**Bibliothek**
tosho-kan wa shimatte iru	die Bibliothek ist geschlossen
sûgaku	**Mathematik**
sûgaku ga wakaranai	ich verstehe die Mathematik nicht
kagaku	**1. Naturwissenschaften 2. Chemie**
kagaku ni kyômi ga aru	ich interessiere mich für Naturwissenschaft
rekishi	**Geschichte**
rekishi no sensei wa o-yasumi	der Geschichtslehrer ist krank (hat frei)

Sprache, Schrift, Gedanke

kotoba	**Wort; Sprache**
kono kotoba wa shiranai	dieses Wort kenne ich nicht
moji, ji	**Buchstabe, Schriftzeichen, Schrift**
dare no ji darô?	wessen Schrift ist das wohl?
namae	**Name**
namae oshiete!	verrate mir deinen Namen!
hanashi	**Gespräch, Geschichte**
kinô chotto hanashi o shita	gestern haben wir uns ein wenig unterhalten
monogatari	**Geschichte, Erzählung**
kono monogatari, kanari nagai	diese Geschichte ist ziemlich lang
dôwa, mukashi-banashi	**Märchen**
dôwa ni shika nai koto	eine Sache, die es nur im Märchen gibt
hon	**Buch**
watashi wa hon no mushi da	ich bin ein Bücherwurm
nikki	**Tagebuch**
jû-nenkan nikki o kaite ru	ich schreibe seit zehn Jahren Tagebuch
shinbun	**Zeitung**
kyô no shinbun yonde nai	die heutige Zeitung habe ich nicht gelesen
zasshi	**Zeitschrift, Magazin**
ongaku zasshi arimasu ka?	haben Sie Musikzeitschriften?
jôdan	**Witz, Spaß**
jôdan da yo!	das ist doch nur ein Spaß!
o-seji	**Kompliment**
o-seji ja arimasen	das ist kein Kompliment (sondern ehrlich)
kenka suru *(kenka shite)*	**streiten**
itsumo kenka shite bakari	ihr streitet euch immer nur
shinrai suru, shin'yô suru	**vertrauen**
kare o shinrai dekinai	ich kann ihm nicht vertrauen
anshin suru, hotto suru	**erleichtert sein**
yokatta, hotto shita	puh, da bin ich aber erleichtert
kangaeru *(kangaete)*	**denken, überlegen**
yukkuri to kangaeyô	lasst uns in Ruhe nachdenken
tsumori	**Absicht, Vorhaben**
gaikoku ni iku tsumori da	ich habe vor, ins Ausland zu gehen
sôzô suru *(sôzô shite)*	**sich etw. vorstellen**
sôzô shite kudasai	bitte stellen sie sich das vor
kyômi ga aru *(... atte)*	**Interesse haben**
anta ni wa kyômi ga nai	für dich habe ich kein Interesse
kinchô suru *(kinchô shite)*	**nervös sein, angespannt sein**
shiai no mae, kinchô suru ne	vor dem Spiel wird man nervös, was?

Welt, Land, Stadt

sekai	**Welt**
sekai de ichiban kawaii hito	der süßeste Mensch auf der Welt
kuni	**Land**
kono kuni o sukutte kudasai	bitte rette dieses Land
gaikoku	**Ausland**
hajimete gaikoku ni iku	ich bin zum ersten Mal im Ausland
toshi	**Stadt**
kono toshi wa nan tte iu no?	wie heißt diese Stadt?
machi	**Stadt, Ortschaft**
tonari no machi e iku	ich fahre (gehe) in den Nachbarort
mura	**Dorf**
kono mura, dare mo inai	in diesem Dorf ist niemand
inaka	**Land, Provinz (nicht Stadt); Heimat**
inaka ni kaeritai	ich will zurück in die Heimat
seifu	**Regierung**
seifu ni mondai ga aru	in der Regierung gibt es Probleme
ô-sama	**König**
ô-sama ga shinda	der König ist tot
tennô / kôtei	**Kaiser (in Japan) / (allgemein)**
tennô no tame ni tatakatte ru	ich kämpfe für den Kaiser
kizoku	**Adlige**
kanojo wa shin no kizoku da	sie ist eine echte Adlige
shôgun	**Militärherrscher der jap. Feudalzeit**
shôgun no kubi o tore!	schnapp dir den Kopf des Shôgun
daimyô	**Lehnsherren der jap. Feudalzeit**
daimyô ga kuru, michi o akero!	der Daimyô kommt, macht den Weg frei!
Nihon	**Japan**
Nihon ni kimasen ka?	wollen Sie nicht nach Japan kommen?
Chûgoku	**China**
Chûgoku yonsen-nen no rekishi	China: 4000 Jahre Geschichte
Kankoku	**Südkorea**
kore wa Kankoku no kaisha da	das ist eine (süd)koreanische Firma
Doitsu	**Deutschland**
kono tegami, Doitsu kara kita	dieser Brief kommt aus Deutschland
Ôsutoria	**Österreich**
Ôsutoria-ryokô shiyô ka?	machen wir eine Reise durch Österreich
Suisu	**Schweiz**
rainen, Suisu ni hikkosu	nächstes Jahr ziehe ich in die Schweiz

Ländernamen meist aus westl. Sprachen übernommen: Amerika, Kanada, Furansu, Supein, Itaria, Suêden, Roshia, Igirisu (England, aus d. Portugies.)

Abstraktes

shurui	**Art**
kurîchâ-kâdo wa ni-shurui aru	von den Creature-Karten gibt es zwei Sorten
hôhô	**Methode**
betsu no hôhô wa nai no?	gibt es keinen andere Methode?
katachi	**Form**
sonna katachi, hajimete mita	so eine Form hab ich zum ersten Mal gesehn
riyû, wake	**Grund**
tokubetsu na riyû wa nai	ich habe keinen bestimmten Grund
kekka	**Ergebnis, Folge**
hayaku kekka ga hoshii	ich möchte schnell ein Ergebnis
jôtai	**Zustand**
kono jôtai dewa abunai	in diesem Zustand ist es gefährlich
jôhô	**Information**
atarashii jôhô o atsumete ru	ich sammle neue Informationen
himitsu	**Geheimnis**
himitsu da kara iwanaide	es ist ein Geheimnis, also sag's nicht weiter
kikai, chansu	**Gelegenheit, Chance**
saikô no chansu da	das ist eine super Chance
un	**Glück**
kyô wa un ga ii	heute habe ich Glück („das Glück ist gut“)
unmei	**Schicksal**
unmei da kara, shikata ga nai	es ist Schicksal, da kann man nichts machen
kokoro	**Gemüt, Herz**
kokoro kara kansha shimasu	ich bedanke mich von Herzen
seikaku	**Charakter**
seikaku no warui yatsu	ein Kerl mit üblem Charakter
kibun, kimochi	**Gefühl, Stimmung**
kimochi ii!	ein gutes Gefühl!
hikari	**Licht**
ano aoi hikari wa nan na no?	was ist denn das blaue Licht da?
kage	**Schatten**
kage ni kakureyô	verstecken wir uns im Schatten
oto	**Geräusch, Klang, Ton**
tatakai no oto ja nai?	sind das nicht Kampfgeräusche?
nioi	**Geruch, Gestank**
kono naka wa iya na nioi da	hier drin ist ein unangenehmer Geruch
kaori	**Duft**
sakura no hana no kaori da	das ist der Duft der Kirschblüten
aji	**Geschmack**
aji ga usui	das schmeckt nach nichts („ist dünn“)

Eigenschaften von Dingen

ôkii, dekai (*Ugs*)	**groß**
dekai ji de kaite chôdai	bitte schreib's in großen Buchstaben
chîsai	**klein**
kodomo wa mada chîsai	die Kinder sind noch klein
takai	**hoch; teuer**
takai mono wa kawanai	was Teures kaufe ich nicht
hikui	**niedrig**
kono isu, hikukunai?	ist dieser Stuhl nicht ein bisschen niedrig?
yasui	**billig**
motto yasui mono wa nai no?	gibt's nichts Billigeres?
nagai	**lang**
anta no kami, nagaku natta ne	deine Haare sind aber lang geworden
mijikai	**kurz**
fuyu-yasumi wa mijikai	die Winterferien sind kurz
tôi	**weit entfernt**
zenzen tôkunai yo	es ist überhaupt nicht weit
chikai	**nahe**
chikai kara chotto ikô yo	es ist nahe, gehen wir doch kurz hin
hiroi	**weit, groß (Fläche)**
Chûgoku wa hiroi	China ist groß
semai	**eng**
semai tokoro no sunde iru	ich wohne beengt (an einem engen Ort)
fukai	**tief**
takara wa fukai umi e shizunda	der Schatz ist im tiefen Meer versunken
ôi	**zahlreich**
kono hon, machigai ga ôi	dieses Buch hat viele Fehler
sukunai	**wenig**
sukunai kara, mô chotto kure!	das ist zu wenig, gib mir noch was!
tsuyoi	**stark, kräftig, mächtig**
aite wa kekkô tsuyoi	der Gegner ist ziemlich stark
yowai	**schwach**
hi o yowaku shite	mach das Feuer kleiner (schwächer)
omoi	**schwer (Gewicht)**
omoi darô?	das ist schwer, nicht wahr?
karui	**leicht (Gewicht)**
rukku ga karuku natta	der Rucksack ist leichter geworden
katai	**hart**
men ga katai	die Nudeln sind hart
yawarakai	**weich; biegsam**
kanojo wa karada ga yawarakai	sie ist beweglich (hat einen weichen Körper)

Farben und andere Eigenschaften

hayai	**schnell; früh**
fune ga konna ni hayai to wa ...	dass das Schiff so schnell ist ...
osoi	**langsam; spät**
osoku natte gomen nasai	es ist spät geworden – tut mir Leid
kirei (na)	**sauber; schön**
heya o kirei ni shinasai!	mach das Zimmer sauber!
kitanai	**schmutzig**
kitanai kara iya da	ich mag das nicht, weil es schmutzig ist
shizuka (na)	**ruhig, leise**
shizuka na tokoro de neyô	schlafen wir an einem ruhigen Ort
urusai	**lärmend, laut; nervig**
rajio wa chotto urusai	das Radio ist ein bisschen laut
akarui	**hell; (Personen) aufgeschlossen**
akarui, kono niwa	hell, dieser Garten
kurai	**dunkel; (Personen) verschlossen**
Sanagi-kun wa kurai hito	Sanagi ist ein verschlossener Mensch
akai	**rot**
akai ringo o eranda	ich habe den roten Apfel ausgesucht
kiiroi	**gelb**
are, kiiroi doresu wa dô shita?	was ist mit dem gelben Kleid passiert?
aoi	**blau (manchmal auch: grün)**
aoi umi ga mieru	das blaue Meer ist zu sehen
midori (no), midori-iro (no)	**grün**
kusa no shinsen na midori	das frische Grün des Grases
kuroi	**schwarz**
niwa ni kuroi neko ga ita	im Garten war eine schwarze Katze
shiroi	**weiß**
shiroi kaeru o mitsuketa tte?	du sagst, du hast einen weißen Frosch gefunden?
cha-iro (no)	**braun**
cha-iro no me wa suteki da	braune Augen sind toll
hai-iro (no)	**grau**
sora wa hai-iro da	der Himmel ist grau
murasaki-iro (no)	**violett, lila**
murasaki-iro wa ni-awanai yo	Lila steht dir echt nicht
orenji-iro (no)	**orange**
orenji-iro no sûtsu ga hoshii	ich möchte einen orangefarbenen Anzug
kin-iro (no)	**golden, goldfarbig**
ike ni kin-iro no koi ga iru	im Teich ist ein goldener Karpfen
gin-iro (no)	**silbern, silberfarbig**
gin-iro no kami	silberne Haare

Wärme, Geschmack, Geruch, Müdigkeit

atsui	**heiß**
natsu no daidokoro wa atsui	im Sommer ist es in der Küche heiß
atatakai, attakai	**warm**
kono heya wa atatakai ne	in diesem Zimmer ist es warm, nicht wahr?
samui	**kalt (Wetter,ganzkörperliche Empfindung)**
soto wa samui kara denai	da es draußen kalt ist, gehe ich nicht raus
tsumetai	**kalt (bestimmte Dinge, Personen)**
kanojo, igai to tsumetai yo	sie ist ganz schön kalt (abweisend)
suzushii	**angenehm kühl**
mado-gawa no seki wa suzushii	der Fensterplatz ist kühl
amai	**süß**
amai sofuto-kurîmu dô desu ka?	wie wäre es mit süßem Softeis?
suppai	**sauer**
ume-boshi wa suppai	eingelegte Pflaumen sind sauer
nigai	**bitter**
nigai kusuri wa yoku kiku	bittere Medizin wirkt gut
karai	**scharf**
karai sôsu demo daijôbu?	darf es auch eine scharfe Soße sein?
shio-karai, shoppai	**salzig**
kono sûpu shoppai yo!	diese Suppe ist aber salzig!
oishii, umai	**lecker**
o-kâ-san no ryôri wa oishii naa	Mamas Essen ist echt lecker
mazui	**nicht wohlschmeckend; unangenehm**
nani kore? mazui!	was ist denn das? schmeckt scheußlich!
kusai	**stinkend**
kono heya nanka kusai	irgendwie stinkt's in diesem Zimmer
nemui	**müde, schläfrig**
nemui kara chotto neru	ich bin müde, ich leg mich ein bisschen hin
tsukarete iru	**erschöpft**
tsukarete iru kara shizuka ni ne	ich bin fix und fertig, bitte leise sein, ja?
darui	**matt, schlapp**
asa da kedo, karada ga darui	es ist morgens, aber ich fühle mich schlapp
tsurai	**schmerzlich, belastend**
kareshi to wakarete tsurai	die Trennung von meinem Freund tut weh
kurushii	**qualvoll, bitter; eng, beengend**
kono shitagi wa kurushii	diese Unterwäsche ist zu eng
isogashii	**sehr beschäftigt**
isogashii kara, denwa shinaide	ich hab zu tun, ruf mich nicht an
sabishii	**einsam**
Tôkyô ni hikkosu? sabishii!	Du ziehst nach Tôkyô? Da werde ich einsam sein

menschliche Eigenschaften und Gefühle

majime (na)	**aufrichtig, ernsthaft**
motto majime ni naranai to ...	wenn du nicht gewissenhafter wirst ...
yasashii	**sanftmütig, zärtlich; leicht, einfach**
yasashii dansei ga suki	ich mag sanfte Männer
shinsetsu (na)	**freundlich**
kanojo wa shinsetsu datta ne	sie war aber freundlich
otonashii	**zurückhaltend**
otonashiku shite	halt dich zurück (sei brav)
kibishii	**streng**
Itô-sensei wa kibishikunai	„Lehrer“ Itô ist nicht streng
zankoku (na)	**grausam**
kono ô-sama wa zankoku da	dieser König ist grausam
ijiwaru (na)	**boshaft**
kimi, ijiwaru!	du bist fies!
teinei (na)	**höflich; sorgfältig**
teinei ni tsutsunde kudasai	bitte packen Sie es sorgfältig ein
erai	**angesehen, einflussreich, bedeutend**
kare wa erai hito ja nai	er ist kein großes Tier
kechi (na)	**geizig**
kechi!	du Geizhals!
jôzu (na), tokui (na)	**geschickt, gut (in etwas)**
watashi wa ryôri ga jôzu ja nai	ich bin nicht gut im Kochen
heta (na), nigate (na)	**ungeschickt (in etwas); abgeneigt**
gomen, inu ga nigate	sorry, ich kann Hunde nicht ausstehen
yûmei (na)	**berühmt**
koko, sukiyaki de yûmei da yo	(das Geschäft) hier ist berühmt für Sukiyaki
kawaisô (na)	**bemitleidenswert, „arm“**
maketa hito wa kawaisô datta	der Verlieren tat mir Leid
kanashii	**traurig**
o-wakare tte kanashii	Abschiednehmen ist traurig
tanoshii	**toll, spaßig, amüsant**
taihen tanoshikatta	es hat wahnsinnig Spaß gemacht
shitashii	**intim, eng befreundet, vertraut**
saikin shitashiku natta	in letzter Zeit sind wir uns näher gekommen
hazukashii	**peinlich**
hazukashii koto ja nai	das ist nichts Peinliches
kuyashii	**ärgerlich**
kuyashikute shinitai	ich ärgere mich so, dass ich sterben möchte
urayamashii	**beneidenswert**
sonna koibito, urayamashii	du bist um deinen Freund zu beneiden

Diverse Eigenschaften

suteki (na)	**toll, klasse, schick**
pinku no sukâfu, suteki da wa	der rosa Schal ist echt schick
rippa (na)	**prächtig, prachtvoll, stattlich**
rippa na tatemono da	das ist ein stattliches Bauwerk
taihen (na)	**schrecklich, schlimm; enorm**
taihen da! taihen da!	Oh, mein Gott!
osoroshii	**grauenvoll, furchtbar**
osoroshii unmei ga matte ru	ein furchtbares Schicksal erwartet mich
tadashii	**richtig, korrekt**
tadashii ka dô ka wakaranai	ich weiß nicht, ob es richtig ist
machigatte iru	**falsch**
subete machigatte iru	alles ist falsch
onaji	**gleich**
onaji koto o ni-do kiku na!	frag nicht zweimal das gleiche!
chigau	**anders**
kore wa chigau kuruma da	ist ist ein anderes Auto
taisetsu (na), daiji (na)	**wichtig**
kore daiji da kara, nakusanaide	das ist wichtig, verlier es nicht
futsû (no)	**normal, gewöhnlich**
boku wa futsû no ningen da	ich bin ein gewöhnlicher Mensch
tokubetsu (na)	**besonders**
tokubetsu na chikara ga nai	ich habe keine besonderen Kräfte
kawatte iru	**seltsam**
ano hito, kawatte ru yo ne	der ist aber merkwürdig
hitsuyô (na)	**nötig, notwendig**
hitsuyô na dake motte ikinasai	nimm nur das notwendigste mit
omoshiroi	**interessant**
omoshiroi hanashi o shite	erzähl mir eine interessante Geschichte
tsumaranai	**langweilig**
kinô mita eiga, tsumaranakatta	der Film, den ich gestern sah, war öde
benri (na)	**praktisch**
keitai tte, sugoi benri	ein Handy ist voll praktisch
fuben (na)	**unpraktisch**
fuben na tsukue da	das ist ein unpraktischer Schreibtisch
mendô-kusai	**umständlich**
mendô-kusai kara yameyô	das ist umständlich, lassen wir's sein!
kanpeki (na)	**perfekt**
kanpeki na hito wa inai	es gibt keine perfekten Menschen
jûbun (na)	**genug, ausreichend**
jûbun ni asonda	wir haben uns genug amüsiert

Und noch mehr Eigenschaften

atarashii	**neu**
atarashii keikaku aru?	hast du einen neuen Plan?
furui	**alt (Dinge); altmodisch**
kono gyûnyû, furukunai?	ist diese Milch nicht schon alt?
wakai	**jung**
wakai hito ni wa wakaranai	junge Leute verstehen das nicht
toshi totta, toshi-totte iru	**alt (Lebewesen)**
uchi no neko, toshi-totte ru	unsere Katze ist alt
se ga takai	**groß (Mensch)**
imôto wa boku yori se ga takai	meine kleine Schwester ist größer als ich
se ga hikui	**klein (Mensch)**
se ga hikui kara kuyashii	es ist ärgerlich, dass ich so klein bin
futotte iru	**dick (Mensch)**
futotte ru kedo, yowai	er ist dick, aber ein Schwächling
yasete iru	**schlank, hager**
yasete ru ne, byôki na no?	du bist aber schlank - bist du krank?
utsukushii, kirei (na)	**schön**
kare, utsukushii onna ga suki	er mag schöne Frauen
kane-mochi (no)	**reich**
kane-mochi no oya ga hoshii	ich wünsche mir reiche Eltern
mazushii, binbô (na)	**arm**
daigakusei wa binbô da	Studenten sind arm
shiawase (na)	**glücklich**
aisu o taberu to shiawase	wenn ich Eis esse, bin ich glücklich
fukô (na)	**unglücklich**
fukô na jiken deshita ne	das war aber ein unglücklicher Vorfall
kantan (na)	**einfach**
kyô no shiken wa kantan datta	die heutige Prüfung war einfach
raku (na)	**leicht zu machen, locker, angenehm**
hîrô mo raku ja nai yo	Held sein ist auch nicht leicht
fukuzatsu (na)	**kompliziert**
fukuzatsu na hanashi wa yose	hör auf mit den komplizierten Storys!
anzen (na)	**sicher**
anzen na basho o sagasô	suchen wir uns einen sicheren Ort
hageshii	**heftig**
hageshii kotoba da	das ist ein heftiger Ausdruck
eien (no)	**ewig**
eien no ai ga yume da	die ewige Liebe ist mein Traum
subete (no)	**alle**
subete no shinpai ga kieta	alle Sorgen haben sich aufgelöst

Adverbien

takusan, ippai (Ugs)	**viel**
takusan tabete ne!	iss kräftig, ja?
yoku	**oft**
yoku koko ni kuru	ich komme oft hierher
totemo, taihen	**sehr**
totemo o-jôzu desu ne	Sie sind aber sehr geschickt
sugoku, sugoi	**wahnsinnig, irre**
sugoku suteki na hito na n da	das ist echt ein wahnsinnig toller Mensch
sukoshi, chotto	**ein bisschen**
chotto matte kureru?	wartest du bitte einen Moment?
zenbu, subete	**alle, alles**
kore zenbu kimi ga tsukutta no	hast du das alles selbst gemacht?
zutto	**die ganze Zeit**
zutto koko ni iru	ich bleibe die ganze Zeit hier
ichiban	**am meisten, am ...sten**
ichiban mae no seki ni suwatte	setz dich auf den vordersten Sitzplatz
kekkô, kanari	**ziemlich**
kanari atsui ne	es ist ziemlich heiß, nicht?
chôdo, mattaku	**genau**
chôdo watashi no to onaji	genau gleich wie meines
dôshite mo	**unbedingt**
dôshite mo aisu o tabetai	ich will unbedingt ein Eis essen
yahari, yappari, yappa	**also doch (wie ich gedacht hatte)**
yappari dame datta	es hat also doch nicht geklappt
dôse	**sowieso**
dôse uchi ni kaeru	ich gehe sowieso nach Hause
chanto	**richtig, wie es sich gehört**
kare no hanashi o chanto kiite	hör richtig zu, was er sagt
totsuzen, ikinari	**plötzlich**
ikinari kieta	es ist plötzlich verschwunden
kossori	**heimlich**
kossori nigetara?	sollen wir nicht heimlich fliehen?
issho ni	**zusammen, gemeinsam**
issho ni tameshite miyô	probieren wir's zusammen
betsu ni, *(+ Verneinung)*	**nicht sehr, eher nicht**
betsu ni hitsuyô ja nai	es ist nicht unbedingt notwendig
mada	**noch**
kanojo wa mada matte iru	sie wartet immer noch
mô	**schon; noch (einmal, ein Glas ...)**
kare, mô kita?	ist er schon gekommen?

Tätigkeiten der Hände und Arme

motsu *(motte)*	**halten, tragen, haben**
chotto kore motte te!	halt mir das mal kurz!
motte iku *(motte itte)*	**mitnehmen**
o-bentô, motte iku?	nimmst du ein Vesper mit?
motte kuru *(motte kite)*	**(hierher) mitbringen**
koko ni isu o motte kite!	bring die Stühle hierher!
tsukamu *(tsukande)*	**greifen**
ichi-do tsukandara hanasanai	wenn er's einmal hat, lässt er's nicht mehr los
sawaru *(sawatte)*	**berühren, anfassen**
nee nee, sawatte mite	komm, fass das doch mal an
yaburu *(yabutte)*	**zerreißen; (Versprechen) brechen**
yakusoku o yaburanaide ne	brich gefälligst dein Versprechen nicht!
toru *(totte)*	**nehmen**
iya da! totte! totte! hayaku!	Igitt! Nimm's weg! Nimm's weg! Schnell!
oku *(oite)*	**setzen, stellen, legen**
soko ni oite!	stell's dort hin!
ageru *(agete)*, mochi-ageru	**heben, hochheben; geben**
futari de mochi-agete mite	versucht es zu zweit hochzuheben
hipparu *(hippatte)*, hiku	**ziehen**
kore o hipparu n da yo!	an dem hier muss man ziehen!
hakobu *(hakonde)*	**tragen, transportieren**
nani o hakonde iru no?	was trägst du da?
tateru *(tatete)*	**aufstellen, aufbauen**
ie o tateru	ich baue ein Haus
daki-shimeru *(daki-shimete)*	**umarmen**
tsuyoku daki-shimete!	drück mich ganz fest!
naguru *(nagutte)*	**verprügeln**
watashi o nagutta na!	oh, du hast mich also geschlagen!
kiru *(kitte)*	**schneiden, fällen; mit Schwert töten**
kubi o kitte korose!	schlag ihm den Hals ab und töte es!
nageru *(nagete)*	**werfen**
sono bôru o nagete kudasai!	bitte wirf diesen Ball!
otosu *(otoshite)*	**hinunterwerfen, fallen lassen**
tamago o otoshite shimatta	ich habe die Eier fallen lassen
tsukamaeru *(tsukamaete)*	**fangen; (Verbrecher) festnehmen**
dorobô! tsukamaete!	ein Dieb! haltet ihn!
tsukeru *(tsukete)*	**dranmachen, befestigen; einschalten**
nani o senaka ni tsukete ru no?	was hast du da am Rücken hängen?
sasu *(sashite)*	**stechen; (auf etwas) zeigen**
watashi o sashite ru no?	meinst du mich? (zeigst du auf mich?)

Tätigkeiten der Beine

aruku *(aruite)*	**(zu Fuß) gehen**
mada aruku no?	gehen wir noch weiter?
burubura suru *(... shite)*	**bummeln, umherschlendern**
issho ni burabura suru?	gehen wir zusammen bummeln?
sanpo suru *(sanpo shite)*	**spazieren gehen**
inu no sanpo shinakya	ich muss mit dem Hund spazieren gehen
hashiru *(hashitte)*	**rennen, laufen**
hashitte! ma ni awanai yo!	lauf! wir kommen zu spät!
tobu *(tonde)*	**springen, hüpfen; fliegen**
gokiburi ga tonde, bikkuri shita	da hüpft eine Kakerlake - bin ich erschrocken!
tatsu *(tatte)*, tachi-agaru	**aufstehen, sich erheben**
kemuri ga tatte ru mitai	da scheint Rauch aufzusteigen
deru *(dete)*	**hinausgehen, herauskommen, ...**
yatto hon ga deta yo!	endlich ist das Buch erschienen!
dete iku *(dete itte)*	**hinausgehen**
dete ike! kao mo mitakunai!	raus! ich will dein Gesicht nicht mehr sehn!
dete kuru *(dete kite)*	**herauskommen**
neko wa koko kara dete kuru	die Katze kommt da heraus
iku *(itte)*	**gehen, fahren, fliegen, sich fortbewegen**
takara-sagashi ni iku	ich gehe auf Schatzsuche
kuru *(kite)*	**kommen**
kono inu, doko kara kita n darô	wo kommt der Hund wohl her?
wataru *(watatte)*	**überqueren (Fluss, Straße)**
kawa o wataranai to ...	wir müssen den Fluss überqueren
kaeru *(kaette)*	**(nach Hause) zurückkehren**
kanojo, kaette konai	sie kommt nicht nach Hause
modoru *(modotte)*	**zurückkehren**
modoru michi o wasurechatta	ich habe den Heimweg vergessen
noboru *(nobotte)*, agaru	**(hinauf-)steigen, besteigen, klettern**
hi ga noboru	die Sonne steigt auf
oriru *(orite)*	**hinabsteigen, aussteigen**
erebêtâ kara oriru toki ...	als ich aus dem Lift ausstieg ...
hairu *(haitte)*	**hineingehen, hereinkommen, ...**
o-furo ni haitte kuru ne	ich gehe kurz ins Bad, okay?
korobu *(koronde)*	**stolpern, hinfallen**
ki o tsukete, korobu yo!	sei vorsichtig, du fällst hin!
suberu *(subette)*	**rutschen, ausrutschen**
subette ude o kega shita	beim Ausrutschen hab ich mich am Arm verletzt
nigeru *(nigete)*	**fliehen**
satsujin-han ga nigeta	der Mörder ist geflohen

Alltagsleben

iru *(ite)*	**sich befinden (Lebewesen)**
dare ka imasu ka?	ist jemand da?
aru *(atte)*	**sich befinden (Dinge), da sein**
soko ni aru deshô?	das ist doch dort, oder?
okiru *(okite)*	**aufstehen (vom Bett)**
okiru to yoru datta ...	als ich aufstand, war es Abend ...
neru *(nete)*	**schlafen, sich hinlegen**
ima kara neru tokoro	ich bin gerade im Begriff, mich hinzulegen
yasumu *(yasunde)*	**sich ausruhen**
chotto yasumu?	machen wir kurz ne Pause?
kiru *(kite)*	**(Kleider oberhalb d. Gürtellinie) anziehen**
kôto demo kitara	wie wär's, den Mantel anzuziehen?
nugu *(nuide)*	**(Kleider) ausziehen**
yogorete iru kara nugô	es ist schmutzig, ziehen wir es aus
arau *(aratte)*	**waschen**
kore aratte kurenai?	kannst du mir das nicht waschen?
kazaru *(kazatte)*	**schmücken**
koko ni hana o kazatte ...	wir schmücken das hier mit Blumen und ...
ryôri o suru *(ryôri o shite)*	**kochen, Essen zubereiten**
ryôri o suru kara, jama!	ich koche, du störst!
katazukeru *(katazukete)*	**aufräumen**
zenbu katazukete kure!	räum alles auf!
sôji o suru *(sôji o shite)*	**saubermachen**
sôji o shite kara dekakeyô	gehen wir raus, wenn wir aufgeräumt haben
hataraku *(hataraite)*	**arbeiten**
o-jî-san wa yoku hataraku	Opa arbeitet viel
tsukuru *(tsukutte)*	**herstellen, machen**
nani o tsukuru no?	was machst du?
kowasu *(kowashite)*	**kaputtmachen, zerstören**
anta wa kowasu kara, sawaru na!	du machst es bloß kaputt, fass es nicht an!
kowareru *(kowarete)*	**kaputtgehen**
kono kikai kowarete ru yo	he, die Maschine ist kaputt
kau *(katte)*	**kaufen; (Tiere) halten**
imôto ga usagi o katte ru	meine kleine Schwester hat einen Hasen
uru *(utte)*	**verkaufen**
mô utchatta	ich hab's schon verkauft
harau *(haratte)*	**bezahlen**
konna ni haraeru ka?	wie soll ich so viel bezahlen?
yomu *(yonde)*	**lesen**
kono ji, nan tte yomu no?	wie liest man dieses Zeichen?

Kommunikation

iu *(itte, yutte (Ugs))*	**sagen**
mô ichi-do itte kureru?	sagst du's bitte noch einmal?
shaberu *(shabette)*	**plaudern, reden**
kanojo to nani o shabetta no?	was hast du mit ihr geredet?
kiku *(kiite)*	**fragen**
ano hito ni kiite	frag den da
kotaeru *(kotaete)*	**antworten**
kotaetakunai mitai	sie scheint nicht antworten zu wollen
setsumei suru *(... shite)*	**erklären**
wakaranai kara setsumei shite	ich versteh's nicht, erklär's mir bitte
yobu *(yonde)*	**rufen; nennen**
kaba to yonde	nenn mich Nilpferd
yakusoku suru *(... shite)*	**versprechen**
yakusoku suru kara ..	wenn ich's dir doch verspreche ...
warau *(waratte)*	**lachen**
waratte ii?	darf ich lachen?
sasou *(sasotte)*	**einladen (irgendwohin)**
Uchida-san mo sasoitai	ich möchte Uchida auch einladen
ogoru *(ogotte)*	**einladen (jm etw. bezahlen)**
kôra o ogotte kureru?	lädst du mich auf ne Cola ein?
au *(atte)*	**sich treffen**
ashita aô ka?	sollen wir uns morgen treffen?
utau *(utatte)*	**singen**
karaoke ni utai ni ikô	gehen wir zum Singen ins Karaoke
tetsudau *(tetsudatte)*	**helfen, behilflich sein**
tetsudatte kuretara ureshii	es wäre schön, wenn du mir helfen könntest
annai suru *(annai shite)*	**führen, einweisen**
Endô-san wa annai suru hito da	Endô ist der Mann für die Führungen
miseru *(misete)*	**zeigen**
kanojo ga misete kureta	sie hat's mir gezeigt
homeru *(homete)*	**loben**
homete kurete arigatô	danke für das Lob
jiman suru *(jiman shite)*	**angeben, sich rühmen**
jiman shinakute ii	du brauchst nicht anzugeben
oshieru *(oshiete)*	**lehren, unterrichten; mitteilen, verraten**
jûsho o oshiete	verrate mir die Adresse
ijimeru *(ijimete)*	**schikanieren, quälen**
yowai hito o ijimeru na	schikaniere nicht die Schwachen
damasu *(damashite)*	**betrügen**
kimi o damashitakunai	ich möchte dich nicht betrügen

Denken und Fühlen

kanjiru *(kanjite)*	**fühlen, empfinden**
henka o kanjinai no?	spürst du die Veränderung nicht?
yorokobu *(yorokonde)*	**sich freuen**
Mikiko wa kitto yorokobu	Mikiko wird sich bestimmt freuen
tanoshimu *(tanoshinde)*	**Spaß haben, sich amüsieren**
kinô ippai tanoshinda	gestern hab ich mich mächtig amüsiert
manzoku suru *(... shite)*	**zufrieden sein**
sen-en de manzoku shite ru	mit tausend Yen bin ich zufrieden
gaman suru *(... shite)*	**geduldig sein, ertragen**
mô gaman dekinai	ich halt's nicht mehr aus
daiji ni suru *(... shite)*	**sorgsam umgehen mit etw.**
ore no kuruma daiji ni shiro	pass bloß auf mein Auto auf
horeru *(horete)*	**sich verlieben**
Ai-chan ni horeta	ich hab mich in Ai-chan verknallt
okoru *(okotte)*, hara ga tatsu	**sich aufregen**
okoru hitsuyô wa nai	es ist nicht nötig, sich aufzuregen
odoroku, bikkuri suru	**erschrecken, überrascht sein**
odorokanaide kudasai	bitte erschrecken Sie nicht
furueru *(furuete)*	**zittern**
kimi, furuete ru?	zitterst du?
oboeru *(oboete)*	**sich etw. merken**
oboetara ii	das solltest du dir merken
omoi-dasu *(omo-dashite)*	**sich erinnern an**
a, omoi-dashita, Akemi-san da!	jetzt fällt's mir ein, das ist Akemi!
wasureru *(wasurete)*	**vergessen**
sore dake wasuretewa ikenai	nur das darfst du nicht vergessen
renshû suru *(... shite)*	**üben**
renshû shinakya	ich muss üben
shite miru, tamesu	**ausprobieren**
tameshite mite mo ii?	darf ich das ausprobieren?
jikken suru *(... shite)*	**experimentieren**
watashi de jikken shinaide!	experimentiere nicht an mir!
hatsumei suru *(... shite)*	**erfinden**
dare ga hatsumei shita no?	wer hat es erfunden?
erabu *(erande)*	**aussuchen, auswählen**
sono naka kara erabinasai	wähle unter diesen aus
sagasu *(sagashite)*	**suchen**
nani ka o sagashite ru rashii	sie scheinen etwas zu suchen
isogu *(isoide)*	**sich beeilen**
isoide inai	ich hab's nicht eilig

Bewegungen und Veränderungen

mawaru *(mawatte)*	**sich drehen; herumgehen**
fûsha ga mawatte ru	das Windrad dreht sich
moeru *(moete)*	**brennen**
abunai, enjin ga moete ru	Vorsicht, der Motor brennt
hikaru *(hikatte)*	**leuchten**
me ga hikatte iru	die Augen leuchten
hajimeru *(hajimete)*	**etw. anfangen**
karate o hajimetai	ich möchte mit Karate anfangen
owaru *(owatte)*	**enden; beenden**
eiga wa jû-ji ni owaru	der Film endet um zehn Uhr
akeru *(akete)*	**öffnen, aufmachen**
purezento o akete ii?	darf ich das Geschenk aufmachen?
shimeru *(shimete)*	**schließen, zumachen**
mado o shimete mo ii desu ka?	dürfte ich das Fenster schließen?
kawaru *(kawatte)*, henka suru	**sich verändern**
iro ga kawatta	die Farbe hat sich verändert
kaeru *(kaete)*	**ändern, verändern; wechseln**
kâten o kaeta	ich habe die Vorhänge gewechselt
hayaru *(hayatte)*	**„in“ sein, populär sein**
saikin hayatte ru	das ist neuerdings in
nakusu *(nakushite)*	**verlieren**
saifu o nakushite shimatta	ich hab meinen Geldbeutel verloren
naku naru, kieru *(kiete)*	**verschwinden**
kiero!	zieh Leine!
nokoru *(nokotte)*	**übrig bleiben**
nani mo nokotte nai	nichts ist übrig
kusaru *(kusatte)*	**verfaulen, schlecht werden**
ringo kusatte ru yo	hey, der Apfel ist hinüber!
futoru *(futotte)*	**dick werden, zunehmen (Lebewesen)**
watashi, mata futotta kana?	hab ich schon wieder zugenommen?
yaseru *(yasete)*	**schlank werden, abnehmen (Lebewesen)**
yasetai kedo, muri	ich möchte abnehmen, aber es klappt nicht
hikkosu *(hikkoshite)*	**umziehen (Wohnort ändern)**
kawaii ko ga hikkoshite kita	ein süßes Girl ist hergezogen
taoreru *(taorete)*	**umfallen, umkippen**
robotto ga taoresô da	der Roboter kann jeden Moment umfallen
kakureru *(kakurete)*	**sich verstecken**
rokkâ no naka ni kakurero!	versteck dich im Schließfach!
ugoku *(ugoite)*	**sich bewegen**
ugoku na!	rühr dich nicht!

Diverse Tätigkeiten

tsukau *(tsukatte)*	**benutzen, gebrauchen**
zutto tsukatte iru	ich benutze das die ganze Zeit
iru *(te-Form nicht benutzt)*	**brauchen, nötig haben**
anna no iranai yo	so was brauche ich nicht
kariru *(karite)*	**sich leihen, sich ausborgen**
kono hon, karite ii yo ne?	das Buch darf ich mir doch mal leihen, oder?
kasu *(kashite)*	**(jdm) leihen, borgen**
kashite, kashite!	gib mal her!
kaesu *(kaeshite)*	**zurückgeben**
o-kane o kaeshite!	gib mir das Geld zurück!
modosu *(modoshite)*	**(an den alten Platz) zurücklegen**
chotto dôgu o modoshite kuru	ich leg mal kurz das Werkzeug an den Platz
okuru *(okutte)*	**schicken**
tegami o okutte ii n desu ka?	darf ich Ihnen einen Brief schicken?
atsumeru *(atsumete)*	**sammeln**
atashi, manga o atsumete ru	ich sammle Mangas
junbi suru *(... shite)*	**vorbereiten**
junbi okkê?	alles bereit?
suteru *(sutete)*	**wegwerfen**
iranai mono o sutenasai!	wirf weg, was du nicht brauchst!
ireru *(irete)*	**hineintun, hineingeben, einfügen, ...**
shashin o arubamu ni ireta	ich habe das Foto ins Album getan
dasu *(dashite)*	**hinaustun; veröffentlichen, ...**
aitsu o soto ni dashite yaru	den Kerl werd ich rauswerfen
nusumu *(nusunde)*	**stehlen**
mono o nusundewa ikenai	man darf nichts stehlen
shippai suru *(... shite)*	**versagen, keinen Erfolg haben**
shippai shita koto nai	ich habe noch nie versagt
machigaeru *(machigaete)*	**einen Fehler machen, falsch machen**
bangô o machigaechatta	ich habe mich in der Nummer geirrt
okureru *(okurete)*	**sich verspäten**
mainichi okurete kuru	er kommt jeden Tag zu spät
kisu (o) suru, chû (o) suru	**küssen**
kisu shitai	ich möchte dich küssen
tsuki-au *(tsuki-atte)*	**miteinander „gehen“**
dore gurai tsuki-atte iru?	wie lange seid ihr schon zusammen?
kekkon suru *(... shite)*	**heiraten**
kekkon shitakunai	ich will nicht heiraten
wakareru *(wakarete)*	**sich trennen, sich verabschieden**
watashi-tachi wa wakarete iru	wir sind getrennt

Fragewörter

dare, donata	**wer**
donata desu ka?	wer sind Sie?
dare no	**wessen**
kore wa dare no ken?	wessen Schwert ist das?
dare to	**mit wem**
dare to tatakatta no?	mit wem hast du gekämpft?
dare ni	**wem, an wen**
tegami o dare ni okutta?	wem hast du den Brief geschickt?
nani, nan (vor d,t und Einheiten)	**was**
nani ga ii?	was möchtest du? (*wörtl.: was ist gut?*)
dore	**welche(r, s)**
saa, dore o erabô ka?	hmm, welches soll ich aussuchen?
doko, doko ni, doko de	**wo**
doko de au?	wo treffen wir uns?
doko ni, doko e	**wohin**
doko ni nigeta kana?	wohin ist er wohl abgehauen?
doko kara	**von wo (ab)**
doko kara hajimeyô ka?	wo sollen wir anfangen?
doko made	**bis wo**
kono basu, doko made iku no?	bis wo fährt dieser Bus?
itsu	**wann**
itsu modotte kuru?	wann kommst du zurück?
ikura	**wie teuer**
hitotsu, ikura?	was kostet eines?
ikutsu, nan-ko, nan-bon	**wie viele Stück**
kimi, nan-ko iru?	wie viele brauchst du?
nan-nin	**wie viele Personen**
teki wa nan-nin?	wie viele Feinde sind es?
nan-ji	**wie viel Uhr**
ima, nan-ji?	wie viel Uhr ist es jetzt?
dôshite, naze, nande	**warum**
dôshite wakaranai no?	warum begreifst du denn nicht?
dô	**wie**
kono sukâto, dô?	wie findest du diesen Rock?
dô yatte	**wie, auf welche Weise**
kare o dô yatte taoseru?	wie kann man ihn besiegen?
dono gurai, dore gurai	**wie lange**
dono gurai koko ni iru?	wie lange bleibst du hier?

Zum Verständnis der Kombinationen von Fragewörtern mit Partikeln empfiehlt sich die Lektüre ab Seite 86 über die Partikeln.

Sustantiv-Endungen und Zählwörter (Einheiten)

-jin	**für Nationalitäten**
Nihon-jin / Doitsu-jin	Deutsche(r) / Japaner(in)
-ka	**für manche Spezialisten-Berufe**
hatsumei-ka / kenchiku-ka	Erfinder / Architekt
-sha	**für manche Berufe und Personen**
rôdô-sha / shitsugyô-sha	Arbeiter / Arbeitsloser
-ya	**für Läden und Leute, die dort arbeiten**
kutsu-ya	Schuhladen, Schuhhändler
-go	**für Sprachen**
Girisha-go / Nihon-go	Griechisch / Japanisch
-kan	**für große, öffentliche Gebäude**
hakubutsu-kan / bijutsu-kan	Museum / Kunstmuseum
-jô	**für Plätze**
undô-jô / dô-jô	Sportplatz / Platz für Kampfsportarten
-bu	**für Clubs**
tenisu-bu / bijutsu-bu	Tennisclub / Kunstclub
-ka	**für medizinische Abteilungen**
nai-ka / ge-ka	Innere Abteilung / Chirurgie
-sen	**für Wettkämpfe**
jun-kesshô-sen / kesshô-sen	Semifinalkampf / Finalkampf
-sha	**für Wagen**
ittô-sha / shôbô-sha	1. Klasse-Wagen / Löschwagen (Feuerwehr)
-bai	**-fach**
san-bai / hachi-bai	dreifach / achtfach
-ji	**... Uhr**
go-ji / san-ji-han	fünf Uhr / halb Vier („drei Uhr halb“)
-gatsu	**für Kalendermonate**
ichi-gatsu / roku-gatsu	Januar / Juni
-yôbi	**für Wochentage**
nichi-yôbi / getsu-yôbi	Sonntag / Montag
-nin	**Zählwort für Menschen**
hachi-nin / hyaku-nin	acht Personen / hundert Personen
-mai	**Zählwort für flache Gegenstände**
kami ichi-mai / CD san-mai	ein Blatt Papier / drei CDs
-hon	**Zählwort für längliche Gegenstände**
bôru-pen ni-hon / bîru san-bon	zwei Kugelschreiber / drei Flaschen Bier
-zutsu	**je ...**
futatsu-zutsu / sannin-zutsu	je zwei Stück / je drei Personen
-dôshi	**unter ...**
nakama-dôshi / kazoku-dôshi	unter Freunden / im Familienkreis

Zahlen

zero	**Null**
san ... ni ... ichi ... zero!	drei ... zwei ... eines ... null!
ichi, hitotsu	**eins**
ichi-do yarimashô	versuchen wir es ein Mal
ni, futatsu	**zwei**
ringo o futatsu kudasai	geben Sie mir zwei Äpfel, bitte
san, mittsu	**drei**
watashi, san-kiro futotta	ich habe drei Kilo zugenommen
yon, shi, yottsu	**vier**
denwa-bangô wa yon-yon-ni-ni	die Telefonnummer ist 4422
go, itsutsu	**fünf**
ato go-fun shika nai	wir haben nur noch fünf Minuten
roku, muttsu	**sechs**
atashi wa roku-ji ni okiru	ich stehe um sechs Uhr auf
nana, shichi, nanatsu	**sieben**
shichi-nin no samurai	sieben Samurai
hachi, yattsu	**acht**
fuirumu o yattsu tsukatta	ich habe acht Filme verbraucht
kyû, ku, kokonotsu	**neun**
kanojo wa kyû-i ni natta	sie hat den neunten Rang erreicht
jû, tô	**zehn**
jû made kazoero!	zähl bis zehn!
jû-ichi	**elf**
jû-hachi	achtzehn
ni-jû	**zwanzig**
ni-jû-do	zwanzig Grad; zwanzig Mal
hyaku	**hundert**
sanbyaku	dreihundert
yon-hyaku-roku-jû-nana	**467**
roppyaku-go-jû-nin	650 Personen
sen	**tausend**
kyû-sen-rittoru	neuntausend Liter
sen-kyû-hyaku-kyû-jû-kyû-nen	**das Jahr 1999**
ni-sen-go-nen	das Jahr 2005
man	**zehntausend**
go-man-ton	fünfzigtausend Tonnen
hyaku-man	**ein Million (hundert mal zehntausend)**
nana-hyaku-man-en	sieben Millionen Yen

Die vorderen Zahlwörter (chinesisch) werden mit Einheiten und für größere Zahlen benutzt, die hinteren (japanischen) zum Zählen von Dingen bis zehn.

Zeit

jikan, toki	**Zeit**
jikan ga nai, isoide!	wir haben keine Zeit, beeil dich!
ima	**jetzt**
ima ga ichiban ii	jetzt ist es am besten
mukashi	**früher**
mukashi AC/DC no raibu ni itta	früher war ich bei einem Livekonzert von AC/DC
kono aida	**neulich**
kono aida hajimete atta	neulich haben wir uns erstmals getroffen
saikin	**in letzter Zeit**
saikin shigoto ga nai	in letzter Zeit habe ich keine Arbeit
ato de	**später**
ato de mata hanashi suru	wir sprechen später noch einmal
saisho ni, hajime ni	**am Anfang**
saisho ni wa dame datta	am Anfang hat es nicht geklappt
haru	**Frühling**
haru ga kita	der Frühling ist gekommen
natsu	**Sommer**
natsu wa Girisha de sugosu	den Sommer verbringe ich in Griechenland
aki	**Herbst**
kotoshi aki ga hayai	dieses Jahr ist der Herbst früh dran
fuyu	**Winter**
fuyu ni mikan o taberu no?	isst du im Winter Mandarinen?
ototoi	**vorgestern**
ototoi made wa atta kedo ...	bis gestern war es noch da, aber ...
kinô	**gestern**
kinô denwa shita kedo inakatta	ich hab gestern angerufen, aber du warst weg
kyô	**heute**
kyô no gogo jikan aru?	hast du heute Nachmittag Zeit?
ashita	**morgen**
ashita nara jikan aru	morgen hätte ich Zeit
asatte	**übermorgen**
asatte wa yasumu tsumori	ich habe vor, mir übermorgen freizunehmen
asa	**Morgen**
asa kara anime o miru	ich schaue von morgens an Animes
hiru	**Mittag**
hiru ni kêki o yaita yo	am Mittag habe ich einen Kuchen gebacken!
ban, yûgata	**Abend**
yûgata kara juku ni iku	abends gehe ich in die Privatschule
yoru	**Nacht, Abend**
yoru ni odori ni ikanai?	sollen wir abends nicht tanzen gehen?

Richtung und Position

higashi	**Osten**
kaze wa higashi kara fuite kuru	der Wind weht aus dem Osten
nishi	**Westen**
nishi-nihon wa atatakai	in Westjapan ist es warm
kita	**Norden**
mura wa kita ni aru	das Dorf liegt im Norden
minami	**Süden**
minami no kuni no hito da	sie ist eine Südländerin
ue	**oben**
kono ue ni nani ga aru?	was ist hier drüber?
shita	**unten**
shita o minaide!	schau nicht nach unten!
mae	**vorne**
ore no mae o aruke!	du sollst vor mir gehen!
ushiro	**hinten**
ki no ushiro ni kakurete iru	er versteckt sich hinter dem Baum
migi	**rechts**
migi kara torakku ga kuru	von rechts kommt ein Laster
hidari	**links**
hidari-te o kega shite ru	ich habe eine Verletzung an der linken Hand
naka	**innen**
ie no naka wa atsui	im Inneren des Hauses ist es heiß
soto	**außen**
kodomo wa soto de asonde ru	die Kinder spielen draußen
chikaku, soba	**nahe bei**
eki no chikaku ni hoteru ga nai	in der Nähe des Bahnhofs gibt's kein Hotel
tonari	**nebenan**
tonari no jijî wa kawatte ru	der Alte von nebenan ist seltsam
aida	**zwischen**
tansu to kabe no aida ni aru	es ist zwischen dem Schrank und der Wand
mannaka	**Mitte**
mannaka ni tachinasai!	stell dich in die Mitte!
mukô	**gegenüber, drüben, weit weg**
mukô ike!	geh weg!
hôkô	**Richtung**
hôkô o machigaeta mitai	wir haben uns wohl in der Richtung geirrt
kokora hen ***(Ugs)***	**hier in der Gegend**
kokora hen dare mo sunde inai	hier wohnt niemand

Infos zu der Verwendung der Ortsangaben gibt es im Grammatikkapitel zu der Partikel ***no*** *auf Seite 95.*

11. Anime-typische Dialoge

MUSUME: O-hayô!

O-KÂ-SAN: O-hayô! Kôhî? Soretomo kôcha?

MUSUME: Kyô wa kôcha ni shiyô kana ...

O-KÂ-SAN: Ara, mezurashii wa ne. Itsumo kôhî-tô na no ni. A, pan ga yaketa wa yo. Hayaku tabechainasai.

MUSUME: Arigato. Kyô wa bukatsu de kaeri ga osoku naru kara ...

---

soretomo - aber

... ni suru - sich für ... entscheiden

mezurashii - selten, ungewöhnlich

...-tô - Anhänger oder Freund einer bestimmten Sache (wörtliche Übersetzung: ...-Partei)

yakeru *(yakete)* - gebacken / gebraten / geröstet werden

arigato - umgangssprachliche Form von **arigatô**

TOCHTER: Morgen!

MUTTER: Morgen! Kaffee? Oder Tee?

TOCHTER: Vielleicht nehme ich heute mal Tee ...

MUTTER: Oh, das ist aber ungewöhnlich. Du bist doch sonst immer eine Kaffeetante. Ah, der Toast ist fertig. Schnell, iß ihn auf!

TOCHTER: Danke. Heute komme ich wegen meiner Clubaktivitäten später nach Hause ...

SHÔNEN: Mata maketa! Ore, ichiban no yowamushi da. Kuyashii ...

SHÔJO: Watashi, anata o shinjite ru no.

SHÔNEN: E?

SHÔJO: Sô yo. Anata ni wa subarashii chikara ga nemutte iru to omou.

SHÔNEN: Chikara tte ... Nanarenpai da yo. Iya iya, nagusamete kurete arigatô. Demo, minna ore yori tsuyoi kara ne.

SHÔJO: Sô omotte ru kara, makeru n ja nai no? Minna ni wa kanarazu yowai tokoro mo aru kara, sore o sagashi-dasu dake da yo ...

---

yowamushi - Schwächling

subarashii - wunderbar

nemuru ***(nemutte)*** - schlafen, schlummern

...-renpai - Niederlagen in Folge

nagusameru ***(nagusamete)*** - trösten

... yori - mehr als ...

sagashi-dasu ***(sagashi-dashite)*** - finden, entdecken

JUNGE: Wieder verloren! Ich bin der größte Schwächling. Wie mich das wurmt ...

MÄDCHEN: Ich glaube an dich.

JUNGE: Was?

MÄDCHEN: Ja. Ich denke, dass eine wunderbare Kraft in dir schlummert.

JUNGE: Eine Kraft ... Sieben Niederlagen in Folge! Nein nein, danke, dass du mich tröstest. Aber die sind doch alle stärker als ich.

MÄDCHEN: Verlierst du nicht gerade deshalb, weil du so denkst? Alle haben garantiert ihre Schwachpunkte. Du muss sie nur herausfinden, das ist alles ...

Dialog 3

DANSEI: Tadaima!

JOSEI: O-kaeri! O-cha nomu?

DANSEI: Un. Kyô tomodachi to atarashii mise ni itta n da kedo sa, yokatta yo.

JOSEI: Fuun. Ano sa, watashi o dôshite sasotte kurenakatta no?

DANSEI: E? A ... iya ... sono ... jikan mo jikan datta shi ... hahaha ... Kondo issho ni ikô yo. Ne?

JOSEI: Sonna koto itte, ima made ikkai mo tsurete itte kurenakatta! Dattara, ima kara tsurete itte!

DANSEI: Eee? Oi, o-mae, mô yûhan kutta n darô?

JOSEI: Anna no gohan ja nai no! Ii kara! Iku yo!

---

kondo - dieses Mal, nächstes Mal

ikkai - einmal (= ichi-do)

yûhan - Abendessen (= ban-gohan)

MANN: Da bin ich wieder!

FRAU: Hallo! Trinkst du Tee?

MANN: Jau. Heute war ich mit einem Kumpel in einem neuen Restaurant, na ja, das war echt gut.

FRAU: Hmm. Sag mal, warum hast du mich eigentlich nicht eingeladen?

MANN: Was? Äh ... na ja... das ist so ... es war schon spät und ... hahaha ... Nächstes Mal gehn wir zusammen hin, ja?

FRAU: Das sagst du so, aber bis jetzt hast du mich kein einziges Mal mitgenommen! Wenn das so ist, da nimm mich jetzt gleich mit!

MANN: Was? He, du hast doch wohl schon zu Abend gegessen?

FRAU: Sowas kann man doch nicht Essen nennen! Komm schon! Wir gehen!

ONNA NO KO: Anata, nani o suru tsumori? Oshiete yo!

OTOKO NO KO: Iya. Mada ienai. O-negai da kara, ichi-do dake shinjite kure!

(jû o motte iru dansei ga futari heya ni haitte kuru)

DANSEI: Ugoku na!

ONNA NO KO: Dare, anata-tachi?

OTOKO NO KO (sasayaite): Are wa keisatsu ja nai.

DANSEI: O-nê-san, doite! Sono hito kara hanarenasai!

ONNA NO KO (otoko no ko no mae ni kuru): Iya da! Zettai iya da!

DANSEI: Utsu yo!

OTOKO NO KO: Baka na koto iu na!

---

ienai - nicht sagen können (verneinte Potenzialform von **iu**)

sasayaku *(sasayaite)* - flüstern, wispern

hanareru *(hanarete)* - sich entfernen, von einem Ort weggehen

MÄDCHEN: Was hast du vor? Verrat's mir schon!

JUNGE: Nein. Ich kann's dir noch nicht sagen! Ich bitte dich, vertrau mir ein einziges Mal!

(zwei Männer mit Revolver betreten den Raum)

MANN: Nicht bewegen!

MÄDCHEN: Wer sind Sie?

JUNGE (flüstert): Das ist keine Polizei.

MANN: Mädchen, zur Seite! Weg von diesem Mann!

MÄDCHEN (drängt sich vor den Jungen): Nein! Auf keinen Fall!

MANN: Ich schieße!

JUNGE: Red keinen Blödsinn!

ONNA NO KO: Okada-kun, daijôbu na no? Kao-iro ga warui kedo ...

OTOKO NO KO: Sô ka? Kinô chotto kaze hiita mitai. Demo daijôbu da yo. Ki ni suru na yo!

ONNA NO KO: Hontô kana? Uchi de yukkuri to netara ...

OTOKO NO KO: Nani itte ru? Issho ni shiai o miru yakusoku o shita darô? Yakosoku wa zettai ni mamoru.

ONNA NO KO: Jaa, kaze ga watashi ni utsuttara, dô suru? Sekinin toru?

OTOKO NO KO: Haa ...

---

kao-iro – Gesichtsfarbe

ki ni suru – sich Gedanken machen

yukkuri to – in aller Ruhe, gemütlich

utsuru ***(utsutte)*** - sich anstecken, (Krankheit) auf jemand anderen übergehen

sekinin – Verantwortung

MÄDCHEN: Okada, geht's dir gut? Du siehst nicht gut aus ...

JUNGE: Echt? Vielleicht hab ich mich gestern ein bisschen erkältet. Aber ich bin fit. Mach dir keine Gedanken!

MÄDCHEN: Meinst du wirklich? Du solltest dich zu Hause in Ruhe aufs Ohr legen ...

JUNGE: Was redest du da? Hab ich dir nicht versprochen, dass wir uns zusammen das Spiel ansehen? Was ich versprochen habe, halte ich auf jeden Fall.

MÄDCHEN: Und was machst du, wenn ich mich bei deiner Erkältung anstecke? Trägst du die Verantwortung?

JUNGE: Ähhh ...

OTOKO NO KO 1: Katô tte, o-mae no koto datta n da ...

OTOKO NO KO 2: A, sô desu kedo. Boku no namae o doko kara ... ?

OTOKO NO KO 1: Hitomi ga omae no koto o hanashite ta.

OTOKO NO KO 2: Hitomi-san desu ka? Jaa, anata wa Hitomi-san no o-tomodachi na n desu ne?

OTOKO NO KO 1: Fuzakeru na yo! Tomodachi nanka ja nee zo. Koibito da ze.

OTOKO NO KO 2: Ko-i-bi-to ...

OTOKO NO KO 1: Sô. Monku demo aru ka?

OTOKO NO KO 2: Ano ... iya ... betsu ni ...

OTOKO NO KO 1: Kyô kara wa Hitomi no shûhen kara kieru n da! Wakatta ka?

---

fuzakeru *(fuzakete)* - Dummheiten machen, Blödsinn reden

monku - Beschwerde, Einwand

shûhen - Umgebung, Umkreis

JUNGE 1: Dieser Katô, das bist also du ...

JUNGE 2: Äh, ja, das ist richtig. Woher kennst du meinen Namen ... ?

JUNGE 1: Hitomi hat über dich gesprochen.

JUNGE 2: Hitomi? Dann bist du also ein Freund von ihr?

JUNGE 1: Red kein Blech! Von wegen *ein* Freund. *Der* Freund.

JUNGE 2: Der ... Freund ...

JUNGE 1: Genau. Hast du vielleicht was dagegen?

JUNGE 2: Äh ... nein ... eigentlich ...

JUNGE 1: Ab heute verschwindest du aus Hitomis Nähe! Ist das klar?

(Sotsugyô-shiki no ato)

SATOMI: Hirose-senpai, go-sotsugyô o-medetô gozaimasu!

HIROSE: Hahaha. Arigatô. Kimi mo bidai o mezashite ru n da tte? Ganbare yo!

SATOMI: Hai ... ano ... Hirose-senpai ... etto ... ano ...

HIROSE: Nani? Dô shita no?

SATOMI: Watashi, nyûgaku shita toki kara zutto Hirose-senpai no koto ... suki nan desu. Mô kore de aenaku natchau nante ...

HIROSE: E ... aa sô datta n da. Nakanaide yo. Hai, kore! (hankachi o watasu)

SATOMI: Senpai no renraku-saki ga kimattara, oshiete moraemasen ka?

HIROSE: Un. Ii yo. Tegami kaku kara.

---

sotsugyô - Schulabschluss

bidai (bijutsu daigaku) - Kunsthochschule

mezasu ***(mezashite)*** - anvisieren, im Auge haben

nyûgaku - Schuleintritt

renraku-saki - Kontaktadresse

kimaru ***(kimatte)*** - entschieden werden

(nach der Abschlussfeier)

SATOMI: Hirose, herzlichen Glückwunsch zum Abschluss!

HIROSE: Hahaha. Danke. Man hört, du willst auch auf die Kunsthochschule? Viel Glück!

SATOMI: Ja ... also ... Hirose ... äh ... also ...

HIROSE: Was denn? Was ist los?

SATOMI: Seit ich auf dieser Schule bin, da ... mag ich dich. Dass wir uns jetzt nicht mehr sehen können ...

HIROSE: Äh ... ach so ist das. Wein doch nicht. Hier! (reicht ihr ein Taschentuch)

SATOMI: Gibst du mir Bescheid, wenn deine Adresse feststeht?

HIROSE: Klar. Kein Problem. Ich schreibe dir einen Brief.

SHÔNEN: Yatto mitsuketa!

SEINEN: N? A ... o-mae wa ... dare da kke?

SHÔNEN: Tobokeru n ja nee, aniki no kataki! Kore demo kurae!

SEINEN: Nani o suru? Abunai ja nai ka?

SHÔNEN: Chikushô! Hazushita ka? Tsugi wa dô kana.

SEINEN: Shikata nai. Chotto shizuka ni shite moraô. (choppu o shônen no kubisuji ni ateru)

SHÔNEN: Gee!

SEINEN: A ... yatsu wa kizetsu shita ...

---

tobokeru - sich dumm stellen

kurau - (Schlag) einstecken

chikushô! - Mist! Verdammt!

hazusu - verfehlen

tsugi (no) - der/die/das nächste

choppu - Handkantenschlag

kubisuji - Nacken

ateru - (Schlag) anbringen

kizetsu suru - ohnmächtig werden

JUNGE: Endlich hab ich dich gefunden!

JUGENDLICHER: Hm? Äh ... wer bist du noch gleich?

JUNGE: Stell dich nicht dumm, du Feind meines Bruders! Nimm das!

JUGENDLICHER: Was machst du? Das ist doch gefährlich!

JUNGE: Verdammt! Daneben? Wie gefällt dir der nächste Hieb?

JUGENDLICHER: Nichts zu machen. Sorgen wir mal für etwas Ruhe. (schlägt dem Jungen mit der Handkante in den Nacken)

JUNGE: Agh ...

JUGENDLICHER: Oh ... der Kerl ist ohnmächtig geworden ...

12. Lösungen der Übungen

1 b	2 c	3 b	4 c	5 a
6 a	7 c	8 b	9 c	10 b
11 c	12 b	13 a	14 c	15 b
16 a	17 c	18 a	19 b	20 c
21 c	22 b	23 c	24 c	25 a
26 b	27 a	28 b	29 a	30 c
31 b	32 c	33 a	34 a	35 b
36 c	37 b	38 c	39 c	40 a
41 a	42 b	43 c	44 c	45 a
46 c	47 a	48 b	49 a	50 c
51 a	52 c	53 b	54 b	55 c
56 b	57 a	58 b	59 c	60 c
61 a	62 c	63 c	64 b	65 b
66 c	67 b	68 b	69 b	

13. Index

14. Nachwort

Ich hoffe, meine Texte waren verständlich formuliert und haben ihr Ziel erreicht: einen Einstieg in die Welt des Japanischen zu ermöglichen und vieles zu erklären, was sonst unverstanden an einem vorüber rauscht.

Es hat mir riesigen Spaß gemacht, dieses Buch zu planen, zu schreiben und immer wieder zusammen mit meiner Frau auf mögliche Fehler durchzusehen. Von der ersten Idee bis zur Fertigstellung ist etwa ein Jahr vergangen, und in dieser Zeit hat sich der Inhalt immer wieder geändert, bis wir endlich zufrieden (und auch ein bisschen erschöpft) waren.

Ich habe den Versuch unternommen, ein Lehrbuch wie einen Roman zu schreiben – denn ich glaube, dass sich Wissen nicht nur dadurch einprägt, dass man es in Drills immer wieder einübt, sondern auch dadurch, dass man es auf heitere und interessante Weise erklärt bekommt. An manches, was mir meine witzige Englischlehrerin in der 5. und 6. Klasse beigebracht hat, kann ich mich heute noch erinnern – und das liegt immerhin 25 Jahre zurück ... Es wäre schön, wenn die Leser dieses Buches sich auch in ein paar Jahren noch daran erinnern könnten, was ein japanischer Gangster über sich verrät, wenn er das Wort **boku** benutzt, anstatt **ore** ...

Leider kann man das vorliegende Buch schlecht als Lehrbuch im Unterricht benutzen. Deshalb haben meine Frau und ich mit der Arbeit an einem „richtigen" Lehrbuch begonnen. Wer Interesse daran hat, sollte vielleicht einfach meine Japanisch-Homepage im Auge behalten.

Die Adresse lautet **www.hohoemi.de** („hohoemi" bedeutet „Lächeln")

Auf der Homepage kann man auch einiges über die japanische Schrift erfahren, auf die ich in diesem Buch leider nicht eingehen konnte. Über Einträge ins Gästebuch mit Lob, Kritik oder Fragen würde ich mich freuen. Wer also Kommentare zu diesem Buch hat, darf sich gerne im Gästebuch verewigen oder mich direkt per Mail anschreiben: **martin@hohoemi.de** Duzen ist erlaubt! Schließlich habe ich mir ja auch die Freiheit herausgenommen, alle Leser dieses Buches einfach mit „ihr" anzureden, ohne sie nach ihrem Alter zu fragen ...

Jetzt bleibt mir nur noch, allen Japanisch-Interessierten weiterhin viel Spaß mit dieser faszinierenden Sprache zu wünschen. Danke, dass ihr euch die Zeit genommen habt, dieses Buch zu lesen!

Martin Clauß

Schloss Falkengrund im Schwarzwald – einst das Jagdschloss dekadenter Adliger, heute eine private **Schule des Übernatürlichen**, von der Öffentlichkeit kaum wahrgenommen. Für die dreizehn dort eingeschriebenen Studenten bringt jeder Tag **neue Rätsel** und **neue Bedrohungen**. Nicht immer kommen die Gefahren von außen. In jedem einzelnen der Schüler und Dozenten schlummern **düstere Geheimnisse** – viele werden schon bald von ihrer Vergangenheit eingeholt. Und inmitten von ihnen lauert das Böse in der Gestalt des toten Barons von Adlerbrunn ...

„FALKENGRUND – SCHULE DES OKKULTEN“ verbindet intelligenten Grusel mit schillernden Hauptfiguren und faszinierenden Rätseln.

Endlich: So machen **eBooks** richtig **Spaß**!

Diese Shareware-Serie aus dem Internet ist ein Unikum! **Alle Episoden** können vollständig, ohne zeitliche Beschränkung und ohne Anmeldung bequem heruntergeladen werden – die Bezahlung von 1 Euro pro Episode ist freiwillig.

Auf der Seite www.gruselstories.de wird jede Nummer in acht verschiedenen Dateiformaten bereitgestellt: zum Ausdrucken als Heft, zum Lesen am Bildschirm, auf PDAs und sogar auf einigen Handy-Modellen!

Vorbeischauen!